电子商务类专业
创新型人才培养系列教材

U0597306

选品与采购

AI+微课版

李瑞盟 李瑶 田英伟◎主编

李思蓓 郭小敏◎副主编

人民邮电出版社

北京

图书在版编目（CIP）数据

选品与采购：AI+微课版 / 李瑞盟，李瑶，田英伟
主编. -- 北京：人民邮电出版社，2025. --（电子商务
类专业创新型人才培养系列教材）. -- ISBN 978-7-115
-66917-9

Ⅰ. F713.2-39

中国国家版本馆 CIP 数据核字第 2025JL1635 号

内 容 提 要

本书采用项目任务式结构讲解知识点，以某零食品牌的选品与采购为例，以采购人员的典型工作任务为载体，通过 8 个项目详细介绍了电子商务中选品与采购的相关知识和技能。本书具体内容包括电子商务商品认知、电子商务商品分类及包装、电子商务市场调研与分析、电子商务选品、商品采购、供应商管理、采购商品管理、商品采购风险防控，将实践工作内容与理论知识紧密结合，旨在帮助读者掌握选品与采购的基础知识和操作技能。

本书紧密贴合职业教育教学改革的新方向，融入了电子商务领域的新进展和新动态，注重提升学生的应用技能，并力求教材内容形式丰富多样且与时俱进，可以作为职业院校和本科院校电子商务、移动商务、网络营销与直播电商、市场营销、经济贸易等专业相关课程的教材，也可供从事采购工作的人员学习和参考。

◆ 主　　编　李瑞盟　李　瑶　田英伟
　　副 主 编　李思蓓　郭小敏
　　责任编辑　侯潇雨
　　责任印制　王　郁　彭志环
◆ 人民邮电出版社出版发行　　北京市丰台区成寿寺路 11 号
　　邮编　100164　电子邮件　315@ptpress.com.cn
　　网址　https://www.ptpress.com.cn
　　三河市祥达印刷包装有限公司印刷
◆ 开本：787×1092　1/16
　　印张：12　　　　　　　　　　2025 年 7 月第 1 版
　　字数：289 千字　　　　　　　2025 年 9 月河北第 2 次印刷

定价：49.80 元

读者服务热线：(010)81055256　印装质量热线：(010)81055316
反盗版热线：(010)81055315

前言

随着全球经济一体化进程的加速，企业面临的竞争环境越发复杂多变。在这种背景下，采购的职能逐渐从成本中心向效益中心转变，这也成为企业获取资源和优化资源配置、提升竞争力的关键。如何选择企业真正需要的商品、高效开展商品采购，成为企业需要解决的问题。为应对这一挑战，培养一批高素质、富有创造力的专业采购人才就显得尤为重要。专业的采购人才应该全面掌握采购的知识理论体系，并且能够利用先进技术赋能采购工作，如利用 AI（Artificial Intelligence，人工智能）技术开展智慧采购、利用 AIGC（Artificial Intelligence Generated Content，人工智能生成内容，又称生成式人工智能）工具辅助编制采购所需的各种文件等，同时应具有创新能力。基于此背景，本书在编写过程中始终以人才培养为导向，将教学内容与企业的实际采购需求相结合，力求培养出具备专业采购能力的采购人才。

本书具有以下特点。

1．情景代入，贯通全书

本书以老员工带领新员工的各种情景引出各项目教学主题，并围绕同一合作对象的选品与采购需求开展任务实施，将情景贯穿全书，旨在让学生了解相关知识在实际工作中的应用，做到理论与实践相结合。

本书设置的情景角色如下。

公司：北京荥邦网络科技有限公司，是一家大型网络科技公司，主营业务包括计算机软件与技术开发、商务信息咨询、电子商务管理、网络商务服务等。

人物：小赵——市场部门实习生；老李/李经理——市场部门主管。

合作对象：零食品牌——趣·味。

2．任务驱动，实操演练

本书采用项目任务式结构，将任务贯穿始终，不仅将每个项目划分为具体任务，通过任务引入相应的知识点，还设置了"任务演练"板块，通过实操演练应用各种操作方法和技巧，让学生能够在教中学、在学中做，强化学生的实际动手能力。

同时，本书还在每个项目末尾设置了"综合实训""巩固提高"板块，以引导学生自主学习，加深对理论知识的理解和运用。

3．紧跟潮流，对接 AI

本书紧跟时代发展的潮流，在讲解过程中融入 AI，将选品与采购和 AI 联系起来，带领学生认识 AI 在选品与采购中的应用，以及利用 AI 辅助选品与采购工作，在增进学生对选品与采购基础知识理解的同时，提升学生对新技术的应用能力，提高选品与采购的效率。

4．板块丰富，内容翔实

本书在板块设计上注重培养学生的思考能力和动手能力，努力做到"学思用贯通"与"知信行统一"相融合，在正文讲解和操作步骤中穿插了多种小栏目。

- **知识拓展**：穿插于正文中，补充介绍与正文相关的其他知识点，以拓展学生的知识面。

- **素养小课堂**：与素养目标相呼应，重在提升学生的个人素养。

- **提示**：穿插于正文和"任务演练"中，补充介绍与知识点或操作有关的技巧、注意事项或经验。

- **技能练习**：穿插于"任务演练"中，旨在让学生练习任务的其他实现方法，提升学生的动手能力。

5．配套多样，资源丰富

本书提供 PPT、微课视频、教学大纲、电子教案、题库软件等教学资源，用书教师可通过人邮教育社区（www.ryjiao2yu.com）免费下载。

由于编者水平有限，书中难免存在不足之处，欢迎广大读者批评指正。

编者

2025 年 3 月

目录

项目一　电子商务商品认知 1

学习目标..................................1
项目导读..................................1
任务一　了解商品基础知识.................2
　　一、商品的概念........................2
　　二、商品特征与属性认知................2
　　三、商品构成认知......................4
　　任务演练：了解零食品牌的商品属性...4
任务二　探索电子商务市场及商品
　　　　发展趋势.......................6
　　一、电子商务市场发展趋势.............6
　　二、新商品发展趋势...................7
　　任务演练：使用 DeepSeek 分析零食
　　　　　　　行业及商品的发展趋势.....8
综合实训..................................10
　　实训一　了解电子商务家用电器的
　　　　　　特征信息描述规范...........10
　　实训二　利用 DeepSeek 分析家用
　　　　　　电器行业的发展趋势.........10
巩固提高..................................11

项目二　电子商务商品分类
　　　　　及包装...............13

学习目标..................................13
项目导读..................................13
任务一　商品分类........................14
　　一、商品分类的原则...................14
　　二、商品分类的方法和依据............15
　　三、商品分类体系.....................18
　　四、商品编码.........................19

　　五、商品目录.........................22
　　任务演练 1：查看并分析同类零食
　　　　　　　　品牌的商品分类..........23
　　任务演练 2：明确零食品牌的商品
　　　　　　　　分类.....................25
任务二　商品包装与养护.................27
　　一、商品包装种类.....................28
　　二、商品包装标志.....................30
　　三、商品包装技术和技巧..............31
　　四、商品养护.........................33
　　任务演练：制定零食品牌商品包装
　　　　　　　策略.......................35
综合实训..................................37
　　实训一　划分农产品类别..............37
　　实训二　改进农产品包装..............38
巩固提高..................................39

项目三　电子商务市场调研
　　　　　与分析..............41

学习目标..................................41
项目导读..................................41
任务一　市场调研........................42
　　一、调研流程.........................42
　　二、调研内容.........................43
　　三、调研方法.........................45
　　任务演练：利用 AI 辅助新品市场
　　　　　　　调研.......................49
任务二　市场分析........................52
　　一、市场容量分析.....................53
　　二、市场潜力分析.....................53

三、市场竞争分析 53

四、市场成熟度分析 54

五、市场发展趋势分析 54

六、新品机会识别 55

任务演练：利用 AI 辅助新品市场

分析 56

任务三　商品市场定位 58

一、商品市场定位一般流程 59

二、不同商品的市场定位 61

任务演练：新品市场定位 62

综合实训：厨具电子商务品牌商品

市场调研 64

巩固提高 65

项目四　电子商务选品 67

学习目标 67

项目导读 67

任务一　选品准备 68

一、选品原则和依据 68

二、选品渠道 70

三、选品方法和技巧 71

四、选品误区 73

任务演练：制定新品选品方案 74

任务二　选品实施 76

一、京东商智选品 76

二、生意参谋选品 78

三、抖音精选联盟选品 80

四、全球速卖通选品 80

五、蝉妈妈选品 81

任务演练：利用抖音精选联盟选品 81

综合实训：筛选厨具电子商务品牌

商品 84

巩固提高 85

项目五　商品采购 87

学习目标 87

项目导读 87

任务一　商品采购基础 88

一、商品采购模式 88

二、商品采购方式 89

三、采购成本控制 92

四、采购预算 94

五、AI 在商品采购中的应用 96

任务演练 1：调整采购模式和方式 97

任务演练 2：优化采购流程 97

任务二　商品采购过程 99

一、采购需求预测 99

二、制订商品采购计划 101

三、选择优质供应商 103

四、商品采购谈判 104

五、签订商品采购合同 106

六、商品检验 108

七、支付货款 109

任务演练 1：制订采购计划 109

任务演练 2：筛选供应商 110

任务三　评估采购绩效 111

一、采购绩效评估目的 111

二、采购绩效评估内容和指标 112

三、采购绩效评估方式和方法 114

任务演练 1：建立品牌采购绩效评估

指标体系 114

任务演练 2：实施采购绩效评估 116

综合实训 117

实训一　筛选和评估供应商 117

实训二　借助 AIGC 拟定采购

合同模板 117

巩固提高 118

项目六　供应商管理………120

学习目标………………………………120

项目导读………………………………120

任务一　供应商绩效管理……………121

　　一、供应商绩效评估…………………121

　　二、供应商分级管理…………………122

　　三、供应商绩效改进…………………123

　　任务演练：评估零食品牌供应商的

　　　　　　　表现……………………124

任务二　供应商关系管理……………128

　　一、供应商关系………………………128

　　二、数字化管理供应商关系…………129

　　三、建立与维护长期合作伙伴

　　　　关系……………………………131

　　任务演练 1：与优秀供应商展开

　　　　　　　　战略合作……………132

　　任务演练 2：设计供应商改进计划…134

综合实训………………………………136

　　设计服装类供应商激励与惩罚机制…136

巩固提高………………………………137

项目七　采购商品管理……138

学习目标………………………………138

项目导读………………………………138

任务一　商品入库管理………………139

　　一、商品入库流程……………………139

　　二、商品入库常见问题………………142

　　任务演练：入库接运与验收…………142

任务二　商品仓储管理………………143

　　一、储存管理…………………………144

　　二、仓储盘点…………………………146

　　三、库存控制…………………………148

　　四、仓储安全管理……………………149

　　任务演练：制订商品盘点计划表……150

任务三　商品质量管理……………153

　　一、商品质量的概念…………………153

　　二、质量标准…………………………154

　　三、质量认证…………………………154

　　四、质量改进…………………………156

　　任务演练：使用 PDCA 循环法改进

　　　　　　　商品质量管理…………156

任务四　商品出库管理………………158

　　一、商品出库基本要求………………159

　　二、商品出库流程……………………159

　　三、商品出库问题处理………………161

　　任务演练：根据商品出库问题制定

　　　　　　　解决方案………………162

综合实训………………………………163

　　实训一　使用 ABC 分类法划分

　　　　　　储存商品…………………163

　　实训二　分析食品品牌紧急订单

　　　　　　出库案例…………………163

巩固提高………………………………165

项目八　商品采购风险

　　　　　　防控……………167

学习目标………………………………167

项目导读………………………………167

任务一　采购风险基础………………168

　　一、采购风险的成因…………………168

　　二、采购风险的主要类型……………169

　　三、采购风险的预防…………………170

　　任务演练：分析零食品牌采购

　　　　　　　风险成因………………170

任务二　采购风险防控………………171

　　一、识别采购风险……………………172

　　二、评估采购风险……………………174

　　三、应对采购风险……………………175

任务演练 1：评估零食品牌采购

　　　　　　风险...........................178

任务演练 2：制定采购风险具体应对

　　　　　　措施.........................179

综合实训..**180**

实训一　评估美妆品牌风险大小......180

实训二　制定美妆品牌风险应急

　　　　预案.............................181

巩固提高 **182**

电子商务商品认知

学习目标

➤ 知识目标
1. 了解商品的基础知识，形成对商品的初步认知。
2. 知晓电子商务市场及新商品的发展趋势，掌握电子商务行业商品概况。

➤ 技能目标
1. 具备基本的商品认知，能够区分不同商品的特征和属性。
2. 具备较强的行业敏感度，能够开发适应或引领行业发展趋势的新商品。

➤ 素养目标
电子商务市场存在海量的商品，相关从业人员应当培养对行业发展趋势的敏感度，不断学习新知识、新技术，推动商品持续创新与优化。

项目导读

商品不仅是企业用于满足消费者需求的载体，还是品牌理念与品牌定位的直观体现。对企业来说，准确认知商品并把握其发展趋势，是增强市场竞争力、获取消费者信任的关键。零食品牌趣·味致力于为消费者提供高品质、健康、美味的零食，倡导绿色、健康的生活方式。趣·味的目标消费者主要是 18~35 岁的年轻人，他们追求时尚、健康、个性化的生活方式，对零食的品质和口感有较高的要求。随着零食市场的竞争不断加剧，新品牌、新商品层出不穷，消费者对零食品牌的需求也越来越多样化。为增强品牌竞争力、更好地满足消费者的需求，趣·味决定委托北京荣邦网络科技有限公司帮助自身做出一些优化调整。接到趣·味的委托后，北京荣邦网络科技有限公司的市场部主管老李带领实习生小赵开始了解趣·味的商品信息，并分析零食行业的相关变化，为趣·味的优化调整提供参考。

任务一 了解商品基础知识

任务描述

老李先带领小赵收集趣·味品牌及旗下商品的相关资料，形成对品牌和商品的初步认知，为后续工作做好准备（见表1-1）。

表1-1 任务单

任务名称	了解商品基础信息	
任务背景	老李从未与趣·味接触过，缺乏对该品牌及旗下商品的了解；同时，小赵作为一名实习生，同样缺乏对商品的基本认知，不便于开展工作。因此，了解商品基础信息成为老李与小赵的首要任务	
任务阶段	■商品认知 □调研与分析 □选品 □采购 □管理和风险防范	
工作任务		
任务内容	任务说明	
任务演练：了解零食品牌的商品属性	先搜集品牌及商品的相关资料，然后形成品牌认知和商品认知，最后分析主推商品的属性和构成	
任务总结：		

知识准备

一、商品的概念

马克思主义政治经济学认为，商品是在社会分工和生产资料私有制的条件下，用于交换的劳动产品，具有使用价值和价值。

（1）劳动产品。劳动产品是指所有通过人类劳动创造出来的、能够满足人们某种需求的物品，包括有形的物质（如布料）和无形的服务（如服务态度）。劳动者在各自劳动范畴内进行生产活动所生产出来的物品属于劳动产品。

（2）具有使用价值和价值。劳动产品被用于交换而成为商品，具有满足人们某种需要的使用价值和由生产该商品所需的社会必要劳动时间决定的价值。

随着社会经济的发展，商品的范围不断扩大，已经不再局限于物质形态的劳动产品，凡是能够满足人们某种社会消费需要的所有形态的劳动产品，都可称为商品。

二、商品特征与属性认知

由商品的概念可知，商品具有以下特征和属性。

（一）商品特征

（1）商品必须是劳动产品。商品是劳动产品中的特殊产品，任何物品想要成为商品，首要条件是成为劳动产品。例如，自然界中的黏土、氧化铝、高岭土等自然物质不是劳动产品，但是使用这些自然物质制成的陶瓷就是劳动产品。

（2）商品必须用于交换。为达到一定的目的，劳动产品需要进行交换，只有用来交换的劳动产品才能称为商品。例如，小农经济时期，人们生产的棉麻布料、粮食等用于自给自足，而非交换，这样的劳动产品便不是商品；如果使用货币购买这些劳动产品，这些劳动产品就是商品。

（3）商品必须有用。商品应当能够满足人们的某种需求，具备有用性，这样才会让人们愿意进行交换。也就是说，商品必须具有交换价值，商品在交换过程中能够换取其他等价商品。

（二）商品属性

使用价值和价值是商品的基本属性，二者处于商品的统一体中，互相依赖、不可分割。

1. 使用价值

商品的使用价值是指商品能够满足人们某种需要的属性，体现在商品对人的有用性上，由商品的自然属性（如商品的成分、结构、形态、化学性质、物理性质、生物学性质等）所决定，反映的是商品与自然之间、商品与人们需要之间的满足关系。例如，服装的颜色、尺码、材质，农产品的原材料、规格、营养成分等属于自然属性，这些属性能够满足人们在相应方面的需求。商品有多少自然属性，就可能有多少使用价值。

使用价值由具体劳动创造，是一切商品都具有的共同属性之一。任何物品要想成为商品，都必须具有可供人类使用的价值；反之，没有使用价值的物品则不会成为商品。使用价值是价值的基础，没有使用价值的劳动产品无法满足人们的需要，不能进行交换，其价值也就无法得到体现。

2. 价值

价值是凝结在商品中的无差别的一般人类劳动，也就是抽象劳动。抽象劳动并不等于价值本身，抽象劳动只有凝结在商品中才能形成价值。价值是商品特有的本质属性，它体现了商品和非商品的本质区别。

价值反映商品的社会属性（包括商品的经济属性、文化属性、政治属性和其他社会属性），体现的是商品生产经营者之间互相交换劳动的社会生产关系。生产经营者为实现商品的价值，需要通过交换向使用者让渡商品的使用价值。商品的价值通过交换体现出来，交换的比例由商品价值的大小决定。商品价值具体表现为价格，价格通常围绕价值上下波动。

知识拓展

具体劳动是指创造不同使用价值的不同性质和形式的劳动，它由生产的目的、操作方式、劳动对象、劳动资料和结果等决定。具体劳动虽然是创造使用价值的一种劳动，但不是使用价值的唯一源泉，使用价值的源泉由具体劳动和自然物质共同构成。

抽象劳动是撇开了一切具体劳动形式的、无差别的一般人类劳动，与具体劳动是对立统一的关系。抽象劳动是商品价值的唯一源泉。

素养小课堂

商品的使用价值是一个随着科技进步和人们经验积累而不断扩展的动态范畴。企业相关人员需具备前瞻性的视野，紧跟时代步伐，不断探索并挖掘商品新的使用价值，从而为消费者提供更加满意且贴合需求的商品。

三、商品构成认知

商品只有能够满足消费者的需求，才会被购买和使用。这就要求商品在具有使用价值和价值的同时，还要给消费者带来利益，包括有形的实际利益和无形的心理利益。商品由核心部分、有形部分和无形部分构成。

（1）核心部分。核心部分即商品所具有的满足某种用途的功能，是消费者购买商品时真正追求的利益。核心部分体现的是商品的实质，是商品构成中最基本、最主要的部分。例如，消费者购买衣服，是因为衣服能够遮羞蔽体，具有保暖的功能；购买大米，是因为大米可以提供身体所需的营养成分，具有饱腹的功能。

（2）有形部分。有形部分即商品的具体形态，是商品的外在形式，包括商品的名称、材料、成分、结构、外观、质量、商标、品牌、使用说明书、标志、包装、专利标记、环境标志、检验合格证等。

（3）无形部分。无形部分即消费者购买商品时所获得的附加利益，包括商品信息咨询、免费安装调试、免费送货、售后服务、退换货服务、优惠政策等。无形部分是商品价值的延伸，能够满足消费者更多样的需求，也是影响消费者决策、使该商品区别于同类商品的重要因素。

> ⏰ 提示
>
> 商品的核心部分在某种程度上就是商品具有的使用价值，具体体现在商品的功能或用途上。

💬 任务实施

任务演练：了解零食品牌的商品属性

【任务目标】

搜集品牌及商品的相关资料，总结品牌特征和商品属性，加深对品牌及商品的了解。

【任务要求】

本次任务的具体要求如表1-2所示。

表1-2　任务要求

任务编号	任务名称	任务指导
（1）	搜集资料	通过多种途径搜集品牌及商品资料
（2）	分析商品	形成品牌认知和商品认知，分析主推商品的属性和构成

【操作过程】

（1）搜集资料。查看品牌方发送的品牌及商品资料，并在网络上搜集与品牌及商品相关的信息，包括品牌理念、品牌文化、市场定位、目标消费者、销售渠道，以及商品的类目、特点和卖点等。

（2）形成品牌认知。汇总品牌相关信息，编制品牌信息表（见表1-3），形成对品牌的初步认知。

表1-3 品牌信息表

品牌理念	引领健康、绿色生活方式
品牌文化	创新至上、品质至上、消费者至上、趣味至上
市场定位	中高端市场
目标消费者	18～35 岁的健康意识较强的年轻消费者，他们追求时尚、健康、个性化的生活方式，注重零食的品质和口感，愿意为高品质、健康的零食支付较高的价格
销售渠道	线上：官方网站、主流电子商务平台 线下：品牌专卖店、超市、便利店

（3）形成商品认知。汇总商品信息，编制商品类目信息表（见表1-4），形成对商品的初步认知。

表1-4 商品类目信息表

商品类目
坚果、肉干、蜜饯、饼干、蛋糕、薯片、糖果、果汁、茶饮料、碳酸饮料、巧克力等

（4）分析主推商品的属性和构成。从所有类目的商品中选择两款主推商品，分析商品的属性和构成，如表1-5所示。属性包括价值和使用价值，其中，价值通过商品价格表示，使用价值通过商品的自然属性表示。

表1-5 分析主推商品的属性和构成

主推商品	商品属性		商品构成		
	价值	使用价值	核心部分	有形部分	无形部分
芥末味开心果	42 元5/500g	大小：22～27 型大果 口味：芥末味 营养成分：蛋白质、脂肪（主要为不饱和脂肪酸）、纤维素、钙、镁、钾、碳水化合物等 结构：开心果果实+密封罐 形态：开心果整体呈椭圆形或卵圆形，开裂有缝，果壳呈乳白色，果仁呈绿色 化学性质：开心果中的脂肪易氧化；蛋白质在高温下易变性；芥末粉中的芥子油苷在遇水或酸时易水解 物理性质：开心果的外壳硬度较高，需用力才能破开；果仁酥脆易碎；具有一定的吸湿性，易吸收空气中的水分而导致变质	补充营养，满足消费者的味蕾享受	商品名称：趣·味罐装芥末味开心果 500g 配料：开心果、芥末粉、食盐	包邮、支持7 天无理由退换货（包装破损不支持）
风干牛肉干	85 元/400g	口味：原味 营养成分：蛋白质、脂肪、钙、镁、铁等 结构：牛肉干+密封袋 形态：风干牛肉呈长条状 化学性质：在风干过程中，牛肉中的蛋白质和糖类会发生分解，生成新的化合物，使得牛肉的香味更加浓郁 物理性质：经过风干后，牛肉中水分含量显著降低，硬度提升	健身代餐，便携	商品名称：趣·味原味袋装七成干风干牛肉 400g 配料：牛后腿肉、香辛料、食盐、大葱、生姜	单件包邮、支持7 天无理由退换货（包装破损不支持）

任务二 探索电子商务市场及商品发展趋势

任务描述

在初步认识品牌及旗下商品后，老李带领小赵进一步探索零食行业及商品的发展趋势，明确品牌优化改进方向（见表1-6）。

表1-6 任务单

任务名称	探索电子商务市场及商品发展趋势	
任务背景	趣·味作为一个零食品牌，其商品布局深受行业趋势的影响。深入洞察零食行业及商品的发展动向，并据此发掘新的增长点，是趣·味提升品牌竞争力的关键。在分析时，老李打算借助DeepSeek辅助分析，提高分析效率	
任务阶段	■商品认知 □调研与分析 □选品 □采购 □管理和风险防范	
工作任务		
任务内容		**任务说明**
任务演练：使用DeepSeek分析零食行业及商品的发展趋势		通过互联网搜集零食行业的相关资料，然后使用DeepSeek分析趋势，最后整理分析结果
任务总结：		

知识准备

一、电子商务市场发展趋势

电子商务是利用各种信息技术及电子工具开展的商务活动。基于电子商务活动而产生的、能够满足消费者某种需求的商品便是电子商务商品。这类商品受电子商务的影响，随着电子商务的发展而出现、消亡。当前，电子商务市场呈现出以下发展趋势。

（一）存量市场争夺加剧

电子商务历经多年发展，呈现出新消费者获取速度变慢、成本上升等现象，电子商务平台之间的竞争焦点转向激烈争夺存量市场。为吸引企业入驻，电子商务平台通常采取激进的市场策略，如价格战、广告战。例如，抖音发布"抖音产业带服务商权益"，允许产业带企业利用抖音的资源进行商品推广，这对白牌商品（无品牌和商标的商品）来说是一个提高知名度和销量的机会。

（二）电子商务智能化升级

随着AI技术的蓬勃发展，其在电子商务领域的应用也愈加广泛，促进了电子商务的智能化升级。

一方面，各大电子商务平台积极探索并应用AI技术，以提升消费者体验、提高企业运营效率等。AI技术的主要应用场景有数字人、搜索、营销、物流。其中，数字人在商品推广方面应用广泛，可以根据关键词提示回复消费者，实现24小时不间断直播销售商品；AI技术在搜索方面的应用主要通过AI搜索功能体现，通过分析消费者给出的搜索关键词或问题，实现消费者与商品的快速匹配；智能选品是AI技术在营销方面的典型应用，AI通过分析市场、消费者画像，精准定位消费者，实现选品的精准化；AI技术还可实现物流和仓储管理的自动化、订单智能分配。

另一方面，企业积极开发智能化产品，创新产品形式，丰富商品品类。例如，企业推出多种AIGC工具，包括用于生成电子商务营销策略的文字类AIGC工具（如文心一言、DeepSeek），用于生成商品图片、商品宣传海报等的图片类AIGC工具（如通义万相、创客贴AI）；又如，企业推出内嵌AI功能的智能手机和笔记本电脑、具备自动驾驶功能的汽车。

（三）政府与平台赋能即时零售

即时零售是指通过线上平台下单、线下快速配送实现商品销售的零售模式。即时零售自2023年起进入提质阶段，政府和电子商务平台正积极推动即时零售的发展。

一方面，主流电子商务平台纷纷加速布局即时零售，并朝着全品类的方向发展，旨在提供更加多元的本地生活服务和商品，同时持续提高配送效率。例如，美团的"超市便利"频道中罗列了多种品类，包括生鲜/菜市场、零食/速食、生活用品等。

另一方面，政府通过出台相关政策鼓励发展即时零售，如《国务院办公厅转发国家发展改革委关于恢复和扩大消费措施的通知》中提到，"大力发展农村直播电商、即时零售""发展即时零售、智慧商店等新零售业态"；《中共中央 国务院关于做好2023年全面推进乡村振兴重点工作的意见》中指出，"大力发展共同配送、即时零售等新模式"。

二、新商品发展趋势

新商品是指与市场上原有商品相比，在属性上有所创新、变革和调整的商品。新商品可以是市场上从未出现过的商品，也可以是在技术、成分、物理性质上与市场上同类型商品有显著差异的商品（如新能源汽车）。当前，新商品存在以下发展趋势。

（一）情绪消费品类崛起

在快节奏的现代生活中，消费者越来越注重商品带来的情绪价值，倾向于通过购物来获得放松、愉悦或慰藉。例如，盲盒、捏捏玩具、痛包（指挂满或可以放置动漫人物和玩偶的包包）、谷子（指由漫画、动画等作品衍生出来的周边商品）、香水、香氛等与情绪价值有关的商品更受消费者青睐。这些商品往往具有不确定性或象征性，能够满足消费者的好奇心或减压需求。

例如，2024年5月，中国消费者协会发布的《中国消费者权益保护状况年度报告（2023）》指出，情绪释放将成为影响年轻一代消费者决策的重要因素，也将是今后一个时期新的消费热点。又如，星图数据发布的《2024年电商发展报告》显示，文创产品的附加价值（情绪价值、文化价值）是消费者购买文创产品的重要影响因素。

（二）智能消费品兴起

随着科技的快速发展，以及一系列数字经济相关政策的出台，我国智能消费品市场迎来了蓬勃发展。智能家电（如智能冰箱、智能洗衣机）、智能穿戴设备（如智能手表、智能手环）、智能家居产品（如智能灯控、智能空调、智能门锁）等成为人们关注的重点。例如，2023年10月，我国工业和信息化部发布的《关于推进5G轻量化（RedCap）技术演进和应用创新发展的通知》中提出，要推动可穿戴、智能家居、移动办公等新型终端向5G RedCap演进升级，助力个人应用创新不断涌现。2024年3月，国家市场监督管理总局等部门发布的《贯彻实施〈国家标准化发展纲要〉行动计划（2024—2025年）》中指出，要制定支持协调统一的智能家居标准，完善智能家电、电动家具家居用品标准体系。智能消费品的出现，不仅能够提高消费者的生活品质，还能够丰富消费者的消费体验。

（三）健康与环保型商品关注度提高

消费者对健康的关注度不断提高，促使企业推出更多健康导向的商品，如低糖低脂苏打水、即食鲜炖银耳羹、红枣夹核桃、在线运动健身课程等，这些商品也受到越来越多消费者的青睐。《2024新健康消费生活趋势报告》显示，大约七成的消费者在日常饮食中会有意识减少不利健康的成分，同时增加有益营养的摄入。营养均衡、成分健康和体重管理已成为推动消费者选择健康食品的主要动机。

随着环保意识的增强，消费者更加关注商品的可持续性。一些企业采用新能源、环保型材料等制作出环保商品，通过可持续的生产方式和包装降低环境污染，满足消费者对环保商品的需求。例如，我国新能源汽车产业规模快速增长，从2011年产量不足一万辆，到2024年全年产量达1288.8万辆、销量达1286.6万辆。

（四）预制菜迎来风口

预制菜是指以农、畜、禽、水产品为原料，配以各种辅料，经预加工而成的成品或半成品，只需加热或简单烹饪即可食用，如西式半成品、速冻菜品、方便食品等。预制菜具有简单、便捷的特点，是当下的一个食品风口。根据《食品工业预制化发展研究——预制菜产业发展报告》，2022年，预制菜市场规模达4196亿元，同比增长21.3%，预计在2026年市场规模有望达到10720亿元。

💬 任务实施

任务演练：使用 DeepSeek 分析零食行业及商品的发展趋势

【任务目标】

使用互联网搜集行业数据，使用DeepSeek分析行业及商品的发展趋势，根据分析结果提出调整方向。

【任务要求】

本次任务的具体要求如表1-7所示。

表1-7 任务要求

任务编号	任务名称	任务指导
（1）	搜集行业数据	借助互联网搜集零食行业相关资料
（2）	分析趋势并提出调整建议	使用 DeepSeek 分析商品发展趋势，根据分析结果提出调整建议

【操作过程】

（1）搜集行业数据。通过互联网搜索零食行业的新数据，包括行业报告、专业期刊、新闻报道等，例如勤策消费研究2024年发布的《零食行业发展趋势报告——市场变革下的新一轮增量》、中国银河证券2024年发布的零食行业深度报告（系列一）《万亿零食赛道全图谱：

品类、渠道与竞争》。

（2）利用DeepSeek分析趋势。登录DeepSeek，默认使用深度思考功能，在输入框中输入分析要求，如"请根据《零食行业发展趋势报告——市场变革下的新一轮增量》《万亿零食赛道全图谱：品类、渠道与竞争》这两个报告整合行业整体情况和商品情况，分析零食行业的发展趋势。其中，行业整体情况应包括市场规模、竞争格局、消费者、销售渠道，商品情况应包括整体特点、细分品类"，单击"发送"按钮，等待分析结果，如图1-1所示。

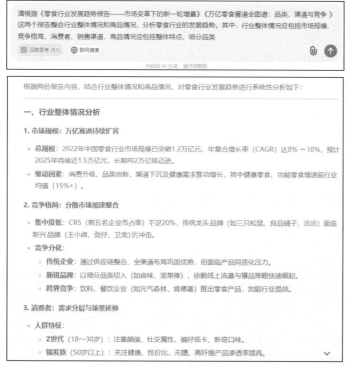

图 1-1　利用 DeepSeek 分析趋势

（3）整理分析结果。查看DeepSeek生成的分析结果，并与报告内容对比是否准确，然后按照需要精简整理，整理后的分析结果如表1-8所示。

表 1-8　零食行业及商品分析结果

行业整体情况	市场规模	零食行业整体市场规模继续增长
	竞争格局	行业集中度低，呈现出"大行业、小企业"的局面
	消费者	消费者消费趋于理性，更看中商品的质量、性价比，使得主打低价的业态成为行业变革的主要方向；消费需求多元化，延伸出满足情感交流、健康营养等多样化需求
	销售渠道	渠道多元化，"多品类+全渠道"更易长青
商品情况	整体特点	细分品类多，商品口味丰富，风味零食、烘焙糕点、糖果巧克力成为前三大品类
	细分品类	风味零食持续呈现出高成长力。其中，坚果炒货品类契合健康趋势，处于成长期，商品创新和价格成为企业突围的切入点；膨化食品品类向本土化、健康化方向发展，处于成长期；卤制品类也处于成长期，商品更新、辣味食品受消费者喜爱、行业集中度提高成为增长的主要原因
		烘焙糕点处于成长期，正餐化场景需求带动总量增长，中式糕点持续增长
		糖果巧克力步入成熟期，仍有提升空间，代糖化、功能化的创新商品或将带动行业重新增长

（4）洞察新的发展方向。由分析结果可知，趣·味要想提高市场竞争力，延长生命力，就需要布局多元化的销售渠道，开发多品类商品，并根据消费者需求不断创新商品形式和口味，提供更加平价、优质的健康商品。在主推商品方面，可将风味零食和烘焙糕点作为新的突破口。

 综合实训

实训一　了解电子商务家用电器的特征信息描述规范

实训目的：掌握商品的基础知识，提升商品认知能力。

实训要求：某家用电器企业准备入驻电子商务平台，但不清楚电子商务家用电器的特征信息描述规范，担心违反相关法律法规。为避免此类问题，该企业需要了解电子商务家用电器的特征信息描述规范。

实训思路：利用DeepSeek搜索电子商务家用电器的特征信息描述规范，查看规范内容。

实训结果：本次实训完成后的参考效果如图1-2所示。

GB/T 32928—2016

目　次

前言 I
1　范围 1
2　规范性引用文件 1
3　术语和定义 1
4　描述属性 2
5　描述方法 4
6　信息模型 4
7　通用信息摘要描述 5
8　专用信息摘要描述 18
9　信息扩展方法 100
附录 A（资料性附录）　家用电器产品分类 101

图1-2　参考效果

实训二　利用 DeepSeek 分析家用电器行业的发展趋势

实训目的：熟悉电子商务商品发展趋势，提升行业洞察力。

实训要求：为确保所售商品适销对路，该家用电器企业需要了解家用电器行业的发展趋势，了解当前受欢迎的商品，并调整商品布局。根据企业当前需要，利用互联网搜索家用电器行业发展趋势相关资料，并利用DeepSeek进行分析。

实训思路：在网络上以"家用电器行业发展趋势"为关键词搜索行业报告，并下载行业报告。在DeepSeek中单击输入框下方的"上传附件"按钮 ⬭，将文档上传到DeepSeek中，让DeepSeek据此分析家用电器行业的发展趋势。

实训结果：本次实训完成后的部分参考效果如图1-3所示（配套资源：\效果文件\项目

一\DeepSeek分析结果.docx、《2024年中国家电行业半年度报告》报告内容摘录.tif）。

根据《2024年中国家电行业半年度报告》，中国家电行业呈现以下发展趋势：

1. 高端化与智能化升级

- 彩电：大屏化（75寸及以上）、MiniLED和高刷新率（120Hz+）技术成为主流，终端价格上涨超12%，消费者更倾向于高端产品。
- 冰洗市场：大容量（500-600L）、多门设计（十字四门、法式四门）和智能化功能推动均价上涨，线下冰箱均价同比增4.4%。
- 空调：中央空调和1.5P挂机份额上升，钥基材质应用受关注以应对铜价上涨压力。

2. 出口强劲，产品结构优化

- 上半年家电出口额3479亿元，同比增18.3%，冰箱、空调、洗衣机出口量增长均超20%。
- 民营企业表现突出，出口市场多元化和产品升级（如高能效、智能家电）是主要驱动力。

图 1-3 参考效果

巩固提高

一、选择题

1.【单选】以下属于商品范畴的是（   ）。

    A. 在阳台种植的用于自家食用的蔬果   B. 购买的周边

    C. 朋友送的自家猫咪生的小猫   D. 下雨天落下的雨水

2.【单选】某人因为某品牌的平板电脑更好用而选择购买该品牌的平板电脑。这个人做出该决定主要是基于（   ）。

    A. 商品的无形部分   B. 商品的有形部分

    C. 商品的核心部分   D. 商品的附加价值

3.【单选】下列关于商品属性的说法正确的是（   ）。

    A. 使用价值和价值是商品的基本属性，二者相互独立

    B. 使用价值是指商品能够满足人们某种需要的属性

    C. 价值是凝结在商品中的无差别的人类劳动

    D. 商品的价值通过劳动体现出来

4.【多选】商品是用于交换的劳动产品，说明（   ）。

    A. 商品首先是劳动产品

    B. 只有可以用来交换的劳动产品才能称为商品

    C. 只要是劳动产品就有可能成为商品，不拘泥于其物质形态

    D. 商品应当具有可用于交换的价值

5.【多选】如果某企业想要推出新商品，选择（   ）商品更有发展前景。

    A. 情绪消费品类   B. 智能消费品

    C. 环保型商品   D. 健康类商品

二、填空题

1. ＿＿＿＿＿＿＿＿＿是指与市场上原有商品相比，在属性上有所创新、变革和调整的商品。

2. 基于＿＿＿＿＿＿＿＿＿而产生的，能够满足消费者某种需求的商品便是电子商务商品。

3. ＿＿＿＿＿＿＿＿＿是商品特有的本质属性，体现了商品和非商品的本质区别。

三、判断题

1. 商品的范畴随着社会经济的发展而发展。　　　　　　　　　　　（　　　）
2. 货币是一种特殊的商品。　　　　　　　　　　　　　　　　　　（　　　）
3. 商品的优惠政策也属于商品的一部分。　　　　　　　　　　　　（　　　）
4. 父母熏制的用于过年食用的腊肠属于商品。　　　　　　　　　　（　　　）
5. 校庆时食堂赠送的免费蛋糕属于商品。　　　　　　　　　　　　（　　　）

四、简答题

1. 商品的概念是什么？
2. 商品具有哪些特征？
3. 自家果园里种植的水果和超市里销售的水果是否都属于商品？为什么？
4. 商品具有哪些基本属性？
5. 商品由什么构成？
6. 什么是电子商务商品？
7. 电子商务市场的发展趋势有哪些？
8. 什么是新商品？
9. 新商品有哪些发展趋势？

项目二 电子商务商品分类及包装

🛒 学习目标

➤ **知识目标**

1. 掌握商品分类的原则、方法和依据，能够做好商品分类。
2. 熟悉商品编码，能够明确商品目录。
3. 熟悉商品包装的种类和标志，能够区别不同的商品包装。
4. 掌握商品包装技术和商品养护方法，能够为消费者提供包装精良和质量优良的商品。

➤ **技能目标**

1. 具备商品分类能力，能够根据商品特征正确分类商品，做好商品管理。
2. 能够利用各种技术做好商品包装与养护，提升消费者的使用体验。

➤ **素养目标**

保持学习，保持进取心，不断学习和积累电子商务商品分类及包装的相关知识和技能，以适应不断变化的市场需求和消费者偏好。

🛒 项目导读

商品分类不仅能够推动企业生产、经营活动有序进行，实现商品使用的合理化和流通的现代化，还能方便消费者选购商品。此外，在电子商务市场的商品流通环节中，商品的包装及其选材对商品的储存与运输安全至关重要，直接影响消费者能否收到完好无损的商品。随着市场趋势和消费者需求的变化，零食品牌趣·味原有的商品分类体系和商品包装的缺陷逐渐显露，如不便于消费者快速查找商品，不便于商品库存管理和销售分析，商品包装不当、损耗问题频发等。基于此，趣·味希望老李能够帮助他们调整商品分类，优化商品管理，促进销售增长。老李在了解具体情况后决定引入新的分类方法，并适当调整现有的分类体系，以确保分类的准确性和时效性。

任务一　商品分类

任务描述

为锻炼小赵的能力，老李带领小赵先查看近期比较热门的同类零食品牌的商品分类情况，然后结合趣·味的实际情况重新进行商品分类（见表2-1）。

表2-1　任务单

任务名称	商品分类	
任务背景	小赵发现，市场趋势与消费者偏好的变化往往通过品牌和商品在社交媒体上的热议程度及实际销售数据展现出来。于是他以此作为筛选依据，锁定了几个定位相似的同类型零食品牌，在探究这些品牌热度攀升的原因时，他发现有两个品牌的成功与其商品分类体系相关	
任务阶段	■商品认知　□调研与分析　□选品　□采购　□管理和风险防范	
工作任务		
任务内容	任务说明	
任务演练1：查看并分析同类零食品牌的商品分类	通过电子商务平台查看并分析同类零食品牌的商品分类体系	
任务演练2：明确零食品牌的商品分类	分析原商品分类体系的问题，重新制定分类标准，搭建新的商品分类体系	
任务总结：		

知识准备

一、商品分类的原则

商品分类是指为达到一定的目的，选择合适的分类依据，将商品集合总体进行科学、系统的划分，直至最小单元，并在此基础上进行系统编排，形成一个有层次的商品分类体系的过程。

为方便消费者购买、提升企业的商品经营管理能力，企业有必要将商品进行分类。企业在对电子商务商品进行分类时，需遵守以下原则。

（1）准确性原则。准确分类，是指必须明确需要分类的商品所包含的范围，分类后的每一种商品只能出现在一个类别中，或者每个下级单位只能出现在一个上级单位中。例如，就糖果而言，应明确是硬糖还是软糖，不管是硬糖还是软糖，都只能作为糖果的下一层级，而不能出现在乳制品类别中。

（2）科学性原则。科学分类，要求分类符合客观要求，有利于商品生产、销售和经营，能够满足消费者的需要；作为分类对象的商品的名称应统一、科学；分类依据或标志应能够反映商品稳定的本质属性或特征，且该本质属性或特征使商品能明显区别于其他商品；分类层级要科学合理。

（3）系统性原则。系统分类，是指将选定的分类对象根据分类依据或标志进行分类，形成一个系统化、有层级、能够反映各分类对象之间关系的体系。例如，图2-1所示为京东的商品分类体系，其中，"家用电器"所在栏是该体系的第一层级，"电视""空调"等是"家用电器"层级下的第二层级，"艺术电视""K歌电视"等是"家用电器"层级下的第三层级。

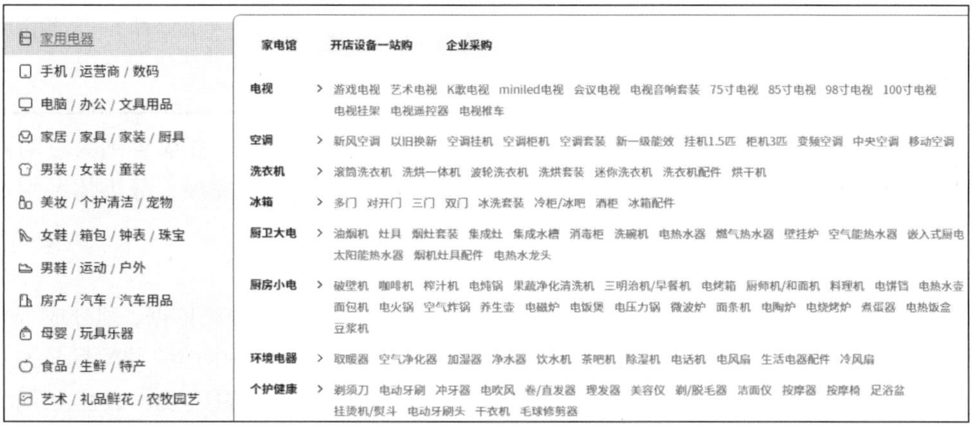

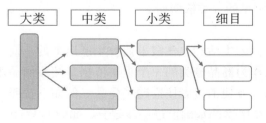

图2-1　京东的商品分类体系

（4）拓展性原则。商品处于不断发展、更新、变化中，商品分类也应适应这一客观规律。在建立商品分类系统时，应考虑到这一情况，预留足够的空间，以便在不破坏整体分类体系的情况下补充新商品。

（5）适应性原则。商品分类应当与原有分类情况（如各行业已经在使用的分类标准、国际通用的商品分类体系）相互衔接和协调，以便提升分类的实用性。

二、商品分类的方法和依据

在电子商务行业中，为顺利开展各项经营活动，商品分类一旦确定，将长期有效。企业应当采用合适的商品分类方法，并根据一定的分类依据，科学合理地对商品进行分类。

（一）分类方法

常用的商品分类方法有线分类法和面分类法，二者各有优劣。目前，将两种方法结合起来使用的情况比较常见，通常是以线分类法为主、面分类法为辅。

1. 线分类法

线分类法也称层级分类法，是将待划分的所有商品按照一定的分类依据，逐级划分成若干个类目，并排列成一个有层次的分类体系。线分类法的特点是通过大类、中类、小类、细目等层级划分体现商品的级别和层次，各层级商品的具体划分依据不同，上一层级和下一层级的商品类目之间存在隶属关系，同一层级的商品类目之间存在并列关系，不存在交叉和重复，如图2-2、表2-2所示。

图2-2　线分类法示意图

表2-2　线分类法示例

大类	中类	小类	细目
家具	木质家具 金属家具 塑料家具 竹藤家具	以木质家具为例：床、桌、椅、凳、箱、架、橱柜	以床为例：松木床、榆木床、桦木床、榉木床、红木床

　　由于线分类法是一层一层往下划分，因此层次清晰且逻辑性强，能够容纳大量的商品信息。但是，线分类法没有给可能出现的新商品留下空间，一旦分类完成，分类体系则不便更改，弹性较差。基于此，需要提前留足可变动的空间。

　　2．面分类法

　　面分类法又称平行分类法，是将待分类的所有商品按照不同的分类依据，划分成若干个独立的面，每个面中包含一组类目。在实际应用过程中，可以将一个面中的一种类目与另一个面中的一种类目组合在一起，组成一个复合类目，以构建分类体系，如图2-3、表2-3所示。

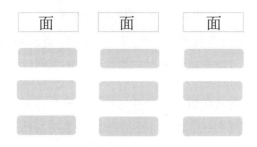

图2-3　面分类法示意图

表2-3　面分类法示例

面料	样式	款式
丝织 棉纺织 纯毛 中长纤维 涤棉 毛涤	男式 女式	中山装 西服 夹克 衬衫 连衣裙

　　面分类法的每一个面的关系是平行并列的，具有灵活方便、结构弹性好、适用于计算机处理等优势，但组合的体系过于复杂，不利于手工处理，且很多复合类目缺乏实用价值。

　　（二）分类依据

　　分类依据是商品分类的基础，在一个分类体系中，常采用多种分类依据，每个层级采用一个合适的分类依据。常见的分类依据如下。

　　1．用途

　　商品是为了满足人们的生活和工作需求而被生产出来的，商品用途是直接体现商品价值的标志，因此也可以作为商品分类的一个重要依据。按照商品用途进行分类，可以更好地区分不同类型的商品，方便消费者按需购买商品。例如，按照商品用途，可以将商品分为消费品和工业品，并在用途的基础上进一步划分，如图2-4所示。同时，按照商品用途分类便于企业比较和分析具有同样用途的商品的优劣，从而改进和优化商品。用途这一分类依据，不仅适用于划分商品大类，还适用于细分商品种类和品种，但不适合作为多用途商品的划分依据。

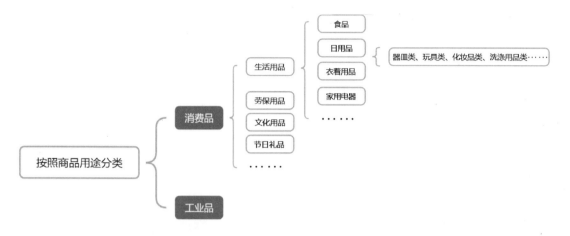

图 2-4　按照商品用途分类示例

2. 原材料

商品原材料因为成分、性质和结构等不同，会具有不同的特征。通过原材料分类商品，可以从本质上反映商品的性能和特点，以及商品的使用和保存方式。按照原材料分类适合原材料来源较多且原材料对商品性能起决定作用的商品。例如，将纺织品按照原材料进行分类，可以分为棉、麻、丝、化纤等。但按照原材料分类不适用于电视机、洗衣机等由多种原材料组成的商品。

3. 生产加工方法

对于用相同原材料生产出来的商品，可以将生产加工方法作为分类依据。例如，将茶叶按照不同的生产加工方法进行分类，可分为毛茶（初制茶）与成品茶（精制茶）。按照生产加工方法分类，能够反映商品在外观和质量上的差异，适用于可以选用多种加工方法且质量受加工方法影响较大的商品。

4. 化学成分

商品成分往往对商品的性能、质量和用途起着决定性的作用，特别是对于主要成分相同但包含某些特殊化学成分的商品，这些特殊化学成分可以让商品的质量、性能和用途产生变化，此时就可以将化学成分作为分类依据进行分类。例如，玻璃的主要成分是二氧化硅，但由于添加了某些特殊成分，可以将玻璃分为铅玻璃、钾玻璃和钠玻璃等。按照化学成分进行分类时，企业需要深入分析商品的特性，这对研究商品在加工、使用和存储、运输过程中的质量变化具有重要意义。这一分类依据适用于已明确化学成分且化学成分对商品性能影响较大的商品，但不适用于那些化学成分未知或比较复杂、化学成分对商品性能影响较小的商品。

5. 其他分类依据

除以上分类依据外，在电子商务行业中，还有一些分类依据被使用，如产地、生产季节、外观、形状、结构、颜色等。其中，产地和生产季节常用于划分农产品。例如，将茶叶按照产地划分为西湖龙井、洞庭碧螺春、安溪铁观音、祁门红茶、安吉白茶等；按照生产季节划分为春茶、夏茶、秋茶、冬茶等。

⏰ **提示**

　　根据分类依据的适用对象，商品分类依据大致可以划分为两类。一类是普遍适用的分类依据，如用途、原材料、生产加工方法等，这类分类依据常用于划分商品大类、中类或品类等。另一类是局部适用的分类依据，如化学成分、产地、生产季节、形状、颜色等，这类分类依据常用于划分商品细目。

　　商品分类没有统一固定的标准，企业可以根据市场和自身的实际情况进行分类，但分类依据应当方便消费者购物和商品组合，并且能够体现企业特点。

三、商品分类体系

　　商品分类体系能够清晰展示该体系中的商品各类目之间的内在联系。在商品分类体系中，通常以门类、大类、中类、小类、品类或品目、种类、细目等表示不同的层级，其级别大小依次是门类 > 大类 > 中类 > 小类 > 品类或品目 > 种类 > 细目。

　　（1）门类是指按照国民经济和行业的共性对商品进行总分类。

　　（2）大类是指根据商品生产和流通领域划分的行业类别，如五金类、食品类、化工类、服饰类等。

　　（3）中类是指若干具有共同性质或特征的商品的总称，如将五金类商品划分为机械五金、建筑五金、电气五金、五金机械设备、五金材料、五金材料制品、五金工具、通用配件、电子电工。

　　（4）小类是指在中类的基础上，根据商品的某些特点和特征进行细分，如将建筑五金划分为门窗、灯具、卫浴、锁具、建材、涂料等小类。

　　（5）品类或品目是指具有若干共同特征或性质的商品种类的总称，如灯具小类下包含家庭居室照明、工业照明等品类。

　　（6）种类是指按照商品的性能、成分等方面的特征划分的商品类别，具体体现在商品名称上，如家庭居室照明类灯具有吊灯、吸顶灯、落地灯、台灯等种类。

　　（7）细目是对商品种类的详细区分，包括商品的规格、花色、等级等，能体现出商品具体的特征区别。例如，GB/T 9473-2022《读写作业台灯性能要求》中，按照台灯的照度，将台灯划分为A级和AA级两个等级。

　　商品分类体系主要有4种类型，分别是基本分类体系、应用分类体系、国际贸易分类体系和国家标准分类体系。

　　（1）基本分类体系是按照商品的使用价值作为分类依据，将商品分为生活资料商品和生产资料商品两大类。

　　（2）应用分类体系是以实用性为原则，为满足使用者的需要而形成的分类体系，是一种实用性很强的分类体系。

　　（3）国际贸易分类体系是为方便各国贸易及各国开展海关管理、关税征收等活动而制定的统一的国际贸易分类体系。

　　（4）国家标准分类体系是指为保证国内商品正常地流通所形成的分类体系，具体分类见《全国主要产品分类与代码》。

⏰ **提示**

　　为提高商品管理效率，在实际分类中，一般将商品分为大类、中类、小类和细目4个层级。

四、商品编码

　　商品编码是在商品分类的基础上进行的。商品编码有双重含义，第一重含义是指根据一定的规则，用一组有序的代码标识不同类目商品的过程；第二重含义是指商品代码本身。商品编码有助于识别、输入、存储和处理商品信息，从而提高商品管理效率和物流效率与准确性，还有助于消费者溯源商品，增强消费者的信任感，同时还能促进商品在全球范围内流通。

（一）编码原则

　　要发挥出商品编码的作用，就需要在编制代码的过程中遵循一定的原则，以确保编码结果科学有效。

　　（1）唯一性原则。在一个分类编码标准体系中，即使一个商品有多个名称，它也只能有一个代码，一个代码只用于代表一个商品。

　　（2）无含义原则。商品编码只用于指代该商品，作为识别商品的标志，不表示与商品相关的特定信息。无含义使得商品编码可以去除冗余信息，变得更加简单，也能提高编码的容量，实现对代码空间的高效利用。同时，无含义也使得商品编码更加灵活，能够应用于不同的领域和场景，并在长期的使用中保持稳定，具有较强的通用性。

　　（3）稳定性原则。商品编码一旦确定，只要商品的基本特征（包括商品名称、商标、种类、规格、数量、包装类型等）没有发生变化，就应保持不变。

（二）编码的种类

　　商品编码通常由阿拉伯数字、字母及便于记忆和处理的符号组成。由于使用的符号类型不同，编码的种类也有所不同。

1. 数字型编码

　　数字型编码是采用一个或若干个阿拉伯数字表示分类对象的代码。例如，快递包裹到达快递站后，快递站会向收件人发送一条包含取件码的短信，该取件码通常由一组代表该快递包裹的数字组成，如"1511"，这组数字就是数字型编码。数字型编码的结构简单，使用方便，易于推广，便于计算机处理，是国际上普遍采用的一种商品编码。

2. 字母型编码

　　字母型编码是采用一个或者若干个字母表示分类对象的代码。字母型编码中通常包含大写字母和小写字母，其中，大写字母用于表示商品大类，小写字母用于表示其他类目。例如，在拼多多的跨境电商平台Temu中，采用字母型编码表示商品本体CE（Conformite Europeenne，欧洲统一，与之相关的CE认证是欧盟强制性认证的一种标志），如CE-Toy代表玩具、CE-LVD代表高压电器、CE-MD代表机械。字母型编码具有便于记忆和便于人们识别信息的优点，但不利于计算机处理和识别，仅适用于分类对象较少的情况。

3．数字、字母混合型编码

数字、字母混合型编码是采用数字和字母混合编排而成的代码。例如，某企业采用数字、字母混合型编码表示不同型号的路由器，如图2-5所示，其中的"TL-XDR5430""TL-WDR7620"便是路由器的型号。

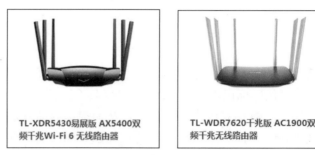

TL-XDR5430易展版 AX5400双　　　　　　TL-WDR7620千兆版 AC1900双
频千兆Wi-Fi 6 无线路由器　　　　　　　　频千兆无线路由器

图 2-5　数字、字母混合型编码

数字、字母混合型编码兼具数字型编码和字母型编码的优势，结构严谨，符合日常使用习惯。但由于组成形式较为复杂，其不便于计算机输入。

4．条码

条码也称条形码，由一组规则排列的条、空及其对应代码组成，是表示商品代码的条码符号。商品条码可被光电扫描设备扫描阅读并输入计算机，在自动识别上具有非常大的优势，而且简单易操作、输入速度快、可靠性高。

（1）EAN条码。EAN条码（European Article Number，欧洲商品编码）是国际上通用的一种商品用条码，也是在我国通用的一种商品用条码，有标准版（EAN-13）和缩短版（EAN-8）之分，其中标准版有13位数字，缩短版有8位数字。

①代码结构。EAN条码中的代码由厂商识别码、商品项目代码、校验码3个部分组成。以标准版为例，如表2-4所示，其中，X_{13}、X_{12}……表示第几位数字，一个X表示一个数字。

表 2-4　EAN-13 条码代码结构

项目	厂商识别码	商品项目代码	校验码
说明	由 7～10 位数字组成，由中国物品编码中心分配和管理厂商识别码的前3位为前缀码，国际物品编码组织（Global Standards 1，GS1）分配给中国物品编码中心的前缀码为690～695	由 2～5 位数字组成，一般由厂商编制，也可由中国物品编码中心编制	只有 1 位数字，用于检验整个编码的正误
结构种类	$X_{13}X_{12}X_{11}X_{10}X_9X_8X_7$	$X_6X_5X_4X_3X_2$	X_1
	$X_{13}X_{12}X_{11}X_{10}X_9X_8X_7X_6$	$X_5X_4X_3X_2$	X_1
	$X_{13}X_{12}X_{11}X_{10}X_9X_8X_7X_6X_5$	$X_4X_3X_2$	X_1
	$X_{13}X_{12}X_{11}X_{10}X_9X_8X_7X_6X_5X_4$	X_3X_2	X_1

②符号结构。EAN条码由左侧空白区、起始符、左侧数据符、中间分隔符、右侧数据符、校验符、终止符、右侧空白区及供人识别字符组成，如图2-6所示。

（2）UPC条码。UPC条码（Universal Product Code，通用商品代码）是美国统一代码委员会（Uniform Code Council，UCC）制定的一种商品用条码，与EAN条码都属于GS1全球标准系统中的一部分，但UPC条码主要在美国和加拿大使用。UPC条码有标准版（UPC-A）和缩短版（UPC-E）之分，其中，标准版有12位数字，缩短版有8位数字。

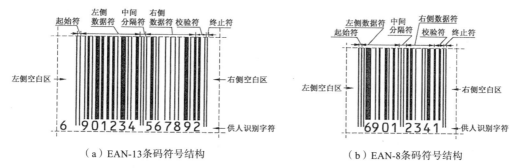

（a）EAN-13条码符号结构　　　　　（b）EAN-8条码符号结构

图 2-6　EAN 条码符号结构

①代码结构。UPC-A由厂商识别代码、商品项目代码和校验码组成。其中，厂商识别代码由国际物品编码组织分配给厂商，由6～10位数字组成；商品项目代码由厂商编码，由1～5位数字组成；校验码为1位数字。UPC-E没有厂商识别代码，商品项目代码的首位特定数字为0，校验码为1位数字。UPC条码代码结构如表2-5所示。

表 2-5　UPC 条码代码结构

UPC-A			UPC-E	
厂商识别代码	商品项目代码	校验码	商品项目代码	校验码
$X_{12}X_{11}X_{10}X_9X_8X_7$	$X_6X_5X_4X_3X_2$	X_1	$0X_7X_6X_5X_4X_3X_2$	X_1

X_{12} 数字的不同含义

0：规则数量包装的商品，即一般商品　　　　　2：商品变量单元

3：药品及医疗用品　　　　　　　　　　　　　4：零售商店内码

5：代金券　　　　　　　　　　　　　　　　　7：中国申报的 UCC 会员用

1、6、8、9：备用码

②符号结构。UPC-A条码左侧空白区、右侧空白区最小宽度均为9个模块款，其他结构与EAN-13条码相同，如图2-7所示。UPC-E条码由左侧空白区、起始符、数据符、终止符、右侧空白区及供人识别字符（如系统字符、校验符等）组成，如图2-8所示。

图 2-7　UPC-A 条码符号结构

图 2-8　UPC-E 条码符号结构

（三）编码的方法

商品编码应具有较强的实用性，便于管理和应用，这就要求企业采用合理的编码方法，按照一定的逻辑编排代码。

（1）顺序编码法。这是指按照商品类目在商品分类体系中出现的先后顺序，依次给予表示顺序的数字代码，如"001""002"等。这种编码方法比较简单，容易设计代码，便于利

用代码控制和管理编码对象，但增删代码不太灵活。

（2）层次编码法。这是指按照商品类目在商品分类体系中的层级顺序，依次给予对应的数字代码。例如，《全国主要产品分类与代码 第一部分：可运输产品》（国家标准GB/T 7635.1-2002）中，就采用层次编码法为可运输产品编码，将可运输产品的层级分为6层，每层均以8位阿拉伯数字表示，前5层是一层1位码，第6层是3位码。为便于检索，设置了门类，用英文字母表示门类顺序。部分编码结果如图2-9所示。

代码	产品名称
0	农林（牧）渔业产品：中药
01	种植业产品
011	谷物、杂粮等及其种子
0111	小麦及混合麦
01111	小麦
01111·010	冬小麦
—·099	
01111·011	白色硬质冬小麦
01111·012	白色软质冬小麦
01111·013	红色硬质冬小麦
01111·014	红色软质冬小麦
01111·100	春小麦
—·199	
01111·101	白色硬质春小麦
01111·102	白色软质春小麦

代码	产品名称
23161·100	晚籼米
—·199	
23161·101	特等晚籼米
23161·102	标准一等晚籼米
23161·103	标准二等晚籼米
23161·104	标准三等晚籼米
23162	粳米
23162·010	早粳米
—·099	
23162·011	特等早粳米
23162·012	标准一等早粳米
23162·013	标准二等早粳米
23162·014	标准三等早粳米
23162·100	晚粳米
—·199	
23162·101	特等晚粳米
23162·102	标准一等晚粳米
23162·103	标准二等晚粳米
23162·104	标准三等晚粳米
23163	糯米
23163·010	籼糯米
—·099	
23163·011	特等籼糯米
23163·012	标准一等籼糯米
23163·013	标准二等籼糯米
23163·014	粳糯米
—·199	
23163·101	特等粳糯米
23163·102	标准一等粳糯米
23163·103	标准二等粳糯米
23163·104	标准三等粳糯米

图 2-9　部分编码结果

（3）平行编码法。这是指将编码对象按照一定的依据分为若干个面，每个面中的编码对象按照该面内的编码规律分别确定一定数位的数字代码，面与面之间的代码是并列平行的关系，然后根据需要选用各个面中的代码，并按照预先确定的面的排列顺序组合成复合代码。该方法多用于面分类体系，具有编码结构弹性较好、能简单地增加分类编码面的数目，以及在必要时更换个别的面等优势，但编码容量利用率低，编码过长，不便于计算机管理。

（4）混合编码法。混合编码法是层次编码法和平行编码法的结合，即将编码对象的各种属性和特征分别罗列出来，根据部分属性或特征的不同采用层次编码法为编码对象编制代码，再根据剩余属性或特征的不同采用平行编码法为编码对象编制代码。该方法的灵活性较强，能够适应不同的商品属性和管理需求，使得商品的追踪与管理工作变得更加便捷和高效。

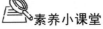素养小课堂

　　在应用编码时，企业应熟悉国家关于商品编码的法律法规，如《商品条码管理办法》《中华人民共和国海关进出口货物商品归类管理规定》等，确保编码的合法合规性。同时，企业应参考并遵循相关行业标准，确保编码体系的前瞻性和通用性。

五、商品目录

　　商品目录也叫商品分类目录，是以商品分类为依据，以特定方式系统记载相关商品集合总体类目、品种等信息的文件资料。从内容结构来看，商品目录一般包含3方面的信息：商品名称、商品编码、商品分类体系。由于适用范围不同，商品目录的类别也不同，常见的商品目录包括企业商品目录、部门商品目录、国家商品目录、国际商品目录。

　　（1）企业商品目录。这是指由企业自行编制的适用于本企业的商品目录，一般仅针对本

企业商品进行编制。企业商品目录应遵循国家商品分类相关规定，如我国各大企业编制的商品目录应当符合《全国主要产品分类与代码第一部分：可运输产品》中的商品分类规定。

（2）部门商品目录。这是指由行业主管部门编制的商品目录，如中华人民共和国海关总署发布的《中华人民共和国海关统计商品目录》。

（3）国家商品目录。这是指为满足国内开展各种商业活动的需求，由国家指定专门机构/部门编制的商品目录，如为满足商品销售需求编制的商品经营目录，为促进生产安排市场指导业务及提供资料编制的商品统计目录。

（4）国际商品目录。这是指由国际组织或区域性集团编制的商品目录，如联合国编制的《国际贸易标准分类目录》。

💬 任务实施

任务演练1：查看并分析同类零食品牌的商品分类

【任务目标】

在电子商务平台上查看同类零食品牌的商品分类，然后汇总和分析商品分类，以作为本品牌的商品分类参考。

【任务要求】

本次任务的具体要求如表2-6所示。

表2-6 任务要求

任务编号	任务名称	任务指导
（1）	查看分类	进入电子商务平台，查看同类零食品牌的商品分类体系
（2）	汇总并分析商品分类体系	汇总两个电子商务平台的分类数据，分析其优劣

【操作过程】

（1）查看分类。登录电子商务平台（如淘宝），依次查看两个同类零食品牌的商品分类体系，如图2-10所示。由于同属零食这一大类，两个分类体系的差异通常体现在细分类目上，这里需要重点查看细分类目，如品类、种类、细目。

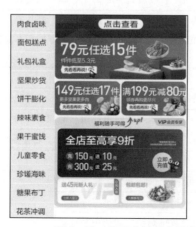

图2-10 淘宝中某两个零食品牌的商品分类体系

（2）汇总并分析商品分类体系。将两个同类零食品牌的商品分类体系以表格的形式汇总出来，如表2-7所示。由表2-7可知，A、B两个品牌均采用线分类法和面分类法相结合的方法，商品分类体系中同一层级均采用了多个分类依据，如坚果炒货、果干蜜饯、珍馐海味等是以原材料为分类依据，礼包礼盒、精美礼盒是以商品用途和消费场景为分类依据。二者的分类体系相对完整，涵盖市场上大多数的零食类型，能够满足消费者的多样化需求。但某些零食具有多重属性，导致分类上出现交叉重叠，给消费者的选择带来了一些困扰。与B品牌相比，A品牌的划分更加细致，逻辑性更强，更具针对性且更符合市场需求，如针对健康需求高的消费者划分出低脂面包类目，针对消费者的身份划分出儿童零食类目，针对具有从众心理的消费者划分出热门口味、新奇口味类目等，为趣·味划分商品类目提供了借鉴。

表 2-7　汇总商品分类体系

| 品牌 | 商品分类体系 | | |
	品类	种类	细目
A品牌	肉食卤味	肉脯	原味猪肉脯、麻辣味猪肉脯、猪肉脯组合装、纯肉肠等
		牛肉	风干牛肉干、灯影牛肉丝、手撕牛肉干等
		鸡鸭肉	甜辣鸭脖、甜辣鸭舌、辣味虎皮凤爪、无骨鸡爪等
		鱼肉	虾夷扇贝、麻辣鱼丸、即食柠檬虾、炭烤鱿鱼丝、烧烤小黄鱼干等
	面包糕点	低脂面包	手撕面包、肉松海苔吐司面包、盐焗吐司、奇亚籽吐司、坚果全麦面包等
		香软糕点	肉松饼、蛋黄酥、爆浆麻薯、萨其马、什锦小麻花等
		热门口味	蒸蛋糕、港式鸡蛋仔、核桃酥、肉松海苔麻花等
	礼包礼盒	萌趣礼包	热门零食大礼包、辣条大礼包等
		肉食礼盒	纯肉零食大礼包、休闲零食大礼包、出游零食大礼包等
		坚果礼盒	1558g坚果礼盒、1860g坚果礼盒、2228g坚果礼盒等
	坚果炒货	每日系列	每日坚果750g、坚果礼盒1353g、混合坚果仁果干750g等
		罐装坚果	罐装巴旦木、罐装夏威夷果、罐装开心果等
		袋装坚果	纸皮核桃100g、薄皮核桃200g×2袋
		炒货系列	糖炒板栗仁80g×2袋、话梅味西瓜子、新鲜板栗仁120g
	饼干膨化	酥脆饼干	海苔酥脆饼干、日式岩烧芝士脆、香葱薄饼、华夫饼、手工小麻花等
		夹心饼干	夹心苏打饼干、咸蛋黄夹心饼干、海苔肉松卷、牛肉馅饼干等
		膨化零食	小米锅巴、海苔碎、薯条、山药脆片、虾片等
		新奇口味	黑麦苏打饼干、粗粮烤馍片、咖啡红茶夹心薄饼、日式岩烧芝士脆等
	辣味速食	魔芋辣条	烤面筋、素大刀肉、豆干、鱼豆腐等
		辣味山珍	卤香鹌鹑蛋、海带脆片、泡椒竹笋尖、素毛肚等
		礼包组合	素零食大礼包、盐焗鹌鹑蛋礼包、泡椒竹笋尖量贩版等
		方便速食	重庆小面、皮蛋瘦肉粥、番茄鸡蛋面、魔芋爽等
	果干蜜饯	果干组合	水果干大礼包、山楂礼盒、红枣礼盒
		红枣果脯	芒果干、脆枣、榴莲冻干、草莓冻干等
		话梅葡萄	葡萄干、西梅干等
		新奇口味	芒果奶糕、黄桃奶糕、酸奶山楂球等

（续表）

品牌	商品分类体系		
	品类	种类	细目
A 品牌	儿童零食	萌趣糖果	牛乳棒、山楂棒、布丁
		海苔海味	海苔肉松卷
		儿童礼包	果汁果冻桶
	珍馐海味	鱿鱼专区	炭烤鱿鱼丝、麻辣鱿鱼丝、油炸鱿鱼丝等
		虾蟹专区	即食柠檬虾、即食虾夷扇贝、即食蟹味棒
		鱼肉专区	鳕鱼肠、香辣小鱼仔、烧烤小黄鱼干、铁板鱿鱼丝等
	糖果布丁	萌趣糖果	山楂棒、牛乳棒、黑松露巧克力等
		果冻布丁	果汁果冻桶、吸吸果冻、果肉果冻等
	花茶冲调	果茶果酿	花茶、红枣桂圆枸杞茶等
		冲调代餐	坚果麦片、鲜炖银耳羹、藕粉等
B 品牌	坚果炒货		腰果仁、坚果礼盒 2000g、罐装每日坚果混合果仁果干 500g、袋装蜂蜜黄油味巴旦木、袋装夏威夷果、罐装蜂蜜味核桃仁等
	精美礼盒		纯肉礼盒 1178g、坚果肉食混装礼盒 3021g、果干礼盒 1515g、罐装坚果礼盒 12罐等
	肉味卤味		猪肉脯大礼包、猪肉脯小袋装、五香牛肉粒、牛排薄脆肉片、卤味礼盒、风干牛肉、烟熏小烤肠、麻辣牛肉等
	果干蜜饯		果干礼盒、泡椒脆笋、梅子零食、综合蔬果干、山楂棒、芒果干、即食柠檬片、红枣夹核桃等
	糕点点心		夹心橡皮糖、紫薯芋泥饼、坚果茯苓糕、肉松饼、曲奇饼干、牛乳吐司、蔓越莓雪花酥、蛋黄酥等
	枣类制品		红枣夹核桃、奶香枣仁、枣仁派等
	珍馐海味		紫薯芋泥饼、手撕鱿鱼条、鳕鱼肠、海苔肉松卷、麻辣鱿鱼须、鱼丸、酸辣海带结等
	饼干膨化		芝士薄脆饼干、可可雪花酥、黄桃罐头、花椒锅巴、咖啡薄脆饼干、橘子果肉果冻、小麻花等
	豆干素食		麻辣味素卤、烤面筋、素毛肚、香辣卤藕丁、酸辣海带片、辣条、手撕豆干等
	糖巧果冻		葡萄味果汁果冻、蔓越莓雪花酥、橘子果肉果冻、黄桃罐头等
	方便速食		螺蛳粉、酸辣粉
	茶饮冲饮		蜂蜜柚子茶

任务演练 2：明确零食品牌的商品分类

【任务目标】

分析趣·味原商品分类体系存在的问题，根据商品属性重新制定分类标准，并构建分类框架，做好层级设置。

【任务要求】

本次任务的具体要求如表2-8所示。

表2-8 任务要求

任务编号	任务名称	任务指导
（1）	分析原商品分类体系的问题	查看原商品分类体系，分析存在的问题
（2）	构建分类框架	重新制定分类标准，构建分类框架并划分层级

【操作过程】

（1）分析原商品分类体系的问题。查看原商品分类体系，如表2-9所示。由表2-9可知，该商品分类体系虽然采用线分类法搭建类目层级，同一层级中的商品采用面分类法进行平行分类，但缺乏明确的分类标准且分类过于笼统，难以适应新的市场环境和消费者需求。

表2-9 原商品分类体系

品类	种类	细目
零食	小吃	坚果、蜜饯、饼干、蛋糕、薯片、糖果等
	饮料	果汁、茶饮料、碳酸饮料等
包装	袋装零食	袋装坚果、袋装饼干、袋装果冻等
	盒装零食	巧克力礼盒、饼干礼盒、坚果礼盒、蜜饯套装等
价格区间	低价零食	饼干、蛋糕、薯片、糖果等
	高价零食	坚果、坚果礼盒、蛋糕、蜜饯套装等

（2）重新制定分类标准。参考A品牌的商品分类体系，从商品属性出发，选择更为明确的划分依据作为分类标准，如根据商品的主要原材料、口味、加工方式等进行划分，并引入健康零食这一类目。

（3）构建分类框架。使用线分类法搭建分类框架，从品类、种类到细目逐级展开，再结合面分类法划分每一层级，并组合商品，提高分类体系的逻辑性和灵活性。为避免交叉划分，在同一层级采用一个分类依据，如以主要原材料为依据划分品类。例如，在坚果系列品类下依据口味划分种类等。构建的新的商品分类体系如表2-10所示。

表2-10 新的商品分类体系

品类	种类	细目
肉类零食	猪肉脯	五香味猪肉脯、麻辣味猪肉脯、猪肉脯组合装等
	牛肉	风干牛肉干、灯影牛肉丝、牛肉粒等
	鸡鸭肉	甜辣鸭脖、甜辣鸭舌、五香虎皮凤爪、酸辣无骨鸡爪等
海鲜制品	鱼虾蟹	烧烤味鱿鱼丝、麻辣味鱿鱼须、芥末味鱿鱼丝、酸辣柠檬虾、香辣小鱼仔、香辣蟹味棒等
	海带	酸辣海带片、香辣海带结等
素食小吃	魔芋辣条	魔芋爽、素毛肚
	山珍卤味	泡椒笋尖、卤制鹌鹑蛋
	豆腐干	五香味豆腐干、麻辣味豆腐干、烧烤味豆腐干、鱼豆腐等
面包糕点	中式糕点	蛋黄酥、桂花糕、萨其马、小麻花等
	西式糕点	岩溶吐司、巧克力厚切面包、爆浆麻薯、曲奇饼干等
坚果系列	原味坚果	原味巴旦木、原味夏威夷果、原味开心果、原味核桃等
	调味坚果	奶油夏威夷果、焦糖腰果、芥末开心果、蜂蜜巴旦木等
	混合坚果	坚果大礼包

（续表）

品类	种类	细目
饼干膨化	薄饼	咖啡薄饼、芝士饼干、香葱薄饼、苏打饼干等
	夹心饼干	草莓夹心饼干、咸蛋黄夹心饼干、黑糖夹心饼干等
	膨化零食	锅巴、海苔肉松卷、薯条、山药脆片、虾片、薯片大礼包等
果干蜜饯	水果干	芒果干、蓝莓干、蔓越莓干、香蕉脆片、奇异果干
	蜜饯果脯	青梅脯、杏脯、蜜饯山楂、蜜饯海棠等
	混合果干	水果干混合礼包、蜜饯套装、水果干蜜饯混合礼包等
糖果巧克力	硬糖	话梅糖、棒棒糖、椰子糖等
	软糖	玉米软糖、橡皮糖、棉花糖等
	巧克力	黑松露巧克力、牛奶巧克力、坚果巧克力、巧克力礼盒等
布丁果冻	果冻布丁	果汁果冻桶、吸吸果冻、果肉果冻等
饮品类	果汁	山楂汁、椰汁等
	茶饮料	每日花茶、每周花茶等
	碳酸饮料	桃子味苏打水
健康零食	低卡零食	全麦面包、粗粮饼干、低卡蒟蒻果冻等
	营养代餐	黑芝麻丸、鲜炖银耳羹、燕麦谷物棒、水果麦片

任务二　商品包装与养护

任务描述

　　老李带领小赵进一步研究商品包装的问题，他们打算先分析每一类商品的具体包装问题，然后针对问题提出解决方案（见表2-11）。

表2-11　任务单

任务名称	商品包装与养护	
任务背景	在研究商品包装问题时，老李注意到，几乎每个品类都存在商品包装不当的问题，包括内包装、中层包装和外包装。此外，他还注意到，仓库环境管理不当也是产生商品包装问题的重要因素。他将和小赵深入探究这两个方面，以便制定合适的商品包装策略	
任务阶段	■商品认知　□调研与分析　□选品　□采购　□管理和风险防范	
工作任务		
任务内容		任务说明
任务演练：制定零食品牌商品包装策略		汇总问题，分析问题，提出解决措施
任务总结：		

📎 知识准备

一、商品包装种类

商品包装有两方面的含义，一方面是指在流通过程中为保护商品、方便运输、促进销售，按照一定的技术方法而采用的容器、材料及辅助物等的总体称呼；另一方面是指为达到以上目的而在采用容器、材料及辅助物的过程中施加一定技术方法的操作活动。也就是说，商品包装既指包装物，如箱、袋、框、瓶等，又指包装商品的过程，如装箱、打包。

商品包装可以保护商品、促进商品流通、便于消费者携带和消费，也能起到美化商品、促进商品销售的作用。商品包装的种类很多，根据不同的分类依据，可以分为不同的类型。

（一）根据商业经营习惯分类

根据商业经营习惯，商品包装可分为内销包装、出口包装和特殊包装。

（1）内销包装。这是指为适应在国内销售的商品所采用的包装，具有简单、经济、实用的特点。例如，我国各大企业按照国家规定使用的各类商品包装，如环保型纸质包装。

（2）出口包装。这是指为适应商品在国外的销售，满足商品在国际长途运输中的需要所采用的包装。出口包装需要配合企业的市场竞争战略，在包装的保护性、装饰性及竞争性等方面有更高的要求。例如，一些跨国企业会针对各国的情况采用不同的商品包装，图2-11所示为可口可乐公司的商品在我国、日本及美国的包装。

图2-11　可口可乐公司的商品在我国、日本及美国的包装

（3）特殊包装。这是指针对工艺品、美术品、文物、精密贵重仪器及军需品等所采用的包装。这些商品需要有特殊的技术保护和安保措施，要求包装具备较强的抗压、防潮、防水、保温等功能。

（二）根据流通领域中的环节分类

根据流通领域中的环节，商品包装可分为内包装、中层包装和外包装，如图2-12所示。

（1）内包装。这是指直接接触商品的包装材料，它是构成商品组成部分的包装。一般情况下，商品都有内包装。内包装上通常有图案或文字标志，用以说明品牌和商品信息、指导使用、促进销售等。

（2）中层包装。这一般是指商品的销售包装，可用于防止商品因外力作用发生变形、损坏、变质等。

（3）外包装。这是指商品最外面的包装，也就是运输包装。外包装主要用于保护商品，防止商品在存储或运输过程中出现损坏。

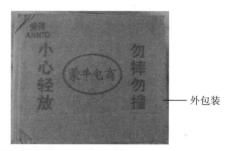

图2-12 内包装、中层包装和外包装

（三）根据内含商品的数量分类

根据内含商品的数量，商品包装可分为单个包装和集合包装。

（1）单个包装。这是指包装物内只有一个商品销售单位（如"件/个/盒/双"）的包装，该包装一般连同商品一起销售给消费者。

（2）集合包装。这是指包装物内有若干个商品销售单位的包装，如内有12瓶燕麦奶的纸盒、装有5个面包的纸袋。

（四）根据商品的使用范围分类

根据商品的使用范围，商品包装可分为专用包装和通用包装。

（1）专用包装。这是指专门为某些特殊商品设计的包装，如油类、食品类的包装便是针对商品的特性专门设计的包装，能够防止商品燃烧、挥发、被污染等。

（2）通用包装。这是指一般商品适用的包装，如服装类、小饰品类商品的包装。

 知识拓展

不同的商品包装需要选用不同的包装材料，包括主要包装材料和辅助包装材料。

（1）主要包装材料。主要包装材料有纸质、金属、塑料、玻璃、陶瓷、木材、纤维制品、复合材料等类型。

①纸质。纸质包装材料具有密封性好、耐冲击、耐摩擦、可重复使用等优点，但透明性差。常见纸质包装材料有纸张（如鞋盒中起防潮作用的拷贝纸）、纸箱、纸盒、纸筒、纸袋等。其中，瓦楞纸箱的用量较多。

②金属。金属包装材料具有密封性好、延展性好、可回收利用等优点，但制作成本高。金属包装材料主要有钢材、铝材及其他合金材料，如金属制品的茶叶盒、奶粉盒。

③塑料。塑料包装材料具有轻盈、抗拉、抗压、抗震、抗磨、防潮、防水、化学稳定性好、易加工成型等优点，但易老化，难以进行废物回收利用。常见塑料包装材料有塑料瓶、OPP（Oriented Polypropylene，定向聚丙烯）自封袋、PE（Polyethylene，聚乙烯）自封袋、热收缩膜等。

④玻璃。玻璃包装材料具有透明、美观、化学稳定性好、可重复利用等优点，但容易碎。常见玻璃包装材料有玻璃瓶、玻璃罐等。

⑤陶瓷。陶瓷包装材料具有吸水率低、耐热性好、耐磨、耐腐蚀等优点，但成本高且易碎。常见陶瓷包装材料有陶瓷瓶、陶瓷罐、陶瓷缸等。

⑥木材。木材包装材料具有化学物理性能稳定、资源丰富、可回收利用等优点，但防潮性和透明性差。常见木材包装材料有木桶、胶合板箱、纤维板箱等。

⑦纤维制品。纤维制品包装材料具有轻巧便携、可重复使用等优点，但成本高。常见纤维制品包装材料有布袋、麻袋和布包等。

⑧复合材料。复合材料包装材料机械性能稳定，可发挥多种材料的优点。常见复合材料有纸和塑料、塑料和木材等。

（2）辅助包装材料。这是指用于辅助完成包装的材料，如报纸、气泡膜、珍珠棉和海绵等填充材料，以及涂料、油墨、捆扎材料等。

二、商品包装标志

商品包装标志是用简单的文字、图形或阿拉伯数字等在包装上明显位置标注的记号、代号或其他指示及说明事项，用以说明商品在搬运、装卸、储存、运输、销售等过程中的注意事项。商品包装标志是商品包装内容的重要组成部分，也是保护消费者知情权、识别商品和保障商品质量的重要手段。根据包装在物流中的不同作用，商品包装标志可以分为以下两类。

（一）销售包装标志

销售包装标志是标注在商品销售包装上的一切标签、吊牌、文字、符号、图形及其他说明物。销售包装标志的主要类型如表2-12所示。

表2-12 销售包装标志

标志类型	详细说明
销售包装的一般标志	商品名称、生产厂名和厂址、产地、商标、规格、数量或净含量、商品标准或代号、商品条码等
商品的质量标志	说明商品达到的质量水平，主要包括优质产品标志、产品质量认证标志、商品质量等级标志等
使用方法及注意事项标志	说明商品的用途和使用过程中的注意事项，如服装水洗标上标注的"轻柔手洗""只能手洗"等字样和图示

（二）运输包装标志

运输包装又称工业包装、大包装，一般不直接接触商品，通常为商品外包装。印在运输包装外面的标志便是运输包装标志，是在商品运输、装卸和储存过程中辅助识别商品的重要手段。运输包装标志包含以下内容。

（1）目的地：收货人的最终地址、中转地点、收货人或发货人的代号或件号。

（2）识别标志：用于说明商品的分类、特性等，如原产地、货号、规格、数量、体积、许可证号、合同号、重量等。

（3）包装储运图示标志：用于警示人们在储运过程中规范操作、避免差错、保护商品，如"禁用手钩""由此吊起"等标志、针对易碎品的"小心轻放"标志。

（4）危险货物包装标志：用于标明危险品、危险品的物理和化学性质

知识链接

包装储运图示标志

及危险程度，提醒人们在运输、储存、保管和搬运等过程中加以注意，如"有害品""易燃液体"等标志，详见《危险货物包装标志》（GB190-2009）。

三、商品包装技术和技巧

商品包装的质量关系到商品在装卸、运输、储存等过程中的安全性和可靠性。为提高商品包装质量，企业可以灵活运用一些商品包装技术和技巧。

（一）商品包装技术

商品特征和防护目的不同，商品包装的技术也有所差异。

1. 防霉腐包装技术

防霉腐包装技术是指为防止内包装物发霉而影响商品质量所采取的防护措施。常见的防霉腐包装技术如表2-13所示。

表2-13 常见的防霉腐包装技术

防霉腐包装技术	原理	使用
化学药剂防霉腐	通过将防霉腐剂添加到商品或包装中，防止霉菌生长和繁殖	常用化学药剂有水杨酰胺、氯化钠、苯扎氯铵等
气相防霉腐	通过挥发产生的气体杀死或抑制霉腐	常用气相防霉剂有多聚甲苯、环氧乙烷、甲醛等，多用于皮革制品等日用工业品的防霉
气调防霉腐	通过改变包装内空气的组成成分，降低氧气浓度，抑制霉菌的活性	常采用真空包装，内填充氮气或二氧化碳
低温冷藏防霉腐	通过调节、控制仓库商品自身的温度，抑制霉菌的生长和繁殖	如冷藏、冻藏，低温冷藏防霉腐包装由耐低温包装材料制成
干燥防霉腐	通过减少仓库环境或商品自身的水分，抑制霉菌的生长和繁殖	可在密封包装内放置一定量的干燥剂，用于吸收水分

2. 防潮包装技术

防潮包装技术是指采用防潮材料包装商品，以隔绝外部空气相对湿度变化对商品的影响，从而保证商品质量。在防潮包装中，凡是能够阻止或延缓外界潮湿空气影响商品的材料，均可用作防潮材料，如金属、陶瓷、玻璃、聚乙烯（一种热塑性树脂）、聚丙烯（一种热塑性塑料）、聚氯乙烯等。

为达到良好的防潮效果，企业在应用防潮包装技术时应注意：包装封口需完全密封、包装前应保证商品清洁干燥、防潮材料应平滑且完好等。

3. 防虫害包装技术

防虫害包装技术是指采用适当的包装材料阻隔害虫、杀灭或抑制包装内的害虫及后入侵包装的害虫。一般来说，经过防霉腐包装技术处理后，也能达到防虫害的效果。常见的防虫害包装技术有高温防虫害包装技术、低温防虫害包装技术、电离辐射防虫害包装技术、微波与远红外线防虫害包装技术、化学药剂防虫害包装技术等。

（1）高温防虫害包装技术。该技术利用较高温度抑制害虫发育和繁殖。通常情况下，温度越高，害虫越不容易存活，如当环境温度为40～45℃时，大多数害虫的活动会受到抑制；当环境温度为45～48℃时，大多数害虫会陷入昏迷。

（2）低温防虫害包装技术。该技术利用低温抑制害虫发育和繁殖。

（3）电离辐射防虫害包装技术。该技术利用X射线、快中子等使害虫死亡或不育。

（4）微波与远红外线防虫害包装技术。微波是在高频电磁场的作用下，使害虫虫体内部温度迅速上升，以致死亡。远红外线通过迅速提高温度杀死害虫。

（5）化学药剂防虫害包装技术。该技术使用对位二氯化苯、除虫菊等杀虫剂，以及樟脑丸等驱虫剂杀死或驱赶害虫。

4. 防震包装技术

防震包装技术是指将缓冲材料放置在商品和包装容器之间，以保护商品免受损坏的防护技术。常见的防震包装技术有全面防震包装技术、部分防震包装技术、悬浮式防震包装技术等，如表2-14所示。

表2-14　常见的防震包装技术

防震包装技术	应用	适用对象
全面防震包装技术	用缓冲材料填满商品和包装容器之间的空隙	适合小批量、多品种、异形、零散商品的一次性包装
部分防震包装技术	仅在商品或内包装的拐角或局部使用缓冲材料	适合整体性好的商品或有内包装箱且内包装箱为纸箱的商品
悬浮式防震包装技术	采用坚固的外包装容器，将商品用袋子、绳子、吊环或弹簧等吊在外包装中，使商品不与外包装四壁接触	贵重易损商品

5. 收缩包装技术与拉伸包装技术

收缩包装技术是指用热收缩塑料薄膜包裹商品或包装，然后加热使薄膜收缩来包紧商品或包装的技术。收缩包装技术的包装工序有两步：预包装（包装商品，留出热封必要的口和缝）和热收缩（利用热收缩设备加热预包装的商品）。收缩包装技术具有能包裹异形商品（如蔬菜、水果、肉、玩具等）、透明度高、密封性好、牢固可靠等优点，常用的收缩包装材料有聚乙烯、聚氯乙烯。

拉伸包装技术是指用拉伸弹性薄膜缠绕商品，利用薄膜拉伸后的回弹力包紧商品的技术。该技术具有节省能源、透明性好、可准确包裹商品等优点，适用于怕加热的商品，如鲜肉、蔬菜、冷冻食品。

6. 防锈包装技术

防锈包装技术是指在运输、储存金属制品与零部件时，为防止其生锈导致价值或性能降低而采用的技术。常用的防锈包装技术有喷涂缓蚀防护层（如镀锌、锡，涂防锈油，涂漆等）、气相防锈（如将气相缓蚀剂的粉末直接撒在金属表面、将溶有气相缓蚀剂的溶液浸润或喷洒在金属表面）。这种包装技术广泛应用于机械、汽车、电器等的防护。

7. 密封包装技术

密封包装技术也称防尘包装技术，是防止粉尘进入包装容器中影响商品质量的一种包装技术。

8. 保鲜包装技术

保鲜包装技术是指利用固体保鲜剂或液体保鲜剂对商品进行保鲜的技术，常用于生鲜、蔬果等的保鲜。

9. 真空包装技术和充气包装技术

真空包装技术是指通过抽取或排出包装容器中氧气的方式，使包装容器内处于真空状态的技术。由于包装中没有氧气，该技术也能起到防霉腐的效果。

充气包装技术是指将二氧化碳或氮气等不活泼气体充入包装容器中，从而降低包装容器中氧气浓度的技术。它可以有效防止商品受挤压，例如薯片袋就采用了这一技术。

10. 脱氧包装技术

脱氧包装技术是指在密封的包装容器中，使用能与氧气起化学反应的脱氧剂，除去包装容器中的氧气，从而达到保护商品的目的。该技术适用于某些对氧气特别敏感的商品，如食品、贵重金属、仪器等。

> ⏰**提示**
>
> 　　随着人们环保意识的提高和科技的发展，商品包装技术呈现出绿色化（如选用环保材料）、智能化（如利用AI、大数据分析、云计算等技术，实现包装的智能生产）、数字化（如引入机器人、视觉系统和传感器等，实现包装的自动化）等趋势。

（二）常见商品类目的包装技巧

除了应用正确的包装技术，企业在包装时还可以根据商品类目的特性使用一些包装技巧，以提高包装的效率和美观度。下面介绍常见商品类目的包装技巧。

（1）服饰类商品。服饰类商品在包装时一般需要折叠，多用包装袋进行包装。为防止服饰类商品起皱，可用一些小别针进行固定，或使用硬纸板进行支撑；为了防水，还可在服饰类商品外包一层塑料膜。

（2）首饰类商品。一般用大小合适的首饰盒包装首饰类商品。如果是易碎、易刮花的首饰类商品，还可以使用一些保护材料单独包裹。

（3）液体类商品。化妆品、饮料等液体类商品属于易碎品，要注意防震和防漏，必须严格检查商品的包装质量。在包装这类商品时，可使用塑料袋或胶带封住瓶口以防液体泄漏，并用气泡膜包裹液体瓶子或在瓶子与原包装之间进行填充，再在外包装与商品的间隙中填充泡沫等材料。

（4）数码类商品。数码类商品一般价格昂贵，要注意包装安全。一般使用气泡膜、珍珠棉、海绵等包裹数码类商品，同时还需使用抗压性较好的包装盒进行包装，避免数码类商品在运输过程中被挤压损坏。同时，建议对数码类商品进行保价，提醒消费者验货后再签收。

（5）食品类商品。要保证食品类商品包装材料的安全，即包装袋和包装盒必须干净、无毒。此外，部分食品类商品保质期较短，对温度要求也较高，包装这类商品时要注意包装的密封性等。同时，在消费者下单后应尽快发货，尽量减少物流时间。

（6）书籍类商品。书籍类商品防震、防压性都比较好，主要注意防水、防潮，一般可使用包装袋或气泡袋进行封装，再使用牛皮纸或纸箱进行打包。

四、商品养护

商品养护是指在储存和运输过程中保养与维护商品的工作。商品从离开生产领域到进入消费领域之前所进行的一系列保养和维护工作，都属于商品养护的范畴。其主要目的是了解商品在储存和运输过程中发生质量变化的内外因素与变化规律，从而研究出应对外因的控制技术，以维持商品使用价值不变，避免企业遭受经济损失。

商品在储运过程中，除了受自身物理和化学性质的影响，还会受到人为因素、温度和湿度、日光、微生物、虫类和鼠类等外因的影响。由于外因更好把控，因此养护过程中以外因的防控为主。商品养护以"以防为主，以治为辅，防治结合"为基本原则，坚持早防、早治，将防、治贯穿于商品养护的全过程。

（一）商品养护过程

商品养护的基本任务是针对不同商品的特性，积极创造适宜的储存条件，按轻重缓急采取适当的措施，以保证商品的质量和安全，最大限度地避免和减少商品损耗。在商品养护过程中，应当有序开展工作。

（1）掌握商品的性能，合理安排储存、养护场所。

（2）严格进行入库验收。

（3）选择合理的堆垛苫垫方法。

（4）加强场所内温度、湿度管理。

（5）坚持在库检查。

（6）开展科学实验研究。

（二）针对温度和湿度采取的养护措施

在商品储存过程中，受温度和湿度等的影响大，容易发生霉变、干裂、锈蚀、挥发、燃爆、虫蛀等质变。因此，企业需要加强储存过程中的温度和湿度管理。

（1）监测温度和湿度。为确保温度和湿度始终处于一个正常的状态，企业可以指定专人负责监测储运场所内温度和湿度的变化，并做好记录。

（2）控制与调节温度和湿度。在监测的同时，还要采用科学的方法，正确地控制与调节储运场所的温度和湿度，确保商品质量安全。常见的控制与调节温度和湿度的方法有密封、通风、吸潮等，如表2-15所示。

表2-15 控制与调节温度和湿度的方法

方法	说明	具体方法	注意事项
密封	①含义：利用绝热性和防潮性好的材料，将商品尽可能严密地密闭起来，防止和减弱外界温度和湿度对商品的影响，以达到安全储存的目的 ②常用密封材料：防潮纸、油毡、塑料薄膜、稻谷壳	整库密封 整室密封 整垛密封 整柜密封 整件密封	①密封前检查商品的温度、湿度和含水量是否正常，确保其正常才能密封 ②根据商品的性能和气候情况选择密封时间 ③密封后再次检查商品是否密封完好
通风	利用空气自然流动的规律（空气从压力大的地方向压力小的地方流动），使储运场所内外的空气形成对流，以达到调节温度和湿度的目的	自然通风：利用储运场所内外的温差和气压差，开启门、窗、通风口等，使内外空气自然交换	①尽量利用自然通风，但在利用自然通风时，风力不能过大 ②通风必须与密封结合起来使用，当通风进行到一定时间后，应及时关闭门窗和通风孔，使储运场所保持相对密闭状态
		机械通风：利用排风扇、送风扇、空气过滤设备等机械设备提高空气的洁净程度、降低空气的湿度和温度	
吸潮	在梅雨季节或阴雨天，储运场所内湿度过大，又不宜通风的情况下，可以在密封条件下使用吸潮的方法降低储运场所内湿度	去湿机吸潮：用去湿机抽出场所内的湿空气，适宜棉布、针棉织品、贵重百货、医药仪器、电工器材、糖类商品的储运场所	根据储运场所的实际面积和湿度情况确定吸潮的方法与时间
		吸潮剂吸潮：用吸湿性强的物质吸收储运场所内空气中的水分，如生石灰、氯化钙、硅胶等	

（三）针对虫鼠害采取的防治措施

除温度和湿度外，虫类和鼠类也是造成商品损坏的重要因素，需要特别防治。常见的虫鼠害防治措施如下所示。

（1）入库前的防治措施。入库前，对商品进行杀虫、防虫处理，对储运场所进行卫生消毒，并堵塞鼠洞。

（2）入库后的防治措施。入库后，通过高温、低温或远红外线、化学药剂等防虫技术预防虫害，通过使用捕鼠器械、在库门设挡门板等措施防治鼠害。

任务实施

任务演练：制定零食品牌商品包装策略

【任务目标】

分析每个品类存在的商品包装问题，依次提出解决措施，形成解决方案。

【任务要求】

本次任务的具体要求如表2-16所示。

表2-16 任务要求

任务编号	任务名称	任务指导
（1）	汇总和分析问题	依次分析每个品类存在的商品包装问题
（2）	提出解决措施	从包装材料、包装技术、包装方法、环境管理4个方面提出解决措施

【操作过程】

（1）汇总问题。依次分析肉类零食、海鲜制品、素食小吃、面包糕点、坚果系列、饼干膨化、果干蜜饯、糖果巧克力、布丁果冻、饮品类、健康零食等品类的商品包装问题，如表2-17所示。

表2-17 商品包装问题

商品品类	包装问题	环境问题
肉类零食	包装材料阻隔性弱，商品易干燥或受潮；密封不严，易致氧化变质	
海鲜制品	包装材料密封性弱，海鲜腥味易外泄；保鲜性能不足，海鲜易变质	
素食小吃	易碎，包装未能提供足够的保护；防潮性能弱，商品易受潮变质；油脂易渗出	
面包糕点	包装技术不到位，商品容易受挤压变形；包装材料透气性强，商品易干燥硬化；防腐技术不到位，商品易受微生物污染	
坚果系列	包装易碎、商品露出	防潮、防虫未做好
饼干膨化	包装透气性强，商品易受潮变软；气体保持性差，商品口感不佳	
果干蜜饯	部分蜜饯采用纸质包装，易受潮变质	
糖果巧克力	包装隔热性能不好，商品易融化变形，影响美观和口感	
布丁果冻	易发生泄漏问题，导致包装内部污染	
饮品类	易发生液体泄漏问题，导致包装内部污染；塑料瓶身易变形	
健康零食	保质期短，易受微生物污染；标志不清晰，导致消费者误解	

（2）分析问题。由表2-17可知，商品包装不当的主要原因在包装材料和包装技术上，由于

选材不当和包装技术不到位，再加上仓库内防潮、防虫未做好，导致商品受损。

（3）提出解决措施。根据包装不当的原因，结合商品品类的属性特征，从包装材料、包装技术、包装方法、环境管理4个方面提出解决措施，形成解决方案，如表2-18所示。

表2-18　解决方案

商品品类	包装材料	包装技术	包装方法			环境管理
			内包装	中层包装	外包装	
肉类零食	选择食品级、无毒、无害的包装材料，确保食品安全	真空包装技术、收缩包装技术	使用铝箔复合膜作为内层，提供高阻隔性	放置泡沫垫或气泡膜，提供缓冲保护	使用瓦楞纸箱作为外包装，提供足够的保护，防止运输过程中的挤压和破损	去湿机吸潮+吸潮剂吸潮、远红外线防虫
海鲜制品	选择耐低温、防潮、防氧化的包装材料	真空包装技术	使用PE自封袋	放置泡沫垫或气泡膜，提供缓冲保护	①使用保温泡沫箱作为外包装，其具有良好的保温性能②使用防水胶带或密封条，确保包装的密封性	
素食小吃	选择环保、可降解的包装材料，减少对环境的影响	①引入气调防霉腐技术，保持包装内的气体比例，改善口感②使用收缩包装技术，确保包装的密封性	使用多层复合膜作为内层，利用其防潮、防油、防氧化的性能	①放置吸油纸或吸油膜，防止油脂渗出②引入脱氧剂，减少氧气含量，保持素食小吃的口感和色泽	①使用瓦楞纸箱或塑料盒作为外包装，提供足够的保护②使用透明窗口设计，方便消费者查看商品	
面包糕点	选择食品级、无毒、无害的包装材料	①引入无菌包装技术，减少微生物污染②使用收缩包装技术，确保包装的密封性	使用防潮、防油的包装纸或薄膜作为内层	①放置泡沫垫或气泡膜，提供缓冲保护，防止挤压变形②引入脱氧剂，减少氧气接触，延长保质期	①使用瓦楞纸箱或塑料盒作为外包装，提供足够的保护②使用易撕开口设计，方便消费者打开	
坚果系列	选择高阻隔性、防潮、防氧化的包装材料	①引入真空包装技术，减少氧气接触，延长保质期②使用收缩包装技术，确保包装的密封性	使用铝箔袋或复合膜袋作为内层，提供防潮、防氧化的性能	引入氮气或二氧化碳充气包装，保持坚果的脆度和口感	①使用瓦楞纸箱作为外包装，提供足够的保护②使用透明窗口设计，方便消费者查看商品	
饼干膨化	选择食品级、无毒、无害的包装材料	①引入充气包装技术，保持包装内的气体比例②使用收缩包装技术，确保包装的密封性	使用多层复合膜袋作为内层	放置泡沫垫或气泡膜，提供缓冲保护，防止挤压变形	①使用瓦楞纸箱或塑料盒作为外包装，提供足够的保护②使用易撕开口设计，方便消费者打开	

（续表）

商品品类	包装材料	包装技术	包装方法			环境管理
			内包装	中层包装	外包装	
果干蜜饯	选择高阻隔性、防潮、防氧化的包装材料	①引入真空包装技术，减少氧气接触 ②使用收缩包装技术	使用防潮、防油的复合膜袋作为内层包装	使用铝箔复合膜袋作为中层包装	①使用瓦楞纸箱或塑料盒作为外包装，提供足够的保护 ②使用透明窗口设计，方便消费者查看商品	
糖果巧克力	选择食品级、无毒、无害的包装材料	①引入充气包装技术 ②使用收缩包装技术	使用铝箔复合膜袋或巧克力专用包装纸作为内层	使用纸盒或透明塑料袋作为中层包装	使用瓦楞纸箱或塑料盒作为外包装	
布丁果冻	选择食品级、无毒、无害的包装材料	①引入真空包装技术 ②使用收缩包装技术	使用多层复合膜袋或塑料杯作为内层	放置泡沫垫或气泡膜，提供缓冲保护，防止挤压变形	使用瓦楞纸箱或塑料盒作为外包装，提供足够的保护	去湿机吸潮＋吸潮剂吸潮、远红外线防虫
饮品类	选择食品级、无毒、无害的包装材料	①引入无菌包装技术或紫外线杀菌技术，减少微生物污染 ②使用收缩包装技术，确保包装的密封性	①使用PET（Polyethylene Terephthalate，聚对苯二甲酸乙二醇酯）瓶或玻璃瓶作为内层，提供足够的强度和透明度 ②使用易撕开口设计或吸管孔设计，方便消费者饮用	使用热收缩薄膜瓶身	使用瓦楞纸箱或塑料盒作为外包装，提供足够的保护	
健康零食	选择食品级、无毒、无害、环保的包装材料	①引入真空包装技术或气调防霉腐技术 ②使用收缩包装技术或易撕开口设计	使用铝箔复合膜袋或纸袋作为内层	使用热收缩薄膜包裹零食	①使用瓦楞纸箱或塑料盒作为外包装 ②使用环保材料和可降解材料	

综合实训

实训一　划分农产品类别

实训目的：熟悉商品分类的相关知识，提升划分商品类别的能力。

实训要求：某农产品品牌经营各类农产品，具体如表2-19所示。由于未做好农产品分类，以至于经营管理不便，现需要划分旗下所有农产品的类别。根据提供的农产品信息，选择一个合适的依据，结合线分类法和面分类法，搭建一个有层次的农产品分类体系。

表 2-19 农产品

农产品 1	农产品 2	农产品 3
芒果、荔枝、榴梿、菠萝、香蕉、火龙果、柠檬、金橘、哈密瓜、西瓜	柿饼、红枣、核桃、葡萄干、腊肉、火腿、蜂蜜	松树菌、大球盖菇、鲜玉米

实训思路：先确定分类层级，如划分为4个层级，确定每个层级的分类依据，如根据生产加工方法划分第一层级，根据农产品的属性特征划分第二层级，根据用途或形状等划分第三层级。

实训结果：本次实训完成后的参考效果如表2-20所示。

表 2-20 农产品分类体系

第一层级	第二层级	第三层级	第四层级
初级农产品	水果	热带水果	芒果、荔枝、榴梿、菠萝、香蕉、火龙果
		柑橘类	柠檬、金橘
		瓜果类	哈密瓜、西瓜
	蔬菜	食用菌	松树菌、大球盖菇
		茄果菜类	鲜玉米
加工农副产品	简单加工	干果坚果	柿饼、红枣、核桃、葡萄干
		营养滋补	蜂蜜
	深加工	肉制品	腊肉、火腿

实训二　改进农产品包装

实训目的：熟悉商品包装的种类、技术和技巧，提升商品包装能力。

实训要求：该农产品品牌在包装水果时，仅把水果放置在一个纸箱中，导致许多消费者在购买水果后反馈收到的水果出现了腐烂、损伤等情况。为此，该农产品品牌需要改进水果包装。根据出现的问题，提出包装改进建议。

实训思路：可以参考其他农产品品牌的水果包装，从包装材料选择、包装技术应用等方面针对问题提出改进建议。例如，针对腐烂问题，可以采用保鲜包装技术，在包装内放置固体保鲜剂等。

实训结果：本次实训的包装改进措施如图2-13所示。

包装材料改进

1. 增强包装强度
   - 替换现有的纸盒为更结实的瓦楞纸箱，内部可添加泡沫垫或气泡膜作为缓冲层，防止水果在运输过程中因碰撞而破损。
   - 考虑使用多层结构的包装材料，如复合纸板，有效提升包装的耐用性和可抗性。
2. 优化透气性

   可以在包装内部添加一层透气性的网状材料，如使用网状塑料袋或纸质网兜作为内包装包裹水果，提高包装的透气性，同时防止水果受损。

包装技术改进

- 采用保鲜包装技术，在包装内部放置适量的天然固体保鲜剂，如硅胶包（用于吸收多余湿气）、活性炭（用于吸附有害气体）或植物精油（具有抗菌作用），以进一步延长水果的保鲜期。
- 确保使用的保鲜剂符合食品安全标准，不会对水果或消费者造成危害。

图 2-13　包装改进措施

巩固提高

一、选择题

1.【单选】商品分类的科学性原则不包括（　　　　）。

A. 分类符合客观要求　　　　　　　　B. 分类商品名称统一、科学

C. 分类层级科学合理　　　　　　　　D. 商品分类与原有分类情况相衔接

2.【单选】下列关于商品分类依据的说法正确的是（　　　　）。

A. 按照用途可将纺织品分为穿戴用纺织品、点缀用纺织品、工业用纺织品

B. 按照原材料可将纺织品分为线类、带类、绳类、无纺布等

C. 按照生产加工方法可将纺织品分为纯纺织物、混纺织物、交织织物

D. 按照生产加工方法可将纺织品分为原色织物、漂白织物、印花织物、机织物等

3.【单选】下列关于商品目录的说法正确的是（　　　　）。

A. 商品目录中不包含商品编码

B. 商品分类为商品目录提供了依据

C. 部门商品目录适用于企业的部门

D. 企业商品目录是各大企业通用的商品目录

4.【多选】要做好商品养护，应当（　　　　）。

A. 加强场所内温度、湿度管理

B. 应以防为主，以治为辅，防治结合

C. 掌握商品的性能，合理安排储存、养护场所

D. 出现问题后再进行处理

5.【多选】下列可用作防潮材料的有（　　　　）。

A. 去湿机　　　　B. 聚乙烯　　　　C. 聚丙烯　　　　D. 聚氯乙烯

二、填空题

1. _____是用热收缩塑料薄膜包裹商品或包装，然后加热使薄膜收缩来包紧商品或包装的技术。

2. _____是采用数字和字母混合编排而成的代码。

3. 应用分类体系是为_____形成的分类体系。

三、判断题

1. 同一种商品不能同时出现在多个层级或多个类别中。　　　　　　　　　（　　　）

2. 商品分类一旦形成便不会发生变化。　　　　　　　　　　　　　　　　（　　　）

3. 商品编码应当有特殊的含义。　　　　　　　　　　　　　　　　　　　（　　　）

4. 内销包装是为适应在国内销售的商品所采用的包装。　　　　　　　　　（　　　）

5. 商品包装应根据商品的特性选择。　　　　　　　　　　　　　　　　　（　　　）

四、简答题

1. 商品分类的原则有哪些？

2. 商品分类的方法有哪些？

3. 什么是商品分类体系？其有哪些类型？

4. 商品编码有哪些？

5. 商品编码、商品目录与商品分类体系之间的关系是什么？

6. 商品包装的种类有哪些？

7. 商品包装的标志有哪些？

8. 商品包装的技术有哪些？

9. 商品养护应该怎么做？

项目三　电子商务市场调研与分析

学习目标

> **知识目标**

1. 掌握电子商务市场调研的流程、内容和方法，能够合理有序地开展市场调研工作。

2. 熟悉市场分析的主要内容，能够全面分析商品市场。

3. 掌握商品市场定位的流程和方法，能够使用正确的方法做好不同商品的市场定位。

> **技能目标**

1. 具备较强的商品市场调研和分析能力，能够根据企业的实际情况做好商品定位。

2. 掌握商品市场定位的方法，能够精准地进行商品市场定位。

> **素养目标**

1. 养成条理清晰、逻辑严密的工作习惯。

2. 具备敏锐的市场洞察力，能够准确捕捉市场趋势和消费者需求的变化。

3. 具备灵活应变和差异化思考的能力，能够根据市场需求和不同商品的特点，制定合适的市场定位策略。

项目导读

电子商务商品琳琅满目，如何挑选出既符合市场需求又让消费者心仪的商品，成为电子商务企业需要思考的问题。从大众化的日常用品到独具创新卖点的特色商品，每一步的选择都要慎重。为谋求新的增长点，零食品牌趣·味决定在健康零食领域进行深度布局，将调味坚果和中式糕点作为两大创新突破口，持续推出低糖、低脂、营养的健康零食商品。在前期，趣·味优先聚焦调味坚果的研发，以此作为新品的开发和选择方向。接下来，老李将带领小赵围绕调味坚果开展市场调研和分析，为后续的选品工作做准备。

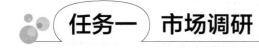

任务一　市场调研

任务描述

老李带领小赵针对调味坚果这一商品市场进行调研，利用直接调研法开展调研，并发布调研问卷（见表3-1）。

表 3-1　任务单

任务名称	市场调研	
任务背景	为方便工作有序开展并提高工作效率，老李将直接调研法确定为网上问卷调研法，借助专业问卷调研平台的 AI 功能生成调研问卷，发布途径为企业官方网站、微信公众号、微博、微信小程序等	
任务阶段	□商品认知　■调研与分析　□选品　□采购　□管理和风险防范	
工作任务		
任务内容		**任务说明**
任务演练：利用 AI 辅助新品市场调研		确定调研目的和问题，借助问卷星的 AI 功能设计调研问卷
任务总结：		

知识准备

一、调研流程

市场是商品交换的场所，是市场调研的对象。市场调研是指运用科学的方法，系统地搜集、整理有关市场和商品的信息，分析市场情况，了解市场的现状及发展趋势，为营销决策提供客观、正确的资料而进行的研究活动。通过市场调研，企业可以了解消费者的需求、竞争对手的情况及市场趋势等，以确保选品的准确性，为自身决策提供有力依据。

市场调研应当有步骤、有计划地进行，以确保调研工作既有条理又有针对性，避免调研工作的盲目性和随意性。一般来说，市场调研工作可以按照以下流程进行。

（一）准备调研

准备调研是整个市场调研工作的起点，主要包括两方面的工作。

（1）确定调研目的和调研问题。调研目的是市场调研活动期望达成的目标，具有指导性作用。调研问题是基于调研目的提出的具体、可操作的问题，是企业在经营过程中要解决的问题，该问题需满足两个条件：一是切实可行，能在企业现有的资源条件下获得调研结果；二是可以在短期内完成调研。只有明确界定市场调研问题，才能明确市场调研需要获取的信息，从而确定大致的调研范围，保证市场调研项目的有效实施，并提高市场调研的效率。例如，某企业在决定是否选择开发具有AI功能的智能手机时，可以将市场调研问题确定为："AI手机在市场上的需求状况如何？"

（2）设计调研方案。明确市场调研问题后，接下来就是针对调研问题设计具体的调研方案。调研方案是实施市场调研的蓝图，应包含调研过程的详细信息，如确定资料来源、抽样设计、选择调研方法、设计调研问卷等。在设计调研方案或调研问卷时，可以借助AIGC工具或问卷星等专业问卷平台的AI功能辅助设计。

（二）实施调研

在设计好调研方案后，接下来需要按照调研方案实施调研。在这一阶段，企业需要组织调研人员根据调研方案稳步实施，向调研对象收集市场信息、采集市场数据。调研结果的准确性在很大程度上取决于这一阶段的工作质量。

（三）整理分析调研资料

在整理分析阶段，企业调研人员需要整理并分析分散、零星的市场调研资料，如审核收集到的资料，剔除不实、错误的信息，将资料分类归档，并将有关数据制成统计图、表，以供分析使用。该阶段要求企业调研人员具有较高的专业技能，能够使用科学方法归纳分析收集到的资料，去伪存真，从众多市场表象中找到本质。

（四）撰写调研报告

撰写调研报告是市场调研的最后一个阶段。在这一阶段，调研人员需要根据整理分析的调研结果，撰写市场调研报告，提出最终的措施和建议。

市场调研报告是市场调研结果的最终体现，是一个企业进行商品决策的重要依据。市场调研报告要能够较准确地说明问题，坚持用事实说话，切忌主观臆测。一般情况下，市场调研报告要结构严谨、条理清晰，语言精练简洁、有说服力，还要有明确的结论和建议，并让使用者了解调研的全过程。

二、调研内容

电子商务市场调研是一项高度综合性的活动，它要求广泛搜集并深入分析各类市场和商品信息，包括市场需求、竞争对手、营销影响因素、消费者购买行为等。

（一）市场需求调研

市场需求调研也称市场商品需求调查，是市场调研的核心内容，主要包括市场规模调研、市场构成调研、市场需求趋势调研，如表3-2所示。

表3-2 市场需求调研

调研内容	详细说明
市场规模调研	①整个市场的销售额、销售量 ②市场可能容纳的最大销售额 ③市场的饱和点及未来市场规模
市场构成调研	①构成这一市场的主要商品来自哪些企业 ②各企业所占的市场份额 ③市场上占据主要地位的企业 ④本企业商品在整个市场的占有率，以及在不同细分市场的占有率 ⑤未来市场构成的变化趋势
市场需求趋势调研	①市场对某商品的长期需求态势 ②市场的变化动态

（二）竞争对手调研

在电子商务市场中，企业不可避免地要与其他企业竞争。要在竞争中占据优势，企业需要调研竞争对手的情况，主要包括以下内容。

（1）市场上主要的竞争对手及其市场占有率。

（2）竞争对手的经营规模和业务范围。

（3）竞争对手的品牌及商品、新商品水平及发展情况、商品技术等。

（4）竞争对手的经销渠道、商品价格策略、广告策略、促销策略等。

素养小课堂

调研人员在市场调研中，不得侵犯竞争对手的商业机密，如专利权、计划书、出版物、程序、密码、设计资料、商品配方、制作工艺、制作方法等，以免触犯知识产权相关法律法规。

（三）营销影响因素调研

营销影响因素是指企业用以实现其营销目标的可控要素。营销影响因素调研的主要内容包括商品调研、价格调研、销售渠道调研、促销策略调研、广告策略调研。

1．商品调研

商品调研的主要内容包括商品实体（如商品性能、质量、规格、式样、颜色、口味等）、商品包装、商品所处生命周期（商品生命周期指商品从进入市场到最终退出市场所经历的过程，包括导入期、成长期、成熟期和衰退期4个阶段）、商品类目准入（包括商品类目细分市场的规模、商品类目的发展成熟度、生存空间等）、商品可操作性（包括利润空间、商品认证与合规性、差异化卖点、运营风险等）等。

2．价格调研

价格是影响商品销售的重要因素。价格调研的主要内容包括影响商品价格的因素（如消费者的购买力、市场供求关系）、价格策略是否合理、商品价格变动对消费者的影响等。

其中，市场供求关系是指在商品经济条件下，商品供给与需求之间的关系，包括供不应求、供大于求、供求均衡。当供不应求时，销售商品的企业处于有利地位，可能会提高商品价格；当供大于求时，消费者掌握主动权，可能会压低商品价格；当供求均衡时，商品价格可能处于比较理想的状态。价格策略是在分析消费者需求和成本效益后采取的商品定价策略，如在新商品上市时将价格定高的撇脂定价法、使消费者产生价廉心理的尾数定价法（如以数字9结尾的199元）等。

3．销售渠道调研

商品的销售渠道主要有直销企业、商品经销商（如批发商、零售商）、销售代理商（如某数码品牌授权店）等。销售渠道调研的主要内容包括同类商品的销售渠道有哪些，企业现有的销售渠道能否满足销售需要，现有销售渠道的布局是否合理，销售渠道中各环节的商品运输、库存是否合理，各类经销商对经营此种商品有何要求，各类经销商的销售实力如何等。

4．促销策略调研

促销的目的是激发消费者的兴趣和购买欲望，进而扩大销售。促销策略调研的主要内容包括企业促销策略是否合理（常见的促销策略有一元换购促销、第二件半价促销、满减促销、商品组合优惠套餐等）、促销效果如何、促销的成本投入和利益的比例等。

5. 广告策略调研

广告策略调研的主要内容包括选择的广告媒介有哪些、广告预算是否合理、广告效果如何、广告投入产出比（投入资金与所创造收益之间的比率）如何等。

（四）消费者购买行为调研

消费者购买行为是消费者受消费心理支配而产生的商品购买活动，涉及商品的购买种类、规格、型号、数量、时间、地点等。在调研消费者购买行为时，可重点调研以下内容。

（1）消费者的性别、年龄、职业、家庭、居住地、购买能力等基本信息。

（2）消费者购买的商品及数量、消费者追求的商品核心利益（如价格、质量、规格等）。

（3）消费者的购买动机，包括情绪动机（喜怒哀乐等情绪引起的动机）、情感动机（美感、道德感等情感引起的动机）、理智动机（基于对商品的客观认知产生的动机）、惠顾动机（对特定品牌、商品等产生的信任和偏好而引起的动机）等。

（4）商品的购买者是谁、有何特征，商品的使用者是谁。

（5）消费者喜欢在何时、何地购买，消费者的购买习惯和方式有哪些。

（6）新商品进入市场时，首先购买的消费者是谁，原因是什么，反应是什么。

三、调研方法

市场调研的方法比较多样，根据是否与调研对象直接接触，市场调研法可分为直接调研法和间接调研法。

（一）直接调研法

直接调研法是指调研人员到现场直接与调研对象面对面接触、开展调研的一种方法。由直接调研法获得的市场资料是一手资料，直接调研法具有获取信息直接、互动性强等优点，但易受调研对象影响，调研成本较高。目前，常用的直接调研法有访问法、观察法、实验法和网络调研法。

（1）访问法。访问法又称采访法、询问法，是指调研人员通过口头、电话或书面等方式向调研对象了解情况，取得一手资料的一种调研方法。采用访问法进行市场调研时，调研人员一般会准备好调研问卷，然后根据问卷问题询问调研对象并做记录，或者直接邀请调研对象填写问卷。在没有调研问卷的情况下，调研人员也可以通过询问的方式收集市场资料。

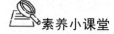 **素养小课堂**

调研人员在访问调研对象时，应当保持良好的心态、礼貌待人，体现自己的职业素养，不能将不良情绪带入调研工作中；即使在访问中被拒绝，也要礼貌致歉。

 知识拓展

一手资料也称为原始资料，是指所需的信息没有被别人收集，尚未经整理、简化，或别人已经收集但调研单位无法获取的信息。与一手资料相对的是二手资料，即调研人员已经根据特定调研目的收集、整理的各种现成的资料，如年鉴、报告、文件、期刊、数据库等。

（2）观察法。观察法是指调研人员在现场通过自己的感观（如眼观、耳听）或借助影像摄录器材，直接或间接观察和记录正在发生的行为或状况，以获取一手资料的一种调研方法。观察法适用于小范围的调研，如商品资源观察、营业状况观察、消费者行为观察等，如表3-3所示。观察法具有简便易行、灵活性较强，观察到的信息客观准确、真实可靠，可以实际观察和记录现场发生的现象等优点，但只能记录现象发生的过程，无法了解现象发生的原因，而且花费时间较长，费用较高。观察法可细分为直接观察法和间接观察法两种类型。

①直接观察法。这是指调研人员直接观察调研对象的行为、活动，并记录下来。

②间接观察法。这是指调研人员通过对与调研对象关联的自然物品、社会环境、行为痕迹等事物进行观察，以了解调研对象的状况和特征。

表3-3　观察法的应用

应用	详细说明
商品资源观察	通过观察工业生产状况，判断商品资源数量
营业状况观察	通过观察营业现场商品陈列、商品价格、活动开展等，了解企业的管理水平、商品供求状况、成交情况，从而提出相应的改进建议
消费者行为观察	通过观察消费者的商品选择、价格反应、商品评价等，了解消费者的商品偏好、市场反馈等，从而改进商品经营结构

（3）实验法。实验法是指在市场调研中，调研人员通过改变某些因素（自变量），以测试对其他因素（因变量）的影响，通过实验对比分析，收集市场信息的一种调研方法。该方法是因果关系调研中比较常用的一种方法，如商品包装改变、商品质量改变、商品价格调整、新商品推出、广告形式改变等情况都可以采用该方法。在实施过程中，常采用单一实验组前后对比实验、实验组与对照组前后对比实验这两种方法。

①单一实验组前后对比实验。这是指选择若干实验对象作为实验组，将实验对象在实验活动前后的情况进行对比，得出实验结论的实验法。该方法比较简单易行。例如，某巧克力品牌为提高A、B两种巧克力的销售量，设计了新的包装，为检验新包装的效果，以决定在未来是否推广新包装，品牌统计对比了包装改变前后一个月两种巧克力的销售量，如表3-4所示。

表3-4　单一实验组前后对比实验　　　　　　　　　　　　　　　　单位:千盒

巧克力品种	实验前销售量（Y_0）	实验后销售量（Y_n）	实验结果（Y_n-Y_0）
A	25	30	5
B	30	36	6

②实验组与对照组前后对比实验。这是指对实验组和对照组都进行实验前后对比，再对比实验组与对照组的实验效果，最后根据实验结果得出实验结论的实验法。由于该方法的应用条件比较复杂，因此调研人员要根据市场实际情况适当选择设计。例如，某巧克力品牌分别选择了各方面条件相似且具有代表性的两家超市作为实验组和对照组，实验期为两个月，前一个月，两组销售的巧克力均为原包装；后一个月，实验组改为新包装，对照组仍使用原包装。实验调研结果如表3-5所示。

表3-5　实验组与对照组前后对比实验　　　　　　　　　　　　　　单位:千盒

试验单位	实验前一个月	实验后一个月	实验前后变动量	实验结果
实验组	28（Y_0）	35（Y_n）	7（Y_n-Y_0）	$(Y_n-Y_0)-(X_n-X_0)=4$
对照组	27（X_0）	30（X_n）	3（X_n-X_0）	

（4）网络调研法。网络调研法是指在互联网上针对调研问题进行调研设计、收集资料并

进行分析的一种调研方法,具有成本低、便捷、速度快、个性化强、互动性强、隐匿性好等优点,其缺点是问卷反馈率可能很低。网络调研法主要有3种具体的实施方法,如表3-6所示。

表3-6 网络调研法的实施方法

实施方法	说明	注意事项
网上问卷调研	调研人员通过 QQ 或微信等网络通信软件向调研对象发送问卷,邀请调研对象填写并提交问卷;或者将问卷分享到 QQ、微信公众号、微博、微信小程序等新媒体平台,以及嵌入企业官方网站、官方 App 中,等待调研对象浏览问卷并自愿填写	将问卷嵌入网站是比较常用的方法,但为吸引调研对象填写,通常需要支付给填写问卷的调研对象一定的报酬
网上讨论法	主持人在论坛、社群等相应的讨论组中发布调研项目,邀请调研对象参与讨论,发表各自的观点和意见;或者将分散在不同地域的调研对象通过在线会议功能组织起来,然后让他们在主持人的引导下进行讨论	对信息收集和数据处理的要求高,难度较大
网上观察法	利用网络技术或相关软件记录网络浏览者的活动,如消费者所浏览的商品、点击的商品广告、加购和收藏的商品、购买的商品件数等信息	需要从众多数据中挖掘出有用信息,对数据分析能力要求高

 知识拓展

一份完整的调研问卷通常包含标题、问卷说明、调查内容、编码、作业证明的记载5个部分。

(1)标题。问卷的标题用于概括说明调研主题,使调研对象大致了解所要回答的问题。因此,问卷标题要简明扼要,如"××消费者满意度市场调研"。

(2)问卷说明。问卷说明一般用于说明调研的目的、意义及调研结果的用途,如"您好!今年杂志社全新改版,我们希望了解您的看法,以做进一步调整优化,现诚挚邀请您填写调研问卷。"

(3)调研内容。调研内容是问卷的核心部分,主要由问题和答案组成。其中,问题主要有开放式问题和封闭式问题两种类型,开放式问题不会列出具体答案,由调研对象自由作答(如简答题);封闭式问题会列出问题的各种可能答案,由调研对象选择,常见的有单选题和多选题。

(4)编码。编码是指问卷中确定一个数字作为每一个问题及答案的代码。例如,第一个问题的编码为"1"。

(5)作业证明的记载。作业证明的记载放在问卷的最后,主要满足调查资料管理的需要,包括调研人员的姓名、问卷审核日期、调研日期、调研开始时间、调研结束时间等。

(二)间接调研法

间接调研法又称文案调研法、二手资料调研法,是指利用企业内部和外部现有的各种信息、情报,如市场行情、国民经济发展情况等,分析研究调研内容的一种调研方法。间接调研法具有不受时空限制、信息获取成本低等优点,能提供直接调研无法或难以取得的各种宏观资料,便于进一步开展和组织实地调研,是市场调研较为常用的方法。

(1)资料来源。间接调研法围绕调研目的,收集一切可以利用的现有资料,其主要资料来源如表3-7所示。

表 3-7　资料来源

来源	说明	细分来源	详细描述
企业内部资料	企业在生产和营销活动中所做的各种形式的记录	业务资料	企业业务往来相关的各种资料，如订货单、进货单、发货单、合同文本、销售记录、业务员访问记录等。通过分析业务资料，调研人员可以掌握企业的商品供应及消费者需求变化等情况
		统计资料	生产、销售、库存等各类统计报表和统计分析资料。通过分析统计资料，调研人员可以初步掌握企业运营活动的数量特征及规律
		财务资料	企业财务部门提供的各种会计核算和财务分析资料，包括生产成本、销售成本、各种商品的价格及经营利润等。通过分析财务资料，调研人员可以掌握企业的发展背景，考核企业的经济效益，为企业以后的运营决策提供依据
		生产技术资料	商品设计图纸及说明书、技术文件、实验数据、新商品的开发等资料。通过分析生产技术资料，调研人员可以了解企业的生产技术水平、商品设计和开发能力等
		企业积累的其他资料	各种调研报告、经验总结、竞争对手的分析资料、消费者的信息反馈等，对企业的市场调研有一定的参考作用。例如，根据消费者对商品质量的反馈意见和建议，可以研究如何改进商品
企业外部资料	由企业以外的机构记录或收集的资料	图书馆	省、市公共图书馆，科研院校和高等院校的专业图书馆，是各种文献资料较集中的地方，其收藏的书籍、杂志、报纸、光盘等是重要的外部资料来源
		政府机构	政府机构有自己的统计调查机构，每年都提供大量的数据资料，这些数据资料不仅具有权威性，而且综合性强、辐射面广。例如，国家统计局和各级地方统计部门定期发布的统计公报、定期出版的各类统计年鉴等
		行业组织	各行业组织、联合会或行业管理机构，通常会通过内部刊物发布各种资料，包括行业法规、市场信息、行业情报等，有助于调研人员了解行业发展现状和发展趋势
		新闻媒体	电视、广播、报纸和杂志等新闻媒体发布的经济信息、刊载的市场调研报告等，是重要的外部资料来源
		互联网	通过搜索引擎、网站等搜索，可以快速查询信息。搜索时，首先要确定搜索关键词，如"智能手机市场"；然后细化搜索条件，以精确查找结果，如将搜索关键词细化为"2025年中国智能手机市场深度调研"

（2）资料收集步骤。运用间接调研法的关键在于资料的收集。收集的资料的可靠程度等决定了调研的效果。企业在收集资料时，可以按照以下5个步骤开展工作。

①确定资料需求。根据调研目的确定企业所需要的信息，以免调研方向出现偏差。

②查询并列出可能的资料来源。

③搜寻并获得有关资料。搜寻资料，根据资料的内容、质量、使用条件等筛选出合适的资料，然后通过免费索取、资源下载、信息交换或购买等方式获得资料。

④评估资料。评估资料的准确性和相关性，以确保资料的可靠性。准确性可通过数据对比进行评估，相关性可通过与调研主题的关联程度进行评估。

⑤整理资料。剔除与调研项目无关的和不完整、不准确的资料内容，对有用资料进行归类整理，并妥善存储和保管。

任务实施

任务演练：利用 AI 辅助新品市场调研

【任务目标】

借助问卷星的AI功能设计调研问卷，然后通过多种途径发布调研问卷，最后回收并分析调研问卷，了解新品市场，谋求新品机会。

【任务要求】

本次任务的具体要求如表3-8所示。

表3-8　任务要求

任务编号	任务名称	任务指导
（1）	调研准备	明确调研问题，并借助问卷星的 AI 功能设计调研问卷
（2）	调研实施	通过多种渠道发布调研问卷

【操作过程】

（1）确定调研目的和问题。品牌对调味坚果市场状况缺乏认知，因此无法快速洞察新品机会。基于此，可将调研目的明确为"了解调味坚果市场状况"。具体的调研问题可以结合调研目的，根据市场调研的内容明确为"调味坚果市场需求、竞争情况、消费者购买行为是怎样的"。

（2）设计并发布调研问卷。借助问卷星的AI功能设计调研问卷，并发布调研问卷。

微课视频

利用 AI 辅助新品市场调研

①启用AI。登录问卷星，进入问卷星首页，单击"创建问卷"按钮，在打开的页面中默认选择的应用场景为"调查"，单击"AI创建问卷"超链接，如图3-1所示。

（a）单击"创建问卷"按钮　　　　　　（b）单击"AI创建问卷"超链接

图 3-1　启用 AI

②开始创作。打开"AI创作"对话框，输入调研主题为"调味坚果市场调研"，默认设置题目数量为"15"，并输入调研目的，单击"开始创作"按钮，如图3-2所示。待AI生成后，查看AI生成的问卷内容，如图3-3所示。

图 3-2　单击"开始创作"按钮

图 3-3　查看 AI 生成的问卷内容

③查看提示。单击"完成"按钮，打开"提示"对话框，单击"知道了"按钮。

④预览和修改问卷。打开"预览"页面，输入问卷说明后，预览AI生成的问卷内容，包括问题和答案选项，并通过添加、移动和编辑问题及答案选项的方式适当修改不合理的地方，以便获得更加全面的调味坚果市场信息，包括市场需求、竞争情况、消费者购买行为等。例如，删除"您的性别是？"这一问题的答案选项中的"其他"选项，如图3-4所示。确认无误后，单击"完成编辑"按钮。

图 3-4　预览和修改问卷

提示

　　AI生成的内容有时候可能不太符合需求，需要进行调整，以提高内容的可用性。

⑤发布问卷。打开"设计问卷"页面，单击"发布此问卷"按钮，打开"发送问卷"页面，通过分享的方式将调研问卷分享至微信、QQ、微博等，并复制代码将调研问卷以网页嵌入的方式嵌入微信小程序，通过网站集成的方式将调研问卷集成到品牌官方网站中，如图3-5所示。

图3-5 发布问卷

调研问卷最终效果如下所示（配套资源：\效果文件\项目三\调味坚果市场调研问卷.docx）。

调味坚果市场调研

您好！为了更好地理解您对调味坚果的需求，推出更加适合您的商品，我们特此开展本次市场调研，您的宝贵意见对我们的商品开发和改进来说非常重要。本问卷所有信息将严格保密，非常感谢您的支持与配合！

1. 您的性别是？ [单选题]

   A. 男   B. 女

2. 您的年龄范围是？ [单选题]

   A. 18岁以下   B. 18～24岁   C. 25～34岁   D. 35～44岁

   E. 45岁及以上

3. 您购买调味坚果的目的是？ [单选题]

   A. 健康饮食   B. 送礼   C. 其他

4. 您通常在哪里购买调味坚果？ [单选题]

   A. 超市   B. 便利店   C. 电子商务平台

   D. 品牌专卖店   E. 其他

5. 您购买调味坚果的频率是？ [单选题]

   A. 每周一次或更频繁   B. 每月一次

   C. 每季度一次   D. 不定期购买

6. 您通常一次购买多少克的调味坚果？ [单选题]

   A. 100克以下   B. 100～250克   C. 251～500克   D. 500克以上

7. 在购买调味坚果时，您非常看重哪些因素？ [多选题]

   A. 价格   B. 口味   C. 包装

　　　D. 营养成分　　　　E. 品牌知名度

8. 您对调味坚果的价格接受范围是？ [单选题]

　　　A. 20 元以下　　　B. 20～50 元　　　C. 51～80 元　　　D. 80 元以上

9. 您喜欢的调味坚果口味是？ [多选题]

　　　A. 奶油/焦糖味　　　B. 蜂蜜味　　　C. 辣味　　　D. 海苔味

　　　E. 蟹黄味　　　　　F. 其他

10. 您通常购买的调味坚果品牌是？ [单选题]

　　　A. 品牌 A　　　　　B. 品牌 B　　　C. 品牌 C　　　D. 品牌 D

　　　E. 其他品牌　　　　F. 不看重品牌

11. 您选择该品牌的主要原因是？ [单选题]

　　　A. 品牌知名度　　　B. 价格　　　C. 包装　　　D. 服务

　　　E. 代言人　　　　　F. 广告　　　G. 其他

12. 您认为调味坚果的市场竞争程度如何？ [单选题]

　　　A. 非常激烈　　　　B. 一般　　　C. 不太激烈　　　D. 无法判断

13. 您是否愿意尝试新口味的调味坚果？ [单选题]

　　　A. 是　　　　　　　B. 否

14. 您希望新口味调味坚果在哪些方面进行创新？ [单选题]

　　　A. 结合地方特色味道　　　　　　　B. 与传统口味相结合

　　　C. 融入当下流行调味元素　　　　　D. 根据特定人群定制

　　　E. 其他

15. 您期望调味坚果在哪些方面进行改进？ [填空题]

 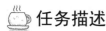

任务二　市场分析

任务描述

　　完成市场调研后，老李将继续带领小赵回收调研问卷，做好问卷分析（见表 3-9）。

表 3-9　任务单

任务名称	市场分析	
任务背景	老李发现问卷星不仅提供了统计分析功能，还提供了 AI 报告功能，于是决定让问卷星自主分析调研问卷，并提供市场分析报告	
任务阶段	□商品认知　■调研与分析　□选品　□采购　□管理和风险防范	
工作任务		
任务内容		**任务说明**
任务演练：利用 AI 辅助新品市场分析		借助问卷星的统计分析功能分析调研问卷，然后生成市场分析报告
任务总结：		

知识准备

一、市场容量分析

市场分析主要分析商品所处市场的各种影响因素及其动态、趋势。通过分析商品市场，企业可以更好地制定商品选择和销售策略，调整与规划商品。

市场分析的一个重要内容便是市场容量。市场容量也叫市场规模，是指在不考虑商品价格或供应商的前提下，市场在一定时期内能够吸纳某种商品的单位数目，即需求总价值。市场容量相当于市场需求量，市场容量的大小决定了市场的规模。由于商品以消费者需求为导向，不同的商品市场对应不同的市场需求，因此，针对市场容量大的领域，企业可以采用多种商品组合的方式，以满足不同消费者的需求；针对市场容量小的领域，企业则需要聚焦于某一细分市场，以提供专业化的商品。分析商品市场容量时，常用的方法有自上而下法、自下而上法等。

（一）自上而下法

自上而下法是指从宏观数据、行业数据等推算细分市场的容量，是一种从大一级市场向下推算的方法。这种方法适用于市场数据相对完善、统计数据可靠的情况。例如，某智能音箱的均价为370元，音响市场总人数为1亿人，其中有30%的消费者对智能音箱感兴趣，感兴趣的消费者中有6%的消费者能够接受这个价格，接受的人中有12%的消费者有购买意愿，那么，智能音箱市场容量=目标市场商品均价×市场需求人群数量×需求渗透率=370×1×30%×6%×12%=0.7992（亿元）。

（二）自下而上法

自下而上法是指通过调查潜在消费者的需求、购买能力、消费习惯等信息推算市场容量的大小，是一种从小范围的数据出发，然后计算整体市场容量的方法。这种方法适用于市场需求复杂、数据难以获取的情况。例如，某品牌智能音箱年销售额为110亿元，市场份额占比为5%，那么，智能音箱市场容量=110÷5%=2200（亿元）。

二、市场潜力分析

市场潜力决定商品市场的未来发展空间和竞争力度，企业在分析该数据时可以借助蛋糕指数。蛋糕指数的计算公式为：蛋糕指数=支付金额较父行业占比÷父行业卖家数占比。通常情况下，蛋糕指数越大，市场潜力越大；蛋糕指数越小，市场潜力越小。

在蛋糕指数中，父行业卖家数占比可用于表示市场容量。当蛋糕指数大、市场容量小时，该商品市场竞争小，如果增长趋势较大，则值得进入；当蛋糕指数大、市场容量大时，该商品市场需求旺盛、竞争小，值得进入；当蛋糕指数小、市场容量大时，该商品市场竞争大，如果企业在品牌影响力、差异化商品等方面具有优势，可考虑进入；当蛋糕指数小、市场容量小时，该商品市场竞争可能大也可能小，可适时观望。

三、市场竞争分析

市场竞争分析主要是分析产业集中度及竞争对手的情况，有助于企业在激烈的竞争环境中找准位置，抓住机遇。

（一）产业集中度分析

产业集中度反映市场饱和程度，如果市场饱和程度高，则市场竞争大，企业可考虑是否进入该市场，或者采取差异化竞争策略以占据有利地位。在分析时，可以采用赫芬达尔-赫希曼指数进行分析。该指数通过计算行业内所有企业的市场份额的平方和反映产业集中度。

（二）竞争对手分析

由于竞争对手会对企业的商品发展造成一定威胁，因此有必要分析竞争对手。分析竞争对手的常用方法是SWOT分析法，该方法通过分析企业的内部优势（Strengths）和劣势（Weaknesses），以及外部机会（Opportunities）和威胁（Threats），找出企业的优势和核心竞争力，如图3-6所示。

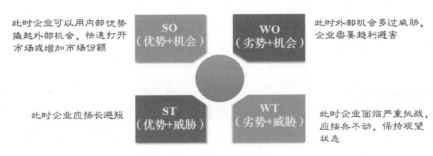

图3-6　SWOT分析法

四、市场成熟度分析

市场成熟度是指市场的发展程度/阶段，通常划分为导入期、成长期、成熟期和衰退期。

（1）导入期。处于导入期的商品市场机会非常多，竞争企业少，但试错成本高，适合创新能力强或资金充裕的企业，这类企业能够支持商品长期的创新投入。

（2）成长期。处于成长期的商品市场机会同样多，竞争相对较小，吸引力大，此时企业应当以快速占领市场的策略为主。

（3）成熟期。处于成熟期的商品市场进入的企业多，竞争大，市场需求趋于饱和，此时企业需要加强成本控制，同时考虑细分市场和采取商品差异化策略。

（4）衰退期。处于衰退期的商品市场规模变小，此时企业需要精简商品线和渠道，或者转而研发新商品或替代品，或者退出市场。

五、市场发展趋势分析

市场发展趋势分析是指企业在通过市场调研获得一定资料的基础上，针对企业的实际需要及相关的现实环境因素，运用科学的方法，对商品市场未来发展变化的趋势做出适当的判断和估算。通过分析市场发展趋势，企业可以获知消费者对商品需求的变化和市场营销环境的变化，减少决策的盲目性和风险性。常见的市场发展趋势分析方法有专家会议法、移动平均法等。

（一）专家会议法

该方法根据市场发展趋势预测要求，邀请有关专家进行座谈讨论，在提供预测对象相关资料的基础上，由专家评价商品市场及其发展前景等。专家会议法的实施步骤为：选择并邀请专家→专家就会议主题发表意见→比较和评价分析方案并确定预测结论。

（二）移动平均法

该方法是根据时间序列资料逐项推移，依次计算包含一定项数的序时平均值，以反映长期趋势的方法。移动平均法可细分为适用于水平趋势分析的一次移动平均法和适用于线性趋势分析的二次移动平均法，两者的计算公式如表3-10所示。

表3-10　移动平均法

计算方法	计算公式	数据说明
一次移动平均法	$M_{t+1} = \dfrac{x_t + x_{t-1} + \cdots + x_{t-n+1}}{n}$	M_{t+1} 表示第 $t+1$ 期的移动平均预测值，x_t 为本期的数据；n 为跨越期数，即参与移动平均的数据的个数
二次移动平均法	$\hat{Y}_{t+T} = a_t + b_t T$	$\hat{Y}_{t+T}$ 为第 $t+T$ 期的移动平均预测值，t 为本期；T 为本期与预测期的间隔期数；a_t 和 b_t 为待定参数

六、新品机会识别

新品机会识别是基于大量数据分析，识别出潜在的市场机会和创新点，明确新品开发的方向和目标。它是新品开发流程中的重要环节，涉及对市场发展趋势、消费者需求、竞争对手状况等的分析。这里重点讲述新品的机会来源和机会评估方法。

1. 新品机会来源

新品主要有4个机会来源，分别是消费者问题、痛点触及（痛点指不满意、遇到困难的方面）、新技术、竞品。其中，消费者问题是指从消费者出现的问题中发现新品机会，将问题转化为机遇；痛点触及是指从企业或工作人员自身的痛点出发，萌发新品创意；新技术是指应用新技术制作新品；竞品是指从对竞争对手的商品分析中获得启发，从而发现新品机会。

2. 新品机会评估方法

新品机会评估方法有通过/失败法和评分法。其中，通过/失败法用于快速筛选可行的新品机会，剔除不可行的机会。在使用通过/失败法评估新品机会时，可先确定评估标准，能通过的则进入下一步，如表3-11所示。针对通过第一轮评估的新品机会，则可使用评分法做进一步筛选，以找准更具优势的新品机会。评分法的操作流程为：制定评分标准→评分标准赋分→计算每个新品机会的总分→降序排列新品机会。总分越高的新品机会，其优先级越高，也就越值得选择。

表3-11　通过/失败法

新品机会	与经营范围的一致性	技术可行性	研发费用	总体
1	通过	失败	通过	失败
2	通过	通过	通过	通过
3	通过	通过	失败	失败
4	通过	通过	通过	通过

 提示

商品市场分析是一个复杂而系统的过程，企业在分析时需要先清晰定义问题并明确研究目标，以便分析工作更有针对性。同时，商品市场随着市场和消费者群体的演变而变化，企业应持续监控市场变化，确定市场分析的周期，定期或不定期地收集市场反馈。

任务实施

任务演练：利用 AI 辅助新品市场分析

【任务目标】

借助问卷星的统计分析功能分析调研问卷，然后利用AI报告功能生成市场分析报告，了解新品市场。

【任务要求】

本次任务的具体要求如表3-12所示。

表 3-12　任务要求

任务编号	任务名称	任务指导
（1）	分析调研问卷	借助问卷星的统计分析功能分析
（2）	生成市场分析报告	借助问卷星的 AI 报告功能生成市场分析报告

【操作过程】

（1）分析调研问卷。登录问卷星，进入问卷星的"分析&下载"页面，查看问卷数据，如图3-7所示。整理问卷数据，结果如表3-13所示。

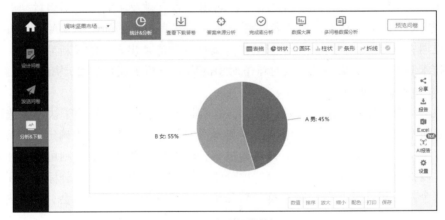

图 3-7　查看问卷数据

表 3-13　调研问卷调研结果

问题	答案占比
您的性别是？（单选题）	男（45%）　女（55%）
您的年龄范围是？（单选题）	18 岁以下（4%）　18～24 岁（23%）　25～34 岁（38%） 35～44 岁（20%）　45 岁及以上（15%）
您购买调味坚果的目的是？（单选题）	健康饮食（60%）　送礼（30%）　其他（10%）
您通常在哪里购买调味坚果？（单选题）	超市（28%）　便利店（0%）　电子商务平台（60%） 品牌专卖店（10%）　其他（2%）
您购买调味坚果的频率是？（单选题）	每周一次或更频繁（8%）　每月一次（23%）　每季度一次（8%） 不定期购买（61%）
您通常一次购买多少克的调味坚果？（单选题）	100 克以下（7%）　100～250 克（38%）　251～500 克（17%） 500 克以上（38%）

（续表）

问题	答案占比
在购买调味坚果时，您非常看重哪些因素？（多选题）	价格（92%）　口味（84%）　包装（61%）　营养成分（30%）　品牌知名度（46%）
您对调味坚果的价格接受范围是？（单选题）	20元以下（5%）　20～50元（35%）　51～80元（53%）　80元以上（7%）
您喜欢的调味坚果口味是？（多选题）	奶油/焦糖味（69%）　蜂蜜味（38%）　辣味（15%）　海苔味（23%）　蟹黄味（38%）　其他（23%）
您通常购买的调味坚果品牌是？（单选题）	品牌A（28%）　品牌B（20%）　品牌C（16%）　品牌D（10%）　其他品牌（8%）　不看重品牌（18%）
您选择该品牌的主要原因是？（单选题）	品牌知名度（45%）　价格（23%）　包装（15%）　服务（5%）　代言人（3%）　广告（7%）　其他（2%）
您认为调味坚果的市场竞争程度如何？（单选题）	非常激烈（15%）　一般（69%）　不太激烈（7%）　无法判断（9%）
您是否愿意尝试新口味的调味坚果？（单选题）	是（92%）　否（8%）
您希望新口味调味坚果在哪些方面进行创新？（单选题）	结合地方特色味道（31%）　与传统口味相结合（30%）　融入当下流行调味元素（7%）　根据特定人群定制（30%）　其他（2%）
您期望调味坚果在哪些方面进行改进？（填空题）	包装、口味、品质、密封性、小包装

（2）生成市场分析报告。单击"AI报告"按钮，在打卡的页面中单击"生成AI报告"按钮，打开"生成提示"对话框，单击"确定"按钮，如图3-8所示，等待生成。

图3-8　生成市场分析报告

（3）查看市场分析报告。查看生成的市场分析报告，整理后的结果如下所示。

调味坚果市场分析报告

一、调研背景

本次调研旨在了解调味坚果潜力细分市场和竞争情况，以及消费者对调味坚果的需求，以洞察新品机会，选择适合消费者的调味坚果新品。

二、调研方法

采用网上问卷调研法，通过线上平台发放调研问卷，收集消费者的性别、年龄、购买目的、购买渠道、购买频率、购买数量、购买时看重的因素、价格接受范围、口味偏好、品牌偏好、选择品牌的原因、对市场竞争程度的看法、对新口味的接受度与创新方向及对产品改进的期望等关键信息。

三、调研结果

（一）市场需求

性别分布：女性受访者占比为55%，男性占比为45%，女性参与度明显高于男性。

年龄分布：受访者的年龄段主要集中在18～24岁、25～34岁，年轻人是主要消费群体。

购买目的：大多数消费者购买调味坚果的主要目的是出于健康饮食的考虑，其次是送礼。

口味偏好：奶油/焦糖味较受欢迎，其次是蜂蜜味和蟹黄味。

价格接受范围：主要集中在51～80元和20～50元。

（二）消费者购买行为

购买渠道：电子商务平台是较受欢迎的购买渠道，其次是超市。

购买频率：大多数消费者不定期购买，每月购买一次的消费者也不少。

购买数量：主要集中在100～250克和500克以上两个区间。

购买时看重的因素：价格和口味是较重要的因素，其次是包装和品牌知名度。

（三）竞争情况

品牌偏好：大多数受访者偏好A、B、C、D品牌，这4个品牌占据调味坚果大部分的市场，竞争突围面临较大阻碍。少数受访者不看重品牌，这部分调研对象或成突围突破口。

市场竞争程度：大部分受访者认为市场竞争程度一般，15%的受访者认为非常激烈。

四、市场建议

商品策略：在商品口味方面，推出更多奶油/焦糖味、蜂蜜味和蟹黄味的变种，同时考虑推出结合地方特色味道、传统口味及根据特定人群定制的新口味。在商品包装方面，考虑推出更小包装的商品（如100克以下），以满足偏好少量购买的消费者需求。

价格策略：定价策略主要集中在20～80元，尤其是51～80元。考虑推出促销活动或套餐，为愿意尝试新口味的消费者提供一定的优惠或赠品。

销售渠道：继续加强电子商务平台的销售，同时可以考虑在实体店和品牌专卖店增设调味坚果的展示和销售区域。

广告策略：以电子商务平台为主要广告投放渠道，以线下超市为次要广告投放渠道。

新品机会：创新包装和口味，与竞争对手形成差异化竞争。

技能练习

单击"查看下载答案"按钮将调研问卷的答案下载到计算机中，然后将其上传到AIGC工具（如文心一言）中让其分析调研问卷答案，比较其分析结果与问卷平台的异同。

任务三　商品市场定位

 任务描述

完成市场分析后，老李对调味坚果市场有了初步的了解，接下来，他将带领小赵结合品牌的实际情况做好新品市场定位（见表3-14）。

表3-14　任务单

任务名称	商品市场定位	
任务背景	基于市场分析结果，老李找到了调味坚果的目标市场——18～34 岁的年轻消费群体，但这一目标市场中存在众多竞争对手。他意识到，新品成功的关键在于发掘品牌与竞争对手的差异点，发挥品牌竞争优势，开展差异化竞争。为此，他将着重寻找本品牌与其他品牌在商品功能、包装设计、品质、价格、服务等方面的差异	
任务阶段	□商品认知　■调研与分析　□选品　□采购　□管理和风险防范	
工作任务		
任务内容		任务说明
任务演练：新品市场定位		分析竞争对手及其商品，寻找差异，结合品牌优势和消费需求进行市场定位
任务总结：		

知识准备

一、商品市场定位一般流程

商品市场定位是指企业根据竞争对手现有商品在市场上所处的位置，针对消费者对该类商品某些特征或属性的重视程度，为本企业商品塑造与众不同的、令人印象深刻的形象，并将这种形象生动地传递给消费者，进而为本企业商品在市场上确定适当的位置。市场定位的核心思想是从消费者的角度思考应该如何树立商品在目标市场中的优势地位，定位的一般流程分为以下3步。

（一）市场细分

商品市场细分是根据消费者需求上的明显差异，将某一商品市场划分为针对不同消费群体的市场分类过程，每一个消费群体代表该商品的一个细分市场，该细分市场中的消费者对同一商品具有相似的需求。商品市场细分可以结合具体的商品，然后根据一定的依据划分，如人口因素、地理因素、心理因素和行为因素等，如表3-15所示。商品市场细分是一项综合性较强的工作，企业在划分时需要综合考虑多项因素，以更全面地掌握该细分市场的信息。

表3-15　商品市场细分

划分依据	说明
人口因素	将商品市场按照人口统计变量划分，如年龄、性别、收入、职业、受教育程度等。例如，以年龄为依据划分智能手表市场，可以细分为18～24 岁、25～30 岁等
地理因素	将商品市场按照地理单位划分，如南方和北方，城市和农村，华东、华北、华南、华西等
心理因素	将商品市场按照身份心理、习惯心理、规范心理、价值心理等划分。例如，以身份心理为依据，将智能手机市场细分为商务人士市场、大学生市场等
行为因素	将商品市场按照消费者的购买行为划分，如购买时机、使用频率、品牌忠诚度等。例如，以品牌忠诚度为依据，将智能手机市场细分为华为、OPPO、小米等

市场细分能够有效帮助企业识别不同市场的机会，企业需要仔细评估各细分市场带来的机会大小，评估标准主要有以下3项。

（1）市场规模和成长潜力。企业应分析细分市场的市场规模和成长潜力，包括细分市场当前的销售量、增长速度、预期的营利性等，选择具备一定规模和成长潜力的市场。

（2）市场结构的吸引力。企业应分析影响市场结构吸引力的重要因素，包括竞争对手（如果竞争对手多且能力强，则需要慎重）、替代品（替代品的出现会影响细分市场对应商品的价格和盈利）、消费者购买能力（消费者购买能力强则可能引起企业在商品价格、质量或服务等方面的竞争）、供应商能力（供应商能力强可能影响商品价格、质量或供应量，对企业不利）等。

（3）与企业的战略目标、资源和能力的匹配程度。企业还应当结合自身的战略目标、资源和能力进行评估，如果细分市场与企业战略目标不相符，或者企业不具备在细分市场中取得成功的资源和能力，则可能需要放弃该细分市场。

（二）选择目标市场

目标市场是企业最终决定要进入的细分市场。选择目标市场是指企业在市场细分的基础上，通过综合分析各细分市场的目标消费者、竞争情况、市场生命周期等，选择某个细分市场作为最终的商品销售场所的过程。

目标市场的选择策略主要有5种，分别是单一市场集中化、商品专业化、市场专门化、选择专门化和完全市场化。

（1）单一市场集中化。单一市场集中化是指企业选择一个细分市场，生产一种标准化商品，为该目标市场中的消费者提供服务。例如，美妆企业生产男性护肤品，以满足具有美妆需求的男性消费者。该模式适合有资金限制或竞争对手过于强大的企业。

（2）商品专业化。商品专业化是指企业选择几个细分市场，生产某一种商品，将该商品提供给不同细分市场的消费群体。例如，某家具企业生产一种多功能折叠沙发，以小户型家庭、单身年轻白领和民宿经营者为目标，并针对这3个细分市场分别设计卖点：可折叠、时尚设计和多种颜色选择、耐用且易清洁。

（3）市场专门化。市场专门化是指企业选择某个特定的细分市场，向同一消费群体提供多种商品，以满足该消费群体的各种需求。例如，某企业针对健身爱好者群体，提供健身器材、健身补剂、健身服装等商品。

（4）选择专门化。选择专门化是指企业选择多个细分市场作为自己的目标市场，并且各细分市场之间很少有或者没有任何联系，企业为每个细分市场提供不同的商品，满足不同消费者的需求。例如，小米公司不仅生产手机、笔记本电脑，还生产大小家电、电动汽车等。

（5）完全市场化。完全市场化是指企业为满足所有细分市场的消费需求而生产各种商品。完全市场化是一种无差别的、覆盖所有细分市场的策略。

（三）差异化定位

目标市场中仍然存在竞争，企业为确保在目标市场立足，需要做好商品目标市场的差异化定位，将商品与竞争对手的商品区别开来。

1. 挖掘潜在的竞争优势

企业要在充分的市场调研与分析的基础上，思考以下两个问题，寻找与竞争对手存在的差异点，挖掘潜在的竞争优势。

（1）目标市场中的竞争对手及其商品的状态。评估竞争对手的财力、能力、商品营销策略或宣传点（如是品牌、商品属性、服务还是价格等），以及竞争对手的商品质量、商品生产技术等，估量竞争对手的状态，并与自身的情况进行对比。

（2）目标市场中消费者的需求及其满意程度。消费者在目标市场中的需求主要表现在对商品的质量、价格、包装、服务态度和价值等的追求上。企业应分析这些内容，明确自身是否具备满足这些需求的条件。

2．选择恰当的竞争优势

在此阶段，企业需要筛选竞争优势，从中选择出恰当的、更明显的优势，选择时可参考以下标准。

（1）重要性。企业需要考虑筛选的竞争优势应当对消费者非常重要，如能够给目标消费者带来非常大的利益，或者解决目标消费者在某一方面的困扰。

（2）优越性。该竞争优势应当优于同一方面的其他优势，如企业研发的智能手机的充电功能优于其他企业智能手机的充电功能，充电时间更短。

（3）专有性。该竞争优势不能轻易被其他竞争对手模仿，如商品应用了企业自主研发的专利技术。

（4）营利性。企业应仔细衡量推广该竞争优势带来的利润大小，选择更具营利性的竞争优势。

3．定位目标市场

在此阶段，企业应当选择合适的定位策略，向消费者展示自身所具备的独特竞争优势，让商品在消费者心中留下良好的印象。常见的定位策略如下。

（1）优质优价策略。该策略倾向于向消费者提供品质更高的商品，并收取更高的价格，以彰显消费者的地位和生活方式。

（2）优质同价策略。该策略主张向消费者提供与竞争对手价格相当但质量更高的商品。

（3）同质低价策略。该策略的实施需要企业具备较强的采购能力，能够在降低采购成本的同时为消费者提供与竞争对手质量相当但价格更低的商品。

（4）低质更低价策略。该策略以价格为导向，通过降低商品的功能配置或去掉一些非必要的特征，向消费者提供价格实惠的商品。

二、不同商品的市场定位

商品市场定位是一个动态的过程，会随着商品的不同发展阶段进行适时调整。例如，针对潜在商品和现有商品的市场定位就存在差异。

（一）潜在商品预定位

潜在商品预定位是针对尚未上市的新商品进行市场定位的过程，这要求商品与目标市场相匹配，充分体现商品的独特优势。企业在进行潜在商品预定位时，应重点考虑以下4个方面的问题。

（1）什么行业、什么类型的商品。这是新商品定位的重要问题，需要明确新商品所属的行业和类型。行业决定新商品的市场环境和竞争态势，类型则决定新商品的基本功能和特点。

（2）面向哪类目标消费群体。新商品定位需要明确商品的目标消费群体，包括年龄、性别、地域、职业、收入、兴趣等特征，这有助于企业更精准地识别不同的消费群体和市场需求。例如，如果目标消费群体是年轻人，那么新商品定位可以强调个性表达、新颖性和社交共享性等。

（3）给消费者带来什么价值。新商品定位需要深入了解目标消费者的需求和痛点，明确新商品能够解决消费者的哪些问题，使用新商品后能获得哪些好处和价值。这是新商品存在的基础，也是新商品能否在市场上立足的关键。

（4）与竞争对手存在哪些差异。新商品定位需要深入分析竞争对手的商品特点、优势、劣势及市场策略，从而找到企业自身与竞争对手的差异。这些差异包括新商品的功能、设计、品质、价格、服务等方面。

（二）现有商品再定位

现有商品再定位是重新定位已上市商品的过程，通常发生在商品市场表现不佳、消费者需求发生变化，或者竞争对手策略调整、对商品造成威胁的情况下。

1. 再定位步骤

现有商品再定位的步骤主要有两步，首先是问题识别，然后是确定新定位。

（1）问题识别。分析现有商品当前定位存在的问题，如消费者满意度不高、商品形象老化、竞品或替代品出现等。

（2）确定新定位。根据问题确定市场调研目的，并根据搜集的资料展开市场分析，然后重新运用商品市场定位步骤和策略，再结合恰当的方法确定商品的新定位。

2. 再定位方法

现有商品再定位要求重塑消费者对商品的认知，从而在心智上"焕新"商品。

（1）定位偏差的重新定位。当企业对商品了解不全面、对消费者需求把握不到位时，很容易出现商品定位偏差，导致商品市场表现不佳。此时就需要重新了解并定位商品，从商品特色中挖掘出与消费需求相契合的差异化优势，选择一个契合度高的优势作为定位点。例如，岚图汽车根据竞争对手为汽车定位，但未凸显自身的差异化优势，也未将优势与消费者需求相结合，简单地将汽车定位为"增城SUV（Sport Utility Vehicle，运动型多用途汽车）"，强调大空间感，导致销量不佳。

（2）定位模糊的重新定位。当商品定位与商品属性相悖或目标市场不准确时，容易出现商品定位模糊的情况。此时，企业需要重新梳理商品属性，了解消费者对商品的认知错误与实际消费需求，重新识别目标市场，进而确定商品定位。例如，王老吉红罐饮料之前的定位是"凉茶"，但其甜甜的口感与传统凉茶的"良药苦口"观念相悖，导致消费者对其定位认知不清晰。随后，王老吉根据商品的降火功效，并结合消费者易上火、需降火的需求，将商品重新定位为"预防上火的饮料"，从而取得了成功。

（3）形象老化的重新定位。当商品不再适应市场需求时，容易发生形象老化，此时需要更新商品定位。一方面，企业可以根据市场需求创新商品形式、技术、包装等，实现商品升级；另一方面，企业可以寻找竞争对手商品的固有缺点，将商品作为该缺点的解决方案，实现再定位。例如，农夫山泉的矿物质水，就从纯净水的固有弱点——去除人体所需的有益物质、影响酸碱平衡等角度出发，将矿物质水的商品定位重新确定为"健康水""天然水"。

> ⏰ **提示**
>
> 商品再定位后，企业可以从商品名称、商品包装、商品广告语、商品功能等方面体现商品的新定位，更新消费者对商品的认知。

💬 任务实施

任务演练：新品市场定位

【任务目标】

分析主要竞争对手及其商品，挖掘竞争对手与品牌的差异点，进行新品市场定位，为后续选品做好准备。

【任务要求】

本次任务的具体要求如表3-16所示。

表3-16 任务要求

任务编号	任务名称	任务指导
（1）	分析竞争对手	分析竞争对手的商品在种类、功能、包装设计、品质、价格、服务等方面与本品牌商品的差异
（2）	差异化定位	根据差异，结合品牌优势、消费需求进行市场定位

【操作过程】

（1）分析竞争对手及其商品。寻找两个主要的竞争对手，分析竞争对手的调味坚果商品在种类、功能、包装设计、品质、价格、服务等方面的特点，如表3-17所示。

表3-17 分析竞争对手商品的特点

竞争对手	商品种类	功能	包装设计	品质	价格	服务
A	商品种类多，同类调味坚果多	专注低糖、低脂、低卡的健康零食，满足健康需求	包装设计注重凸显品牌IP（Intellectual Property，知识产权）形象，既有大包装又有小包装	优选原材料，品质高，不添加色素和防腐剂	整体价格稍高，倾向于中高端市场	线上+线下销售，提高了商品的覆盖率和消费者购买便利性
B	商品种类齐全	注重原料本身的新鲜度和自然风味，具有酥脆口感	包装设计现代且注重友好性，如小袋设计，便于消费者携带和食用	优选原材料，品质较为稳定	价格定位相对灵活，既有高价商品，又有低价商品	线上销售为主，注重社交媒体的互动，提供便捷的售后服务

总结：

竞争对手A：优势在于商品种类多，覆盖面广，包装实用，品质和服务好；劣势在于商品可能出现同质化问题，价格相对较高

竞争对手B：优势在于商品种类齐全，包装友好且售后服务好，价格的可选项多；劣势在于忽视品质的提升

（2）寻找差异。分析本品牌调味坚果商品在种类、功能、包装设计、品质、价格、服务等方面的特点，寻找与竞争对手的差异，分析结果如下。

商品种类：整体种类较少，多为市面上常见的商品种类，但口味丰富。

功能：强调商品的独特口感或营养成分，如添加特殊营养成分。

包装设计：采用环保、可回收的包装设计，大包装为主。

品质：注重挖掘优质原材料来源，采用特殊加工工艺，具有严格的质量控制体系，品质较高。

价格：性价比高。

服务：提供便捷的购物服务，如快速发货、灵活的退换货政策等。

差异总结：本品牌的商品种类相对于竞争对手而言比较精简；在功能上更强调商品的独特口感或营养成分，在口感和健康属性上与竞争对手形成差异；在包装设计方面，本品牌偏向于环保性和大包装，与竞争对手相比更加环保，但创新性不足，且不便于消费者携带；在价格方面，介于两个竞争对手之间，性价比较高；在服务方面，同样注重购物的便捷性，服务好。

（3）明确竞争优势。与竞争对手相比，本品牌的优势在于可通过开发不同类型的商品避免同质化现象。同时，商品的口感独特和营养成分丰富、性价比较高、品质较高、包装环保性好也是本品牌独具的优势。

（4）结合消费需求。结合前期的市场调研和分析可知，消费者希望创新调味坚果口味、推出小包装商品、偏好价格在20～80元的商品。

（5）明确市场定位。结合差异点、竞争优势和消费需求，可将新品的市场定位确定为"新口味、口感独特、价格在20～80元的小包装、高品质、健康的调味坚果"。

技能练习

当前，膨化食品也在向健康转型，该品牌的一款油炸薯片受到市场需求的影响，不再受市场欢迎，请为其重新进行市场定位。

综合实训：厨具电子商务品牌商品市场调研

实训目的：熟悉市场调研的步骤和方法，提升市场调研能力。

实训要求：某厨具电子商务品牌在京东、淘宝、抖音等主流电子商务平台开设了官方旗舰店，现计划针对"智能厨具"这一细分市场进行深入调研，推出一系列结合智能科技与健康生活理念的新商品，以进一步扩大市场份额并提升品牌影响力。在选品前，该品牌需要了解目标细分市场对智能厨具的具体需求、购买意愿及支付能力等，以推出符合市场需求的商品。请据此开展网上问卷调研，收集细分市场的数据。

实训思路：先明确调研问题，然后根据调研问题设计调研问卷，可借助问卷平台的AI功能进行设计，最后确定问卷发布途径，如嵌入官方旗舰店网页。

实训结果：本次实训完成后的部分参考效果如图3-9所示（配套资源：\效果文件\项目三\智能厨具调研问卷.docx）。

1. 您的年龄范围是？
A. 18岁及以下
B. 19~30岁
C. 31~45岁
D. 46~60岁
E. 60岁以上
2. 您的性别是？
A. 男
B. 女
C. 不愿透露
3. 您的家庭结构是？
A. 单身
B. 夫妻无子女
C. 有子女家庭
D. 与父母同住
E. 其他（请说明）_____
4. 您的月平均收入（人民币）是？

5. 您目前是否使用智能厨具？
A. 是
B. 否
C. 计划购买
6. 如果使用过，请列举您满意的智能厨具功能（可多选）。
A. 自动烹饪
B. 温度/时间精准控制
C. 健康营养建议
D. 远程操控
E. 节能省电
F. 易于清洁
G. 其他（请说明）_____
7. 您认为现有智能厨具存在哪些不足或需要改进的地方？（开放性问题）
8. 您对智能厨具感兴趣的功能是什么？（单选）
A. 智能菜谱推荐与自动烹饪
B. 健康饮食分析与建议
C. 智能感应（如自动感应菜熟的程度，停止翻炒并出锅）

图3-9 参考效果

巩固提高

一、选择题

1. 【单选】市场调研的问题应当（　　　）。
   A. 基于调研目的提出　　　　　　B. 尽可能笼统
   C. 体现一定的想象力　　　　　　D. 满足长期调研的需求

2. 【单选】调研消费者购买行为，不可以获知（　　　）。
   A. 消费者购买的商品及数量　　　B. 消费者的购买习惯
   C. 商品的购买者是谁　　　　　　D. 商品的使用年限

3. 【单选】不属于直接调研法的是（　　　）。
   A. 访问法　　　　　　　　　　　B. 文案调研法
   C. 实验法　　　　　　　　　　　D. 观察法

4. 【多选】下列关于市场成熟度的说法正确的是（　　　）。
   A. 市场成熟度主要有导入期、成长期、成熟期、衰退期4个阶段
   B. 处于导入期的商品市场机会非常少
   C. 处于成长期的商品市场机会多
   D. 处于成熟期的商品市场需求旺盛

5. 【多选】商品定位可能出现在（　　　）。
   A. 新商品上市前期
   B. 商品市场表现不佳时
   C. 商品目标消费者需求发生变化时
   D. 竞争对手策略调整对商品造成威胁时

二、填空题

1. 市场定位的核心思想是从＿＿＿＿＿＿＿＿的角度思考应该如何树立商品在目标市场中的优势地位。

2. ＿＿＿＿＿＿＿＿是分析商品所处市场的各种影响因素及其动态、趋势。

3. ＿＿＿＿＿＿＿＿是指从宏观数据、行业数据等推算细分市场的容量。

三、判断题

1. 目标市场是企业最终决定要进入的细分市场。　　　　　　　　　　　（　　　）
2. 商品市场竞争越大，该商品市场就越值得进入。　　　　　　　　　　（　　　）
3. 细分市场中的消费者具有相似的特征。　　　　　　　　　　　　　　（　　　）
4. 市场需求调研是市场调研的核心内容。　　　　　　　　　　　　　　（　　　）
5. 商品市场定位一旦确定，就不会更改。　　　　　　　　　　　　　　（　　　）

四、简答题

1. 市场调研的流程是怎样的？
2. 市场调研的内容有哪些？

3. 市场调研的方法有哪些？

4. 市场分析的内容有哪些？

5. 如何识别新品机会？

6. 商品市场定位的一般流程是怎样的？

7. 潜在商品如何进行预定位？

8. 现有商品如何进行再定位？

电子商务选品

项目四

学习目标

> **知识目标**

1. 熟悉电子商务选品的原则、依据和渠道，树立正确的选品意识。
2. 掌握选品的方法和技巧，能够科学选品。
3. 掌握选品工具的应用方法，能够利用选品工具高效选品。

> **技能目标**

1. 能够自主寻找市场热点，为企业提供更多的选品方向。
2. 具备较强的实际操作能力和工具应用能力，能够科学有序地开展选品工作，并选择出适合企业的商品。

> **素养目标**

1. 培养数据分析能力，能够预测未来市场需求并制订科学的选品计划。
2. 培养知识产权识别能力，避免侵犯商品的知识产权。

项目导读

市场调研与分析明确了新品选择的方向，接下来的工作是如何基于调研和分析结果精准选品。选品是电子商务企业运营的核心环节之一，直接关系到企业能否吸引并留住目标消费者，进而推动销售增长。通过科学合理的选品，企业可以确保推出的商品不仅符合市场需求，还能带来独特的竞争优势。尽管新品市场定位为趣·味明确了新品选品方向，但这只是第一步，接下来还需要将抽象的新品市场定位转化为具体的商品。这意味着趣·味不仅要确定核心商品属性，如类目选择、口味开发等，还要确保每一款商品都能精准地迎合目标消费者的需求与期望。为此，老李带领小赵有序开展选品工作，筛选出符合趣·味品牌新品市场定位的商品。

任务一 选品准备

任务描述

为确保选品工作有序开展，老李带领小赵制定了一份明确的选品方案，详细规划选品的重点，为选品的具体开展做好准备（见表4-1）。

表4-1 任务单

任务名称	选品准备	
任务背景	新品市场定位是市场调研与分析的结果，符合市场需求，也反映了消费者的商品偏好，具有较强的指导意义。于是，老李便以新品市场定位为依据，结合品牌实际情况，制定选品方案	
任务阶段	□商品认知　□调研与分析　■选品　□采购　□管理和风险防范	
工作任务		
任务内容		**任务说明**
任务演练：制定新品选品方案		明确选品维度及其细节，明确选品策略，形成选品方案
任务总结：		

知识准备

一、选品原则和依据

选品就是选择出优质、适合在电子商务市场销售的商品，选品的结果直接影响商品的销售效果和企业的发展前景。对企业而言，把握好选品的原则和依据，有助于选择出合适的商品。

（一）选品原则

选品原则是选品时应当遵守的基本指导方针，也是评估商品是否值得选择的重要维度，有助于科学选品、合理决策，确保所选商品满足市场需求且具有一定的竞争力。

（1）市场需求原则。市场需求是选品的首要原则，市场的选择代表消费者的选择。企业需要综合考虑市场的整体需求程度，包括地域、季节、竞争情况等，确保所选商品能够满足消费者需求，同时还具有一定的市场竞争力。

（2）质量保障原则。商品质量是消费者在购买商品时较为关注的因素之一，企业在选品时也要关注商品质量，通过现场亲测效果、查看质量检测报告和消费者评价等方式评估商品质量，选择质量较好的商品。

（3）生命周期选品原则。任何商品都有一个生命周期，即导入期、成长期、成熟期、衰退期。从导入期到成熟期，商品处于上升阶段；从成熟期到衰退期，商品的吸引力和竞争力逐渐变弱。在选品时，企业应熟悉商品所处的生命周期，并确保所选商品处于上升阶段，对消费者具有较强的吸引力和竞争力。例如，选购某种半成品时发现该半成品的制作工艺已经过时，产出的半成品不再具备竞争力，则可更换为采用更先进制作工艺生产的同种半成品。

（4）优质供应链导向原则。优质的供应链把供应商、生产厂家、分销商、零售商等连接起来，形成完整、合理有序的生产供应流程，能够通过生产、经销等形式快速把生产资料变成可以增值的商品，然后送到消费者手中。商品具有优质的供应链说明该商品发展较成熟且具备较强的竞争力，企业可以以优质的供应链为导向，选择拥有优质供应链的商品，降低试错成本。

（5）成本效益原则。在选品过程中，企业要权衡商品的质量与价格，选择既具备良好品质，又价格合理的商品，同时还要考虑商品的开发成本、生产成本、运营成本、物流成本等，确保选品的成本投入与获利合理。

（二）选品依据

选品依据是评估商品的重要维度，企业通过综合使用各种选品依据，能够有效识别出具有潜力的商品，并确保商品能够精准对接目标消费群体的需求。

1．企业/品牌定位

商品要符合企业/品牌定位，一方面要凸显企业/品牌特色，巩固企业/品牌形象；另一方面要符合消费者对企业/品牌的期待，以增强消费者的购买意愿，提高商品的转化率。例如，企业定位是低端智能小家电市场，主打低价优质的智能小家电，在非品牌升级的情况下选择推出高价智能小家电就不符合企业定位，可能造成消费者的抵触。

2．市场趋势

根据市场的需求和某些商品的销售趋势选择商品，能够确保所选择的商品更符合当前消费者的需求，也更容易让商品销售出去。例如，根据季节变化，冬天选择厚实保暖的服装，夏天选择轻薄凉爽的服装；根据流行趋势，当蝴蝶元素流行时，可以选择搭配蝴蝶元素的各种服饰。以市场趋势为选品依据，企业要具有敏锐的市场洞察力，把握好市场风向，时刻关注新发展、新趋势。

3．商品热度

有热度的商品会给企业带来热度。从理论上讲，符合市场趋势的商品都具有一定的热度，企业可以选择一些当前比较热门的商品，以提高商品的销量。例如，某互联网企业推出的AIGC产品引起大量用户关注后，其他企业也陆续推出适用于各行各业的AIGC产品。

4．目标消费者属性

目标消费者属性包括性别、年龄等，不同性别的消费者喜好的商品不同，不同年龄段的消费者的消费习惯和消费能力也有差异。例如，女性消费者会注重商品的外观形象，而男性消费者则比较注重商品的品质和功能；14～20岁的消费者以学生为主，收入较低，可能喜爱新奇的商品，30～34岁的消费者已工作一定年限，收入较高，可能喜欢品质高的商品。将目标消费者属性作为选品依据，可以确保所选商品精准匹配消费者的身份特征，从而更好地满足消费者的需求与期望。

5．法律法规

随着国家对电子商务的管控逐渐加强，以及各大电子商务平台不断完善商品相关规则，商品合法合规性也变得愈加重要，包括质量标准、安全规范、环保要求等。企业在选品时应以此为准则，谨慎选品，坚决避免触碰侵犯他人知识产权的商品、仿冒商品、虚假宣传的商品、假冒伪劣商品等，以免对企业的信誉造成影响。

6.特定季节和节日

受消费需求、节日氛围、气候变化等的影响，一些商品具有强烈的季节和节日属性，在特定季节和节日的热度高、销售量高。例如，夏季酷热，消费者对防晒用品、清凉服装、凉鞋、消暑饮品等的需求旺盛；端午节有吃粽子、挂艾草的习俗。为"蹭"上季节和节日的热度，企业可以在原商品的基础上选择一些季节和节日属性强的商品。

7.产业带

产业带是相关或相同产业在某个区域的聚集，是一条带状的链条产业集中区域，如义乌小商品产业带、广东省家装灯饰产业带、温州鞋靴产业带、南通家纺产业带、广州女装精品产业带等。根据产业带选品，可以帮助企业在特定区域内找到具有竞争优势的商品。

> ⏰ **提示**
>
> 除此之外，企业还可根据自身情况确定合适的选品依据，如创新性、差异化程度等。

二、选品渠道

企业在选品时需要找到可靠的进货渠道（俗称"货源"），一个优质的进货渠道不仅能为企业提供符合市场需求的商品，还能在价格、供货稳定性及售后服务上给予企业强有力的支持。

（一）工厂

工厂是企业的主要选品渠道之一，具有出厂价低、利润空间大、货源充足且稳定等优点。企业从工厂进货的方式主要有两种：直接从工厂采购、定制化生产。

（1）直接从工厂采购。当工厂生产的成品或半成品符合企业的销售或进一步加工需求时，企业可以选择直接从工厂采购。这种方式可以节省企业的生产成本和时间。

（2）定制化生产。对于需要特定规格、设计或功能的商品，企业可以与工厂合作，通过定制化生产确保生产出来的商品符合企业需求。这种方式的优点是消费者提交订单后企业可以直接从工厂发货，缺点是企业无法实时监控生产。

（二）B2B电子商务平台

B2B（Business to Business，企业对企业）电子商务平台主要面向企业，是企业的重要选品渠道。我国常见的B2B电子商务平台有1688、中服网等。其中，1688是阿里巴巴集团旗下的B2B电子商务平台，是一个大型的"网上批发市场"，商品种类比较齐全且价格较低；中服网是一个专注于服装行业的B2B电子商务平台，提供女装、男装、童装等不同类目服装的供应信息和行业数据。

企业通过B2B电子商务平台，可以联系在该平台从事销售业务的批发商或分销商，以获得商品。这一渠道的优点是成本较低、可选择性强、在线操作方便快捷；缺点是运输费用较高，从原批发商或分销商处发货导致企业无法把控商品质量，易影响消费者的满意度。

（三）批发市场

批发市场是向销售者销售商品或服务的商业市场，汇集了各种各样的商品。常见的大型批发市场有北京城北回龙观商品交易市场、中国义乌国际商贸城、杭州四季青服装市场、广州十三行服装批发街、朝天门综合交易市场、成都荷花池批发市场、即墨服装批发市场、南塔鞋城等。批发市场选品的优点是企业可以现场考察商品的品质、供应商的供货能力和售后保障等，根据实际情况进行选择；缺点是进货成本由进货数量和进价决定，进货数量少则不容易获得优惠。

三、选品方法和技巧

选品越精准，越有利于在市场竞争中脱颖而出，这需要企业运用合适的选品方法和恰当的选品技巧。

（一）选品方法

常用的选品方法有差评数据分析法、选品组合分析法、关键词研究法、紧跟热销品选品法等。同一种方法不一定对所有企业都适用，企业可以积极实践，从中选择适合自己的选品方法。

1. 差评数据分析法

差评数据分析法是指以抓取电子商务平台上热卖商品的差评数据为主，找出消费者对商品不满意的地方，然后选择能够解决消费者痛点的商品的选品方法。这些商品的类型包括：差评数量少的商品、本企业针对痛点设计的新商品、本企业或供应商针对痛点改良后的商品等。

差评数据分析法侧重于抓取和分析商品的差评数据，但不会忽视商品的好评数据，以期找出消费者真正的需求点，提供契合消费者需求的商品。这种方法适用于已经有商品销售的企业，可用于发现和解决商品质量和服务方面存在的问题。在使用该方法时，企业可参考以下步骤。

（1）收集差评数据，包括差评内容、评分、对应商品、订单号等。

（2）将差评数据按照差评内容归类，如按照商品质量、物流服务、客户服务等进行归类。

（3）分析各类别下的差评数据，找出差评原因，确定问题所在。

（4）根据分析结果选择商品。

2. 选品组合分析法

选品组合分析法是指运用商品组合的方式进行选品，即在选品时，以建立产品线为导向，规划好产品线中的引流款商品（用以获取流量）、利润款商品（用以获取高利润）、主打常态商品（用以互相配合）和活动促销商品（用以促进购买）的选品方法，如图4-1所示，其规划比例通常为：10%的引流款商品+20%的利润款商品+60%的主打常态商品+10%的活动促销商品。

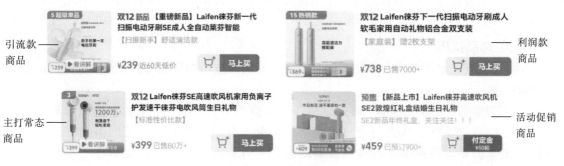

图4-1　商品组合

运用选品组合分析法时，企业需要针对不同的目标消费群体选择不同价格和品质的商品，并根据价格和品质做好阶梯划分，以获取更多的销售额。这种方法能够帮助企业找到适合自身的商品组合，并提前做好产品线规划。在使用该方法时，企业可参考以下步骤。

（1）确定选择指标，如销售量、竞争度、品牌知名度、流行度、利润率等。

（2）赋予每个指标不同的分值，通过排名的方式评估每个指标的大小。

（3）根据评估结果，组合和筛选各项指标，选出合适的商品。

（4）进一步比较和分析筛选出来的商品，确定最终商品。

3．关键词研究法

关键词研究法是指企业利用电子商务平台或选品工具（如京东商智、生意参谋、蝉妈妈等），分析市场上的商品搜索热度和关键词竞争度，从而发现潜在的热门商品和市场空缺的商品的选品方法。当企业需要根据市场需求和竞争情况选品时，可以使用该方法，这样选择出来的商品销售能力较强。在使用该方法时，可参考以下步骤。

（1）使用电子商务平台或选品工具分析市场上的商品搜索热度和关键词竞争度。

（2）筛选与本企业相关的高热度和低竞争的关键词，根据关键词筛选对应的商品。

（3）分析与比较筛选出来的商品的品类销售和分布、单品销售量和价格等，选择数据表现好的商品作为最终选品。

4．紧跟热销品选品法

紧跟热销品选品法是指企业基于市场上已经成功的商品进行选品的选品方法，其核心思想是识别那些已经在市场中获得高度关注和销售成绩的商品，并迅速跟进，通过提供相似或改进后的商品捕捉市场需求。该方法能够帮助企业快速抓住市场机会，但要求企业具备一定的创新能力，避免简单复制带来商品同质化或侵犯他人知识产权的问题。同时，企业也要注意商品的生命周期，避免选择的商品难以销售。该方法适用于企业希望快速响应市场变化、抓住短期商机或测试新市场的情况。在使用该方法时，可参考以下步骤。

（1）识别热销品。企业可以通过3个途径识别热销品。第一，订阅或浏览社交媒体平台上关于商品流行趋势的内容，如浏览小红书笔记、微博热搜、热播综艺等。第二，关注商品测评类内容，当大量测评短视频或文章在测评同一类商品时，该类商品就可能成为热销品。第三，利用电子商务平台或选品工具搜索商品的销售数据（如销量）。

（2）打造独特卖点。卖点可以简单理解为商品具有的、能打动消费者购买的特点。找到热销品后，企业需要发挥创新能力，发掘自己商品的独特卖点，如更高的性价比、更好的质量、更新颖的功能等，避免同质化。

（二）选品技巧

除了采用科学合理的选品方法，辅之以恰当的选品技巧同样能够助力企业提高选品的效率和精准度。

（1）利用商品排行榜选品。通过分析各电子商务平台、新媒体平台或选品工具的商品销量排行榜或热搜榜，找到目前热度较高的商品。这些商品具有一定的市场需求，可能会比较便于销售。在根据排行榜选择商品时，可先查看商品排名，然后进一步分析商品的价格、功能、设计等，了解商品是否符合企业定位、商品市场定位。例如，利用淘宝热搜的美食榜查看热度比较高的食品，再利用淘宝销量排行榜查看排名靠前的食品，如图4-2所示。

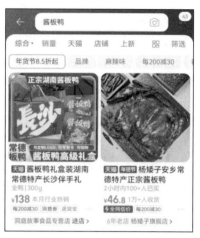

图 4-2 利用商品排行榜选品

（2）利用搜索关键词选品。在电子商务平台、企业官方网站等的搜索框中输入商品关键词（如"宠物"），查看平台或网站等推荐的商品相关关键词，以了解消费者对商品的需求，如图4-3所示。对于经营宠物用品的企业来说，宠物烘干箱、宠物尿垫、宠物沐浴露、宠物剃毛器、宠物湿巾等可作为选品参考。

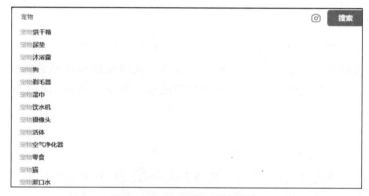

图 4-3 利用搜索关键词选品

（3）根据竞争对手选品。利用第三方软件或者电子商务平台的数据分析工具，监控竞争对手的商品销售情况，如日销售件数、预估销售额、日销售商品数等，通过数据分析了解竞争对手的商品特点、更新速度、在不同时间段的上新情况和销售情况等，避开数据表现好的商品，然后根据数据表现差的商品有针对性地推出具有差异化的商品，打造差异化竞争优势。

（4）跨平台选品。可以开展电子商务活动的平台众多，A平台热度高的商品可能在B平台热度欠缺，或者未在B平台出现，对B平台而言，这可能就是一个潜在的市场机会。此时，企业可以利用平台之间的热度差，将其他平台的热门商品作为本平台的选品对象。

（5）试销选品。试销即通过小批量销售样品，查看市场对样品的反应，再决定是否推出，或者选择试销数据良好的商品作为正式进入市场的商品。这种方式比较适合新推出的商品，但试销费用高，而且试销的商品可能面临下架的问题。

四、选品误区

选品是一项比较谨慎的工作，不能仅凭某个人的主观看法进行判断，而是要深入分析、综合考量，避开选品误区。

（1）避免盲目跟风。选品需要追寻热度，但是热度高的商品往往意味着市场竞争激烈。如果盲目跟风选择热门商品，而不考虑企业的资源和能力，可能会陷入价格竞争，导致利润下降，甚至可能因为出现质量问题或供应链问题而损害企业形象。此外，盲目跟风还可能让企业忽视商品市场的饱和度和竞争态势，进入饱和或者过度竞争的商品市场，不利于企业的长期稳定发展。

（2）避开未知商品。未知商品通常是一些新商品，这类商品由于尚未经过市场的充分检验，其长期需求存在不确定性。选择这类商品需要投入大量的资金，并且因商品还未建立起市场认知度和口碑，往往难以享受到流量红利（指因消费者快速增长给商品或企业带来的超过同类商品或企业经营利润的利润）。企业选择这类商品进行销售具有很大的风险，可能会因为市场不接受而导致失败，甚至可能中途夭折。

（3）慎选低门槛的商品。低门槛的商品往往意味着竞争激烈，利润空间有限。由于进入门槛低，大量企业涌入，导致价格战频发，这类商品的盈利空间被不断压缩。企业在选择商品时，应尽量避免那些低门槛、易复制的商品，以免陷入激烈的同质化竞争。

（4）警惕保质期短的商品。保质期短的商品需要更快的周转速度和更高的库存管理要求。一旦库存积压，可能导致商品过期，造成损失。此外，这类商品还容易受季节、天气等因素影响，需求波动较大，会增加企业运营风险。企业在选择商品时，应充分考虑商品的保质期和库存管理难度。

（5）警惕需要太多售后服务的商品。这类商品往往意味着更高的运营成本和更多的潜在风险。过多的售后服务不仅会增加人力和物力成本，还可能影响消费者体验和企业信誉。企业在选择商品时，应评估其售后服务的复杂性和成本，确保能够在可控范围内提供优质的售后服务。

🕐 **提示**

在选品时，推荐选择这5类商品：蓝海商品（需求大于供给的商品，市场竞争小）、利润率高的商品（具有质量好、价值高、复购率高、差异化等特点）、可重复消费的快速消费品商品（如纸巾）、已经证明卖得不错的商品、非季节性商品。

💬 **任务实施**

任务演练：制定新品选品方案

【任务目标】

根据新品市场定位确定选品维度，并根据品牌具体情况确定选品策略，完成新品选品方案设计，辅助选品。

【任务要求】

本次任务的具体要求如表4-2所示。

表4-2 任务要求

任务编号	任务名称	任务指导
（1）	明确选品维度	根据品牌的新品市场定位确定选品维度
（2）	明确选品策略	确定选品方法和技巧，制定选品方案

【操作过程】

（1）搭建选品方案内容框架。选品方案是根据品牌自身资源条件和市场调研结果编制的选品计划，用以指导品牌挑选适合自己销售的商品。选品方案通常包含两大重要部分：选品维度和选品策略。其中，选品维度用以评估商品是否值得选择，选品策略提供明确的行动方针，这里将这两个部分作为主要内容框架。

（2）明确选品维度。新品市场定位为"新口味、口感独特、价格在20~80元、小包装、高品质、健康的调味坚果"，从该定位中可提取出相关关键词"创新性、价格、包装、质量"。其中，包装可在生产加工时注意，不用在选品时挑选，这里选择创新性、价格、质量作为本次选品维度。

（3）明确选品维度细节。结合新品市场定位将创新性、价格、质量3个选品维度细化。

①创新性维度。由市场调研与分析结果可知，可结合消费者的口味偏好创新坚果口味，如创新奶油/焦糖味、蜂蜜味和蟹黄味等传统坚果口味，或者将这些口味与地方特色味道、特定人群等相结合。

②价格维度。20~80元。

③质量维度。高品质商品。

（4）明确选品策略。选品策略侧重于如何选品，因此可从选品方法、选品技巧等方面进行明确。

①明确选品方法。选品方法有差评数据分析法、选品组合分析法、关键词研究法、紧跟热销品选品法等。不同的选品方法适用于不同的情况，企业需要比较并分析这些选品方法的适用性，分析结果如表4-3所示。

表4-3 选品方法分析结果

选品方法	适用情况	适应性分析	选择结果
差评数据分析法	已经有商品销售的企业	新品处于策划阶段，未上市，不适合使用差评数据分析法	紧跟热销品选品法
选品组合分析法	用于帮助企业找到适合自身的商品组合，提前搭建商品线	品牌已经有商品线，不适合使用选品组合分析法	
关键词研究法	适用于企业需要根据市场需求和竞争情况选品时	新品已经根据竞争对手进行市场定位，此处不需要根据竞争情况选品，不适合使用关键词研究法	
紧跟热销品选品法	适用于企业希望快速响应市场变化、抓住短期商机或测试新市场的情况	调味坚果对品牌而言是一个新的市场，适合使用紧跟热销品选品法	

②明确选品技巧。使用紧跟热销品选品法需要使用电子商务平台、社交媒体平台或选品工具识别热销品，为了提高发现热销品的概率，让选品结果更加科学合理，可以将这些方式结合起来使用，多渠道选品。鉴于社交媒体平台选品可能需要花费较多的时间来分析消费者评论，操作不便，这里主要选择电子商务平台和选品工具。例如，在电子商务平台上利用搜

索关键词和商品排行榜选品，使用专业选品工具查看商品的分析数据（如销量）。

（5）制定选品方案。汇总所有信息，制定选品方案，参考示例如下。

新品选品方案

一、选品维度

（1）创新性维度：结合消费者的口味偏好创新坚果口味，如创新奶油/焦糖味、蜂蜜味和蟹黄味等传统坚果口味，或者将这些口味与地方特色味道、特定人群等结合。

（2）价格维度：20～80元。

（3）质量维度：高品质商品。

二、选品策略

（1）选品方法：紧跟热销品选品法。

（2）方法使用：

①识别热销品：在电子商务平台利用搜索关键词和商品排行榜选品，使用专业选品工具查看商品的分析数据（如销量）。

②打造独特卖点：根据口味创新打造独特卖点。

任务二 选品实施

任务描述

老李让小赵先在电子商务平台上搜索调味坚果相关的信息，然后自己利用选品工具进行选品，综合两方结果确定选择的商品（见表4-4）。

表4-4　任务单

任务名称	选品实施	
任务背景	趣·味在淘宝、京东、抖音均开设了网店，小赵负责在淘宝和京东利用搜索关键词"坚果"和商品排行榜搜索热销商品，老李负责使用抖音自带的专业选品工具——抖音精选联盟搜索符合选品维度的商品，精准选品	
任务阶段	□商品认知　□调研与分析　■选品　□采购　□管理和风险防范	
工作任务		
任务内容		**任务说明**
任务演练：利用抖音精选联盟选品		利用抖音精选联盟的选品广场选择符合选品标准的商品，确定具体的新品
任务总结：		

知识准备

一、京东商智选品

为提高选品效率，企业在选品时可以借助一些选品工具，这些选品工具自带的选品库可帮助企业快速选品，如京东商智便是一个比较实用的选品工具。京东商智是京东集团研发的数据分析与采集工具，可以帮助京东平台上的企业更好地开展电子商务活动。登录京东网站后，将鼠标指针移至网页上方的"商家服务"选项上，在自动弹出的下拉列表中选择"商家后台"选项，即可进入商家后台页面，选择"运营工具"栏中的"京东·商智"选项，如图4-4所示，便可进入京东商智页面。

图 4-4　京东的商家后台页面

京东商智可以全方位分析销量、流量、商品、交易、服务、供应链、客户、行业、竞争等。其中，行业分析功能是选品中运用较多的功能。行业分析功能可以系统地展示与分析企业所经营行业的市场大盘、关键词、品牌、商品、客户等数据，帮助企业挖掘市场机会。进入京东商智页面后，单击页面顶部的"行业"选项卡即可进入该页面。运用该功能时还可使用以下细分功能。

（一）品牌分析

在"行业"选项卡中选择"品牌分析"选项，进入该板块，在其中可以查看自身类目行业下各品牌的数据，包括排名、品牌信息、成交金额指数等。品牌分析板块由品牌榜单和品牌详情两部分组成，企业可先在品牌榜单中查看行业中品牌的交易情况和人气情况，然后选择行业中知名品牌、竞争对手或热度提升快的品牌等，在品牌详情中查看该品牌的概况、商品类目分布、商品交易榜单等，了解该品牌的热销商品类目、热销商品等。品牌分析可以帮助企业形成对行业、竞争对手和自身的认知，明确自身在行业中的地位，了解竞争对手富有竞争力的商品类目、具体商品等，为选品做准备。

（二）属性分析

属性分析板块由属性概况和属性详情两部分组成。属性概况中提供了某个类目商品的某个属性的相关数据（如不同规格、价格、颜色的浏览量排名），以及所选商品属性的属性分析表，该表中详细展示了商品属性的相关数据指标（如属性名称、浏览量、交易指数、人气指数、店铺数量、商品数量等），方便企业对比各项指标，进而选择数据表现好、符合企业和商品市场定位的商品。

属性详情则展示了所选属性商品的整体数据，以及属性商品的商家榜单和商品榜单，有助于企业了解热门属性对应的商品及商家。

（三）行业客户分析

行业客户分析板块由搜索人群、客户分析等部分组成。在搜索人群中，企业通过分析指定商品对应人群的属性（如性别、年龄等），可以快速锁定商品的目标消费群体；在客户分析中，企业通过分析目标消费群体的消费能力、购买偏好等，可以选择出贴合消费者消费能力和需求的商品。

知识拓展

除此以外，企业还可以利用京东的商机推荐功能辅助选品。该功能由四大细分功能组成，分别是消费者正在搜、市场热卖趋势、京东采销推荐、商品经营分析。

（1）消费者正在搜。在"商机推荐"功能下的"消费者正在搜"页面显示了消费者搜索商品的热度、需求供给比等数据。如果商品热度高，则说明该商品的需求量大；如果商品热度高且需求供给比大，则说明京东中该商品供应不足，可能是蓝海商品。

（2）市场热卖趋势。在"商机推荐"功能下的"市场热卖趋势"页面显示了商品市场热度、潜力系数和建议价等数据。如果商品市场热度数值大，则表示市场上消费者对该商品的需求大；如果潜力系数大，则表示该商品成为平台热门商品的机会大。

（3）京东采销推荐。在"商机推荐"功能下的"京东采销推荐"页面显示了京东采销根据京东平台销售数据、当下行业现状、消费者购物喜好等推荐的具有热卖趋势的商品。

（4）商品经营分析。在"商机推荐"功能下的"商品经营分析"页面提供了相关商品的销售数据趋势、商品价格带分布、商品属性分析、消费者核心需求等。结合数据趋势，热度越高、曝光商品量和曝光商家量越低的商品，越有可能成为热销商品；结合商品价格带分布，商品销量占比越高，说明对应价位的商品越容易被消费者接受，并且商品数量占比越低，说明对应价位的商品供应不足。结合商品属性分析，商品曝光量越高，商品数量越少，说明该属性的商品可能更适合售卖，更有机会成为热销商品。

商机推荐功能页面的进入途径有以下几种。

（1）京麦。登录PC（Personal Computer，个人计算机）端京麦，在京麦首页选择"商品"选项，进入"商机货源"页面，选择"商机推荐"选项；或者登录京麦App，进入京麦App首页，选择"上新机会"选项。

（2）商家成长中心。进入京东的商家成长中心，选择"商机中心"选项。

（3）京东商智。进入京东商智，单击"行业"选项卡，选择"商机推荐"选项。

二、生意参谋选品

生意参谋是阿里巴巴集团官方推出的数据分析工具，致力于为淘宝、天猫等商家提供精准实时的数据统计、多维数据分析和数据解决方案，既能用于分析整个网店的经营情况，也能用来分析市场行情和竞争对手等数据，并辅助选品。

（一）自主选品

利用生意参谋进行自主选品时，可先利用生意参谋"市场"选项卡中的"搜索排行"功能，在搜索框中输入商品相关关键词，在显示的排行表中比较商品的搜索人气或搜索增速（见图4-5），一般来说，搜索人气高、搜索增速较快的商品市场需求更旺盛。然后结合相关分析、类目分析、蓝海词挖掘等细分功能挖掘商品的热门属性，寻找差异化商品。同时，还可以利用"类目挖掘"功能（见图4-6）查找机会类目，找到有增长潜力的商品类目，从而拓展商品范围。

搜索词类型	◉ 搜索词	趋势词	核心词	修饰词				

榜单类型	◉ 搜索人气	搜索增速						

排行	搜索词	搜索人气	点击率	支付转化率	操作
👑	全棉	400-500	15%	15%	搜索分析 商机发现
👑	保暖冬季	400-500	15%	15%	搜索分析 商机发现
👑	暖和	400-500	10%	15%	搜索分析 商机发现
4	性价比	400-500	15%	15%	搜索分析 商机发现
5	百搭好看年轻设计师同款	300-400	10%	10%	搜索分析 商机发现
6	保暖	300-400	10%	10%	搜索分析 商机发现
7	好看	300-400	10%	10%	搜索分析 商机发现
8	纯棉	200-300	5%	10%	搜索分析 商机发现

图 4-5　搜索排行

图 4-6　类目挖掘

（二）AI 趋势挖掘

生意参谋提供了"AI趋势挖掘"功能（见图4-7），能够借助AI分析和挖掘大量的数据，帮助企业了解当下和未来一段时间的市场热销款、热门风格和热门元素，以及深入洞察风格、元素的市场热度、供需变化趋势、消费者搜索情况、商品属性分布等，助力企业选品。目前，该功能仅针对服饰类目部分开放，后续将逐步开放。

图 4-7　AI 趋势挖掘

三、抖音精选联盟选品

抖音精选联盟是抖音为企业和达人（指内容创作者）搭建的一个合作平台。在这个平台上，企业可以上传商品并设置佣金，寻找合适的达人带货。达人则可以从众多商品中挑选出适合自己的商品，通过视频、直播等形式推广商品。带货商品的订单产生后，达人赚取佣金，企业赚取差价。

抖音精选联盟选品广场提供了官方优选的品质好货，在其中可找到价格、品质较好的商品。通过巨量百应或抖音App进入抖音精选联盟选品广场，在其中，可在"同行跟选"板块参考同类达人的选品思路、在"低价好卖"板块查看热卖商品、在"热点话题"板块查看抖音热点话题中需求量较大的商品、在"个性化筛选"板块利用筛选标签和按钮筛选出符合自身需求及目标消费者定位的商品。

四、全球速卖通选品

全球速卖通（AliExpress）是阿里巴巴集团旗下的跨境电子商务平台，被称为"国际版淘宝"。全球速卖通面向境外消费者，通过支付宝国际账户进行担保交易，并使用国际物流渠道运输发货。全球速卖通对企业不设置企业组织形式与资金的限制，入驻门槛低，能满足众多小企业开展出口业务的需求。全球速卖通为企业提供选品助手——数据纵横，该工具功能强大，能通过数据分析的方式帮助企业选品。

（一）使用选品专家选品

通过全球速卖通后台进入数据纵横页面，在该页面选择"选品专家"选项进入对应页面。选品专家提供了热销品和热搜品，选择"热销品"选项后，选择主营行业、国家（地区）和时间，选品专家将提供当前行业中不同品类商品的销量和竞争度数据，帮助企业分析当前行业中更具市场优势的商品品类。

选择"热搜品"选项后，选择主营行业、国家（地区）、时间，选品专家将抓取行业相关的品类热搜词，根据热搜词同样可以分析当前行业中更具市场优势的商品品类。

> 🕐 提示
>
> 在热销品数据中，圈的大小表示该品类商品的销量，颜色表示该品类商品的竞争度。圈越大，表示该品类商品的销量越大。红色越深，表示该品类商品市场竞争度越大；灰色表示该品类商品竞争度居中。蓝色越深，表示该品类商品市场竞争度越小。

（二）使用搜索词分析选品

进入数据纵横页面后，选择"搜索词分析"选项可进入对应页面。搜索词有3类，分别是热搜词、飙升词、零少词。选择主营行业后，可根据提供的这3类搜索词分析消费者大量搜索且竞争度小的商品品类。

企业在分析时，可将数据下载下来，删除数值为"0"的数据，然后计算每个搜索词的综合指数，并进行降序排列，找到排名靠前、搜索指数高、竞争指数低的商品品类。综合指数的计算公式如下。

$$综合指数=搜索指数 \times 点击率 \times 支付转化率 \div 竞争指数$$

五、蝉妈妈选品

蝉妈妈是一个短视频内容营销与直播电子商务洞察平台,提供了抖音分析平台、蝉魔方、蝉管家等数据分析工具,还提供了选品工具蝉选,可以让人快速查找商品,提高选品效率。

(1)抖音分析平台。抖音分析平台提供了找达人、找商品、找直播间、找素材、找品牌/小店等功能,可以供企业查找与分析抖音平台的数据,助力精准选品、高效运营。该工具适用于所有抖音商家,商家在使用该工具选品时,可先在"商品"页面的搜索框中输入商品关键词,然后设置商品分类、商品信息、带货信息等,精确查找范围,然后观察搜索结果中的商品销量、销量趋势等,了解商品热度。图4-8所示为抖音分析平台的"商品"页面。

图4-8　抖音分析平台的"商品"页面

(2)蝉魔方。蝉魔方具有5个核心功能:深度市场洞察,发现市场新机会;多维度竞争分析,分析竞品增长驱动力;渠道管理,实现品牌生意增长;营销效果跟踪,优化传播策略;分析消费者评论,深度挖掘消费者痛点。

(3)蝉管家。蝉管家是一款直播间运营管理工具,提供了实时追踪流量投放、商品分析、互动成交等关键指标分析功能,能帮助企业复盘和诊断直播的全过程,优化直播选品。

(4)蝉选。蝉选是一款适用于达人带货的选品工具,提供了选品库。在利用该工具选品时,可依次设置商品类目、商品信息、带货信息、带货方式、热门专题等,然后在搜索结果中查看商品的销量排行等。

> 🕐 **提示**
>
> 　与蝉妈妈功能相似的选品工具还有飞瓜数据、有米有数、灰豚数据等,它们的使用方法也与蝉妈妈类似。

💬 任务实施

任务演练:利用抖音精选联盟选品

【任务目标】

在抖音精选联盟的选品广场选择符合选品标准的商品,确定具体的新品。

【任务要求】

本次任务的具体要求如表4-5所示。

表4-5　任务要求

任务编号	任务名称	任务指导
（1）	识别热销品	借助筛选指标在抖音精选联盟中选品
（2）	打造独特卖点	结合筛选结果确定最终新品，并为新品打造独特卖点

【操作过程】

1. 识别热销品

抖音精选联盟中的筛选指标与选品标准对应的关键词不完全匹配，需先结合选品方案确定可用于抖音精选联盟筛选的指标，然后在抖音精选联盟的选品广场中筛选商品。

（1）确定筛选指标。抖音精选联盟中的显性筛选指标有服务与权益、价格、口碑、销量等，与坚果相关的隐性筛选指标有口味、评价等。选品维度为质量、价格、创新性，对应的筛选指标为口碑、价格、口味。此外，选品方案中还提到了商品销量，因此也可将销量作为一个筛选指标。

（2）进入选品广场。登录抖音，进入账号信息界面，点击"电商带货"按钮，进入店铺后台，点击"选品广场"按钮，如图4-9所示，进入选品广场界面。

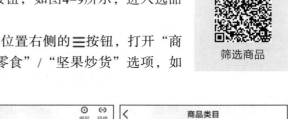

微课视频

筛选商品

（3）筛选商品类目。点击"橱窗"所在位置右侧的 ≡ 按钮，打开"商品类目"界面，点击"食品饮料"/"休闲零食"/"坚果炒货"选项，如图4-10所示。

图4-9　点击"选品广场"按钮　　　　　　图4-10　筛选商品类目

（4）筛选商品。打开"坚果炒货"界面，点击"筛选"按钮，打开"筛选"面板，设置"服务与权益""价格"选项，点击"确定"按钮，如图4-11所示。

（5）按销量排名。打开"坚果炒货"筛选结果界面，点击"销量"选项，将搜索结果按照销量从高到低降序排列，如图4-12所示。

图 4-11　筛选商品　　　　　　图 4-12　按销量从高到低排列

（6）查看商品口味。选择排行靠前的商品，点击商品标题链接或缩略图进入商品详情页，查看商品口味。

2. 打造独特卖点

汇总小赵在淘宝、京东的搜索结果和老李在抖音精选联盟的筛选结果，发挥创新能力，确定选品结果。

（1）汇总所有搜索结果。整理抖音精选联盟的筛选结果，并汇总淘宝和京东的热卖商品，结果如表4-6所示。

表 4-6　汇总所有搜索结果

选品平台/工具	搜索结果
淘宝	淘宝排在榜单前几位的热卖商品有盐焗开心果、原味松子、核桃味/焦糖味/五香味瓜子
京东	京东排在榜单前几位的热卖商品有奶油味夏威夷果、淡盐味开心果、原味腰果
抖音精选联盟	口碑好、销量高、在价格设置区间的商品有开心果、夏威夷果、花生，基本呈带壳或剥壳状态，口味以原味为主

（2）分析搜索结果。结合淘宝、京东、抖音精选联盟的搜索结果可知，在商品类目上，开心果、松子、夏威夷果、腰果、花生、瓜子比较受欢迎；在口味上，盐味、原味、奶油味偏多。

（3）确定选品结果。结合搜索结果将商品类目确定为开心果、松子、夏威夷果、腰果、花生、瓜子。为凸显创新性，可在口味上创新，与盐味、原味、奶油味等区别开来。例如，设计一个酸、甜、苦、辣、咸口味系列，在传统蜂蜜口味上创新出酸甜口味坚果——蜂蜜柚子味坚果、结合咖啡和巧克力爱好者的需求创新出苦味坚果——黑巧咖啡味坚果、结合四川传统麻辣口味创新出辣味坚果——川式麻辣味坚果、结合江浙地域特色创新出咸味坚果——蟹粉香酥味坚果。

综合实训：筛选厨具电子商务品牌商品

实训目的：熟悉选品的相关知识，提升选品能力。

实训要求：某厨具电子商务品牌在调研后，发现消费者对智能化程度高的智能厨具需求较大，于是开发了5款高智能化程度的洗菜炒菜一体机，并小批量投入市场进行测试，相关数据如表4-7所示。现在，该品牌计划评估和筛选出3款智能厨具作为推出的正式商品。请根据品牌需求筛选智能厨具。

表4-7　智能厨具详情

智能厨具	设计理念	功能	月销量	差评平均分	消费者评价
独行侠	专为单身人士设计，集洗菜、切菜、炒菜、保温、清洗于一体	智能识别食材、一键式操作、快速加热、自动清洁、自动保温	5000件	1分	使用方便，价格略高，但仍具有性价比，智能化程度较高
小灯泡	为追求生活品质、注重健康饮食的夫妻设计，强调智能化、高效能与个性化定制	双区独立操作、智能菜谱推荐、远程控制、食材营养成分监测、静音设计	500件	3分	操作简单、出菜速度快，但智能化程度有限，需要人工切菜，运行时仍有一定噪声
小助理	满足家庭日常饮食需求，注重儿童营养与健康，强调易用性和安全性	儿童专属菜谱、安全防护、大容量设计、支持语音指令操作、教育互动	3000件	1分	适合有孩子的家庭，但部分消费者认为操作界面稍显复杂，需要一定的时间适应
小无忧	考虑到老年人操作便利性和健康需求，设计简单易用、安全可靠的智能厨具	大字幕触控屏、智能健康烹饪、自动记忆功能、远程监控、紧急呼叫功能、智能陪聊	2000件	2分	功能实用，但价格偏高，对老年人来说操作较为复杂
厨艺大师	为专业厨师设计，旨在通过智能化、自动化技术，提高烹饪效率，保障菜品的质量，同时减轻厨师的工作负担	智能清洗、智能识别与分类、精细切割、菜谱数据库、智能温控与火候管理、自动翻炒与调味、能源管理系统、远程监控、烹饪数据分析、自动清洁与维护、支持与其他厨房设备和智能系统进行连接	500件	3分	智能化程度高、清洗功能强大、烹饪效率高，但专业化程度较低、价格高、维护成本较高、性价比低

实训思路：月销量在一定程度上反映出商品热度，因此品牌可将月销量作为选品依据，并结合消费者评价，采用差评数据分析法选品。

实训结果：本次实训完成后的参考效果如表4-8所示。

表4-8　参考效果

选择结果	理由
独行侠	月销量高、差评平均分低，在智能化程度上能够满足消费者对高智能化厨具的需求
小助理	月销量较高、差评平均分低，虽操作界面稍显复杂，但智能化程度能够满足消费者需求
小无忧	月销量较高、差评平均分较低，智能化功能实用性较强

巩固提高

一、选择题

1.【单选】某品牌在待选商品中选择了处于成长期的商品，该品牌遵循的选品原则是（　　）。

    A. 市场需求原则   B. 质量保障原则

    C. 生命周期选品原则   D. 成本效益原则

2.【单选】某服装品牌发现巴恩风穿搭比较流行，于是快速选取了契合巴恩风的服装进行销售，取得了不错的销售成绩。该服装品牌的选品依据是（　　）。

    A. 市场趋势   B. 目标消费者属性

    C. 产业带   D. 商品热度

3.【单选】在淘宝开设网店，可以借助的选品工具是（　　）。

    A. 京东商智   B. 生意参谋   C. 全球速卖通   D. 蝉妈妈

4.【多选】某企业准备为即将开展的电子商务运营选品，该企业可以选择的选品渠道有（　　）。

    A. 工厂   B. B2B电子商务平台

    C. 批发市场   D. C2C电子商务平台

5.【多选】对电子商务企业来说，选择（　　）更好。

    A. 蓝海商品   B. 利润率高的商品

    C. 可重复消费的快速消费品商品   D. 已经证明卖得不错的商品

二、填空题

1. _____是指企业通过分析市场上的商品搜索热度和关键词竞争度，从而发现潜在的热门商品和市场空缺的商品的选品方法。

2. 选品的首要原则是_____。

3. 产业带是_____在某个区域的聚集，是一条带状的链条产业集中区域。

三、判断题

1. 在选品时，只需要关注商品的利润率，而无须考虑市场需求和竞争状况。

                                                                  （　　）

2. 即便是在同一个国家内，不同地区的消费者偏好也可能存在显著差异，因此需采取定制化的选品策略。   （　　）

3. 在京东开设网店的品牌只能使用京东商智选品。   （　　）

4. 选品需要追寻热度，因此选品时应当跟风选择热门商品，不需要考虑企业资源和能力、商品质量等。   （　　）

5. 低门槛的商品往往意味着竞争激烈，利润空间有限，选品时不用考虑此类商品。

                                                                     （　　）

四、简答题

1. 选品的原则有哪些？

2. 选品的依据有哪些？

3. 选品的方法和技巧有哪些？

4. 如何使用关键词研究法选品？

5. 常见的选品工具有哪些？

6. 如何使用京东商智选品？

7. 如何使用生意参谋选品？

项目
五

商品采购

🛒 | 学习目标

➢ **知识目标**

1. 掌握商品采购的基础知识，做好采购前的准备。
2. 认识商品采购过程，能够进行规范化采购。
3. 掌握采购绩效评估的方法，能够准确评估采购人员的绩效。

➢ **技能目标**

1. 具备基本的商品采购知识，能够选择合理的商品采购方式。
2. 具备较强的行业敏感度，能够开发出适应行业发展趋势的新商品。

➢ **素养目标**

1. 提升采购素质和能力，提高采购的科学性和准确性。
2. 树立敬业精神、诚信意识和契约精神。

🛒 | 项目导读

　　商品采购是连接企业和供应商的桥梁，一方面，企业需要通过商品采购明确地向供应商传达自身需求，并与供应商建立商业合作，以降低成本、提高效率；另一方面，供应商需要通过商品采购向企业反馈自身的生产能力、交货时间、价格等信息，并通过满足企业的需求获得订单和利润的增长。因此，做好商品采购管理非常重要。在完成选品后，零食品牌趣·味迅速推进新品相关原材料的采购工作，旨在加速新品的开发、生产进程，以便尽早将新品推向市场。考虑到趣·味正处于转型时期，原有的采购模式和采购方式已经无法满足品牌当前的需求，而且采购流程也存在不规范的问题，老李将带领小赵共同为趣·味优化采购体系，确保采购流程规范高效；同时，他们还将全力协助趣·味的采购人员完成此次采购任务，助推新品顺利上市。

任务一 商品采购基础

任务描述

老李将工作任务划分为两部分，第一部分是优化调整采购体系，第二部分是新品原材料采购。为确保工作有条不紊地推进，老李带领小赵先完成商品采购模式和方式的调整工作，然后优化采购流程（见表5-1）。

表5-1　任务单

任务名称	商品采购基础	
任务背景	趣·味的采购目标由降低采购成本向降本增效转变，以往使用的集中采购模式和询价采购方式不再适用。同时，趣·味的采购效率变低、灵活性差、过于聚焦低价而忽视商品质量和售后服务等问题日益显现，亟需调整	
任务阶段	□商品认知　□调研与分析　□选品　■采购　□管理和风险防范	
工作任务		
任务内容	任务说明	
任务演练1：调整采购模式和方式	根据存在的问题选择合适的采购模式和方式	
任务演练2：优化采购流程	分析原采购流程存在的问题，重新划分采购流程	
任务总结：		

知识准备

一、商品采购模式

采购并非一个陌生的概念，它在日常生活中都有体现，如购买日常生活用品、订购礼品等。在电子商务活动中，采购有狭义和广义之分，狭义的采购聚焦于购买这一单一行为，是指在一定条件下，个人或企业基于消费、生产、销售等目的，购买商品或服务的交易行为；广义的采购包括多种商品获取途径，是指个人或企业为达到特定目的，以购买、租赁、借贷、交换等途径，取得商品或服务的所有权或使用权的活动过程。

在现代商业活动中，采购的重要性日益凸显。采购成本影响企业的利润水平，采购的商品质量和策略也直接影响企业的市场竞争力。根据采购集中化程度的不同，商品采购模式可分为集中采购、分散采购和混合采购3类。

（一）集中采购

集中采购是指由企业的采购部门全权负责所有采购工作，企业的其他部门、经营单位无权采购的采购模式。就适用对象而言，集中采购适用于采购需求规模较大、内部集中管控力度大、管理能力强的企业或组织，如政府部门、大型企业集团等适合采用集中采购。就适用商品而言，集中采购适用于采购大宗商品、价值高或总价高的商品、关键零部件、定期采购的物资等。

集中采购因采购的数量多，容易获得稳定的供应源和价格折扣，而且规模化的采购有利于实现采购作业及采购流程的规范化和标准化，从而有效管理采购工作，统一组织供应，合理配置资源，最大限度地降低库存成本。但集中采购使得采购权力集中于单一部门，导致采购审批手续烦琐，增加了采购流程，降低了采购的时效性，难以应对紧急采购需求。同时，采购与使用环节分离，难以确保采购的物资符合实际使用需要。

（二）分散采购

分散采购是指企业内部各经营单位按照需要自行设立采购部门负责采购工作，各经营单位享有充分的自主采购权的采购模式。就适用对象而言，分散采购适合采用分公司制的大型企业或企业各部门经营品种差异大的情况。就适用商品而言，分散采购适合小批量、价值低、分散采购优于集中采购的商品。

分散采购避免了集中采购的烦琐流程，提高了采购效率，而且各部门可按需采购，这种模式不仅有助于充分发挥采购人员的积极性，也使得采购的物资更加贴合各部门的实际需求。不足的是，分散采购使得采购权力分散，不利于统一管理，也不利于采购作业和流程的标准化，还可能因单一部门采购数量少而无法享受折扣，导致企业的总采购成本增加。

（三）混合采购

混合采购是集中采购和分散采购的结合。在该模式下，企业依据采购物资的数量、品质要求、供货时间、价值大小等因素，对需求量大且价值高的重要物资实行集中采购，由企业总部采购部门负责采购；对需求量小、价值低、临时性的普通物资实行分散采购，由各经营部门负责，但在采购中需向总部反馈采购信息。一般情况下，大型企业的实体商品倾向于集中采购，如食品生产商采购原材料、汽车制造商采购零部件等。

混合采购具有集中采购和分散采购的优点，既能发挥企业的规模优势，规范采购流程，又能根据部门需求和业务活动的变化进行灵活调整。不足的是，使用两种采购模式容易造成管理上的混乱，并且部门之间的差异不利于协调与合作。

二、商品采购方式

商品采购方式是商品采购的具体章程，企业在制订生产经营计划或相关采购政策时，通常会明确商品采购方式，以指导采购人员开展工作。商品采购方式选择得是否恰当，直接关系到企业能否高效地调配与控制物资、顺利推进生产经营工作。商品采购方式的选择标准主要有两个：便捷性和对企业的有利程度。一般来说，开展越方便、对企业越有利的商品采购方式越值得选择。

（一）招标采购

招标采购是由招标人（采购方）发布采购招标公告或通知，邀请投标人（潜在供应商）前来投标，待招标人比较、分析各投标人提出的价格、质量、交期、技术、生产能力和财务状况等各种因素后，从中选出合适的投标人作为中标人，并与其签订采购合同。招标采购是企业采购活动中常用的一种采购方式，适用于大型基础设施、公共事业等关系到社会公共利益、公众安全的项目，或者企业寻找长期物资供应商、政府采购等情况。

1. 招标方式

为了规范招标投标活动，保护国家利益、社会公共利益和招标投标活动当事人的合法权益，提高经济效益，保证项目质量，我国制定了《中华人民共和国招标投标法》。该法明确规定，招标投标活动应当遵循公开、公平、公正和诚实信用的原则。招标分为公开招标和邀请招标两种。

（1）公开招标。这是指招标人以招标公告的方式邀请不特定的法人或者组织投标。公开招标面向所有潜在投标人，不限定投标人数量，各投标人之间竞争较大。

（2）邀请招标。这是指招标人以投标邀请书的方式邀请特定的法人或者组织投标。邀请招标不公开发布招标公告或通知，受邀请的投标人数量有限，各投标人之间竞争较小，有利于提高各投标人的中标概率。一般来说，受邀请的投标人应当是具备承担招标项目的能力、资信良好的特定法人或者组织。

2. 招标采购流程

招标采购的程序比较复杂，涉及多个环节，包括招标、投标、开标、评标、定标等，其流程如图5-1所示。

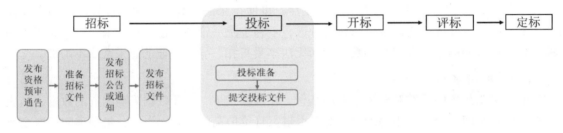

图 5-1　招标采购流程

素养小课堂

招标采购的开展要遵循相关法律法规和行业标准，按要求编制招标文件、合规开标和评标等。例如，《中华人民共和国招标投标法》规定，招标文件应当包括招标项目的技术要求、对投标人资格审查的标准、投标报价要求和评标标准等所有实质性要求和条件，以及拟签订合同的主要条款。此外，《中华人民共和国招标投标法实施条例》第46条规定，评标委员会成员与投标人有利害关系的，应当主动回避。

（二）询价采购

询价采购是指采购方向选定的若干个供应商发送询价函，让供应商报价，然后根据各个供应商的报价选定最终供应商的采购方式。该方式适用于采购现货或价值较小的商品。

1. 特点

询价采购仅针对供应商的报价择优选择，具有以下特点。

（1）待询价的供应商一般不少于3家，以便比价。

（2）询价采购因提前对供应商进行了预筛选，所以供应商在商品质量、服务质量、信用度等方面可以得到保证。

（3）供应商只能提供一个报价，不允许更改报价。

（4）询价采购是采购方分别向各供应商发送询价函，各供应商之间不存在面对面的竞争，提供的商品采购价格更为客观。

2. 询价采购流程

询价采购是一种简单快速的采购方式。为确保采购的公正性和效率，采购人员应严格遵循相关法律法规的规定和询价采购的流程，如图5-2所示。

图 5-2　询价采购的流程

（三）议价采购

议价采购是指采购方通过与特定的、有限的供应商谈判或协商，以达成双方一致同意的交易条件，进而实施采购的采购方式。议价采购并不限制供应商数量，这里的特定的、有限的供应商是指已确定参与议价的供应商。如果市场上可供议价的供应商数量较多，企业可采用公开议价采购的方式，邀请众多供应商参与。

议价采购适用于技术复杂或性质特殊、不能确定详细规格或具体要求的非标物资（即没有可依据的国家标准或行业标准的物资，如艺术品、服务等），以及供应商较为单一的采购项目等。议价采购可根据采购的紧急程度安排谈判时间和程序，效率较高。同时，议价过程是开放的、双向的沟通，议价双方可以充分交换信息，促进采购的公开、透明。但面对面的沟通谈判对采购人员的知识和能力要求较高，可能导致人为干扰带来的不公正。

根据供应商的数量和采购的复杂程度，议价采购可分为竞争性谈判采购和单一来源采购。

1．竞争性谈判采购

竞争性谈判采购是指采购方或代理机构通过与多家供应商（不少于3家）进行谈判，最后从中确定成交供应商的采购方式。竞争性谈判采购可以通过广泛的竞争获得物超所值的商品，同时能够减少腐败现象的发生，但周期长、需要的文件烦琐，可能延误最佳采购时机。竞争性谈判采购的流程如图5-3所示。

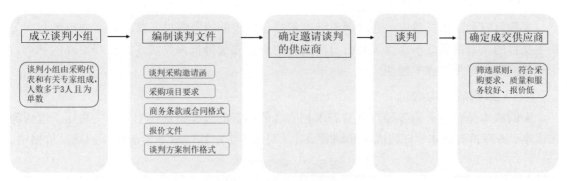

图 5-3　竞争性谈判采购的流程

2．单一来源采购

单一来源采购也称直接采购，是指采购方直接与唯一的供应商进行谈判采购，商定价格和合同条件的采购方式。这种方式与竞争性谈判采购类似，但因为商品供应来源单一，所以程序更加简单，没有竞争性。除以下特殊情况外，企业一般不采用单一来源采购。

（1）物资只能从唯一供应商处采购，如物资使用不可替代的专利、专有技术或公共服务项目有特殊要求。

（2）发生不可预见的紧急情况，不能从其他供应商处采购。

（3）必须保证与原有采购项目的一致性或者有服务配套的要求，需要继续从原供应商处添购，而且添购资金总额不超过原合同采购金额的10%。

单一来源采购会给企业带来一定的风险，也使得企业容易受制于供应商，如因供应商提供的商品价格过高导致企业采购成本增加、价格不透明导致腐败滋生（如采购人员利用职务之便收取好处费）等。综上，企业在进行单一来源采购时，应当做好流程把控，确保该供应商符合采购项目的需求，并做好后期的供应商管理。图5-4所示为单一来源采购流程。

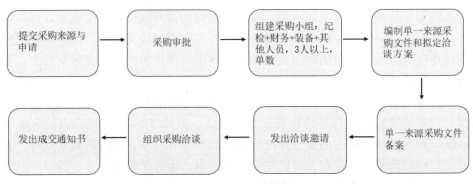

图5-4　单一来源采购流程

> ⏰ **提示**
>
> 　　洽谈方案包括洽谈的主要内容、价格承受上限、质量最低保证、服务要求、应变措施等。在洽谈前，该方案应保密。

三、采购成本控制

采购具有利润杠杆效应（通过调整经营策略，以较低的资源投入获取较高的市场利润），其主要目的是以最低成本获得满足自身需要的物资。要想降低采购成本、获得更高的利润，企业就需要做好采购成本控制。

（一）采购成本构成

采购成本是企业采购各种与自身需求相吻合的物资的过程中所产生的相关费用，包括购入成本、库存持有成本、订购成本和缺货成本（见表5-2），这些成本会被计算到商品价格中。

表5-2　采购成本

采购成本	说明	成本细分
购入成本	企业从外部购买物资所产生的总支出	购入成本=购买价格+运杂费+运输途中的合理损耗+购入物资负担的税金和其他费用
库存持有成本	为保存物资而产生的成本	固定成本（如仓库租赁费、管理人员的工资等）、变动成本（如物资受损、设备维修费等）
订购成本	因订购而产生的非购买性费用	办公费、差旅费、邮资、电话费、运输费、检验费、入库搬运费等
缺货成本	因物资供应中断而造成的损失	原材料供应中断造成的停工损失、商品库存缺货造成的拖欠发货损失、丧失销售机会的损失、紧急采购费等

（二）影响采购成本的因素

采购成本处于一个动态的变化过程中，是多种影响因素综合作用的结果。总体来说，采购成本主要受表5-3所示的因素影响。

表5-3　影响采购成本的因素

影响因素	说明
市场	市场的变动会引起需求的变动、供应的变动及供应商存货的变动等，企业及时且全面地掌握和分析这些信息，有助于在采购中获得有利价格
采购次数	采购稳定且次数多，有利于企业与供应商形成长期稳定的友好关系，从而获得价格折扣
采购批量	采购的数量越多，越有可能获得更低的采购单价，但为避免库存积压，企业需要制订周密的采购计划，合理规划采购数量，利用批量优势降低采购费用
采购价格	供应商对自身的商品提出的销售价格，主要由供应商的生产成本、商品流通成本、税金和利润构成，是影响采购成本的关键因素，这需要企业洞悉供应商的定价方法，找准合适的采购价格
谈判能力	出色的谈判能力能够为企业争取到比市场价格更优惠的采购价格，从而降低采购成本
采购策略	有效的采购策略可以提高采购效率，降低采购过程中的时间成本和人力成本，有助于企业获得更优惠的采购价格和付款条件，降低库存持有成本
运输方式	不同运输方式的运输时间、效率、费用、安全性等不同，这些因素会影响采购成本。综合考虑各项因素，找到费用较为合理的运输方式，有利于降低采购成本
存储方式	存储方式会影响库存持有成本，库存持有成本的增加会间接提高采购成本，选择合适的存储方式，有助于降低采购成本

 知识拓展

在采购中，供应商在确定供应物资价格时常用的定价方法有以下3种。

（1）成本导向定价法。成本导向定价法是以商品单位成本为依据，结合预期利润确定商品价格的方法，是着重考虑成本的供应商常用的定价方法。

（2）需求导向定价法。需求导向定价法是根据市场需求强度和采购方对商品价值的理解与需求强度确定商品价格的定价方法。在该方法中，决定商品价格的关键因素是采购方对商品价值的感知程度。

（3）竞争导向定价法。竞争导向定价法是指参考市场上主要竞争对手的商品价格，以此为本供应商商品定价基准的定价方法。在该方法中，供应商的商品价格随竞争对手商品价格的变动而调整。

（三）降低采购成本的方法

采购成本是企业总成本的重要组成部分，企业通过降低采购成本，不仅可以提升营利能力，还能够提高商品的性价比，从而增强市场竞争力。企业应重视控制和管理采购成本，采用以下有效方法降低采购成本。

（1）目标成本法。这是指企业在一定时期内为保证目标利润的实现而设定的预计成本。目标成本法的核心在于控制目标成本，企业在采用该方法时，应当以市场为导向，在充分调研后确定目标成本，然后通过成本分析改善商品设计流程，以降低成本，确保目标成本的实现。

（2）招标采购。在招标采购中，参与招标的供应商之间存在竞争。通过供应商之间的价格竞争，企业可以用较低的价格获得同样优质的物资，从而降低采购成本。

（3）杠杆采购。这是一种长期持续性的随机采购，与市场价格波动有关。采用此方法时，企业应当集中采购，以增加议价空间，避免分散采购且向同一供应商采购。

（4）早期供应商参与。在商品设计初期，企业可以让供应商参与设计开发，借助供应商的专业技术和知识共同开发合适的商品，确保双方收益，以便后期批量生产和采购，从而降低成本。

（5）谈判法。谈判是买卖双方就各自的目的，经过沟通、交流、协调等，相互妥协，最终达成彼此认同的协议的过程。在采购时，企业可以与供应商就采购物资的品质、规格、数量、包装、售后、价格、交货方式、付款方式等进行谈判，以便获得更多折扣，有效降低采购成本。

（6）采购外包。这是指企业将全部或部分采购业务交由专业采购服务供应商负责。与企业自主采购相比，采购外包能使企业更聚焦于核心竞争力，并凭借采购服务供应商的专业能力，获得更专业和高效的采购服务，从而解决企业自主采购中易出现的日常开销成本高、交易成本高、监督成本高等问题。但采购外包可能导致企业重要信息泄露，该方法仅适合非核心采购业务、成熟模块、标准化商品的物资采购。

> ⏰ **提示**
>
> 除以上方法外，还有很多可以降低采购成本的方法，企业采购人员应当在实践中多加总结，为企业节约成本。

四、采购预算

采购预算由商品预算、成本预算、资金预算和风险预算组成，是采购人员编制的物资采购用款计划。该用款计划有时间期限，如年度、季度或月度。做好采购预算，不仅有助于企业各部门之间合理分配资源，把控采购成本，还有助于降低企业的财务风险和经营风险。

（1）商品预算即根据销售预测和库存情况，确定需要采购的商品种类和数量。

（2）成本预算即根据商品预算，估算采购成本，如商品价格、运输费用、关税等。

（3）资金预算即根据成本预算和采购周期，安排采购资金，确保采购活动顺利进行。

（4）风险预算即考虑采购过程中可能出现的风险，制定相应的风险控制措施和预算。

预算既是一种计划，也是一种成本控制手段，其本质是资源配置。要实现资源的合理配置，企业需要做好采购预算的编制。

（一）编制原则

编制采购预算需要遵循一定的原则，包括实事求是原则、一致性原则、积极稳妥原则、比质比价原则。其中，实事求是原则是指采购预算编制应当从企业的实际情况出发，以企业战略目标为导向，确保采购预算切实可行。一致性原则是指各部门/分公司的采购预算应当服从总部的采购预算目标。积极稳妥原则是指采购预算既不能过高也不能过低，应当留有余地。比质比价原则是指企业在采购时应当根据市场信息对比物资质量和价格后，再择优选择。

（二）编制步骤

采购预算规划的是未来一段时间内的费用支出，或多或少会出现一些误差。为确保采购预算编制合理，减少预算误差，企业在编制时可参考图5-5所示的步骤。

图 5-5 采购预算编制步骤

（三）编制方法

编制采购预算的方法有很多，不同的编制方法具有不同的优缺点和适用范围，如表5-4所示。

表 5-4 采购预算编制方法

方法	说明	优缺点	适用范围
固定预算法	又称静态预算法，是指企业以预算期内某一固定业务活动水平为基础，来确定相应预算的编制方法	优点：编制时间较短、简单易行 缺点：由于不考虑预算期内业务量可能发生的变化，过于机械呆板，可能导致预算数值与实际相差较大	经营活动比较稳定的企业 企业固定成本费用支出
弹性预算法	又称变动预算法，是指考虑预算期内业务活动水平可能发生的变化，根据固定成本、变动成本与业务活动水平的关系编制预算的编制方法	优点：可随业务量的变化而动态调整，适应性较强 缺点：相对于固定预算法，该方法的工作量偏大	经营活动变动比较大的企业 企业变动成本费用支出
增量预算法	又称调整预算，是指以基期成本费用水平为基础，结合预算期内业务量水平及影响成本的各项因素的变动情况，通过调整原有费用项目而编制预算的编制方法	优点：编制方法简单、易操作 缺点：不便于调动采购人员的工作积极性	经营活动变动比较大的企业
零基预算法	不考虑过去的预算项目和收支水平，将所有业务活动都看作新的业务活动，从零开始编制预算的编制方法	优点：建立在成本效益分析的基础上，打破以往预算的限制，有利于发挥采购人员的积极性和主动性，能够将有限的资源最大化利用 缺点：需要进行大量分析、工作繁重、编制时间较长	管理基础比较好的企业
滚动预算法	又称永续预算或连续预算，是指在预算的执行过程中，随着时间的推移不断延伸预算期和调整预算，如每过一个月或一个季度，就根据新的情况调整随后几个月或几个季度的预算的编制方法	优点：能够根据前期预算的执行情况及时调整近期及后期预算，使得预算更接近实际 缺点：比较耗时，会增加预算管理的工作量，甚至会导致预算管理的直接成本增加	管理基础比较好的企业 生产经营活动与市场紧密接轨的企业

> ⏰ 提示
>
> 　　受市场变动、消费者需求变化、政策调整等因素的影响，企业需要适时调整采购预算，以适应新的变化。预算调整有一定的审批流程，通常先由预算编制人申请调整，并提交调整方案，等待相关领导审核，待相关领导批准调整后再执行调整工作。在调整时，预算编制人可根据实际情况增加、减少或重新分配预算。

五、AI 在商品采购中的应用

随着企业对商品采购的理解日益深入及人工智能技术的不断发展，企业也在不断探索商品采购的革新与升级。在阳光采购、集中采购、刚性采购等政策的驱动下，传统商品采购逐渐向数字化采购转型，数字化技术替代了传统的人工采购，有效实现了降本增效，并日益凸显出合规性和安全性等优势。《2024数字化采购发展报告》显示，2023年全国企业物资采购总额为175.4万亿元，同比增长1.1%；数字化采购总额约为17.2万亿元，同比增长15.2%，数字化采购渗透率达到9.8%。由此可见，数字化采购成为一大趋势。2024年《政府工作报告》中明确提出，深化大数据、人工智能等研发应用，开展"人工智能+"行动。在此背景下，积极探索人工智能在数字化采购中的应用已成为必然趋势。

（一）AI+需求和价格预测

在采购需求预测方面，AI能够根据企业历史销售数据、市场发展趋势分析数据、消费者购买行为数据等，建立需求预测模型，自动预测未来的市场需求，为企业预测采购需求、制订采购计划提供参考，避免发生库存积压或缺货现象。

在价格预测方面，AI能够实时收集和分析历史采购数据、市场行情、供应商信息等，构建价格预测模型，帮助企业预测未来一段时间采购商品的价格趋势，为企业的采购决策提供价格参考。

（二）AI+采购寻源

在商品采购中，寻找能够提供优质商品和服务、与企业需求相匹配的供应商是一大难题。AI可以实现跨区域搜索，能够根据供应商的历史绩效、技术能力、成本控制、交付表现等，从多个维度分析和评估供应商，并建立供应商画像，智能推荐与企业需求匹配度高的供应商。

（三）AI+采购评审

AI+采购评审在招标采购中应用广泛。一方面，AI可以辅助采购人员编制采购文件，减轻准备采购资料的负担；另一方面，AI可以智能分析供应商提供的报价文件，将报价文件中的内容与评分标准自动关联，并详细审核供应商的营业执照、资质证书、财务数据等资料，同时识别供应商之间是否存在串标围标行为（即多个投标者之间相互串通报价，一致抬高或压低报价，排挤其他投标人），根据评分标准自动计算各供应商的投标价格分，从而为企业选择中标人提供依据，提高评标的效率和公正性。

（四）AI+采购合同

AI能够深入分析海量的采购合同数据，从中识别采购合同的关键要素，为企业提供合同范本，甚至能自动拟定采购合同，并自动审查采购合同是否符合企业规定和相关法律法规，避免存在潜在的违规风险。同时，在签订合同后，AI还可辅助监控合同的履行进度，提高合同管理的效率。

（五）AI+采购助手

结合AI大模型与机器人流程自动化技术的采购助手，能够利用自然语言交流精准分析采购人员的采购需求，做出专业推荐，实现智能找货。同时，采购助手支持导入企业的专属知识，建立企业专属知识库，便于采购人员迅速检索相关采购知识。此外，采购助手还能辅助采购人员拟定相关计划，提高办公效率。

任务实施

任务演练 1：调整采购模式和方式

【任务目标】

根据品牌当前在采购模式和采购方式上存在的问题，重新选择适合品牌采购需求的采购模式和方式，以提高采购效率。

【任务要求】

本次任务的具体要求如表5-5所示。

表5-5 任务要求

任务编号	任务名称	任务指导
（1）	重新选择采购模式	比较分析各采购模式的优缺点，重新选择合适的采购模式
（2）	重新选择采购方式	根据各采购方式的适用范围，灵活选择采购方式

【操作过程】

（1）重新选择采购模式。集中采购能够为品牌带来价格折扣，但也带来效率低、灵活性差的问题。分散采购能够弥补灵活性差的缺陷，但也因分散的采购无法获得价格优势，不利于降低成本。混合采购结合了集中采购和分散采购的优势，既能发挥集中采购的成本控制、谈判议价的能力，又能兼顾分散采购在灵活响应市场需求、快速决策上的灵活性。因此，可将新的采购模式确定为混合采购，在采购批量物资时采用集中采购，在采购小批量、应急物资时则采用分散采购。

（2）重新选择采购方式。品牌通过询价采购可以找到价格更低的供应商，但也带来了商品质量风险，不利于品牌的长远发展。鉴于单一采购方式不利于品牌根据采购需求灵活选择供应商，并且不同采购方式有不同的适用对象，这里在询价采购的基础上引进多种采购方式，包括招标采购、议价采购。针对有多家供应商可选择的原材料或大宗原材料，可采用招标采购，以获得更优惠的价格和质量保障；针对只有一家供应商可选择的原材料，或者小批量采购、紧急采购，则采用询价采购或议价采购，以快速响应市场需求。

任务演练 2：优化采购流程

【任务目标】

分析原采购流程中存在的问题，根据问题重新划分采购流程，以规范采购流程并提高采购效率。

【任务要求】

本次任务的具体要求如表5-6所示。

表5-6 任务要求

任务编号	任务名称	任务指导
（1）	分析问题	查看原采购流程，分析存在的问题
（2）	优化采购流程	明确优化目标，优化采购流程

【操作过程】

（1）分析问题。老李查看原采购流程后，发现存在两大问题：一是涉及多部门和多层审批，流程烦琐复杂；二是采购过程缺乏透明度。此外，在调整采购方式后，还需要考虑招标采购、议价采购等在采购流程中的适用性，将二者融入采购流程。

（2）优化采购流程。以简化采购流程、增加采购过程的透明度、融入新采购方式为优化目标，结合品牌情况及常规采购实施过程重新确定采购流程，以确保采购工作的顺畅与高效。优化的采购流程如图5-6所示。

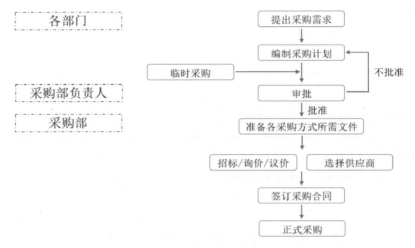

图5-6　优化的采购流程

（3）明确审批程序。明确简化后的审批程序，以便后续实施，具体内容如下。

一、审批流程

（1）初审：各部门根据日常经营活动需要以采购申请单的形式提出采购申请，并交由采购部，由采购部初步审核各部门提交的采购申请单，分析采购需求的合理性与必要性。采购申请单中应详细说明请购物资的名称、数量、需求日期、预算金额等。

（2）复审：采购部汇总各部门需求，编制采购计划，交由采购部负责人审核，并评估选择的供应商、价格合理性及采购条款的合规性。

（3）终审：根据采购金额及重要性，由财务部门、法务部门及高层管理人员进行终审，确保采购决策的科学性与合规性。

二、审批权限

（1）采购部负责人权限：一般物资采购。

（2）更高层人员：重要物资或关键物资采购。

三、审批记录

（1）建立采购审批记录制度，详细记录审批过程、结果及依据，便于后续审计与追溯。

（2）定期审查审批记录，评估审批流程的有效性，持续优化审批机制。

任务二　商品采购过程

任务描述

接下来，老李和小赵需要根据品牌当前的采购需求，协助品牌采购人员编制一份切实可行的采购计划，并选择合适的供应商（见表5-7）。

表5-7　任务单

任务名称	商品采购过程	
任务背景	品牌准备率先推出蜂蜜柚子味厚切坚果块，主要原材料为松子和开心果。其中，松子为全新原材料，需要寻找新的供应商；开心果可从原有库存中调用，但当前库存不足，需要再次采购一定数量的开心果	
任务阶段	□商品认知　□调研与分析　□选品　■采购　□管理和风险防范	
工作任务		
任务内容	任务说明	
任务演练1：制订采购计划	预测采购需求，通过分析存量、采购环境、市场批发价和生产效率制订采购计划	
任务演练2：筛选供应商	建立评估体系，比较并选择供应商	
任务总结：		

知识准备

一、采购需求预测

采购需求预测是开展商品采购工作的第一步，是在分析供应市场的基础上，整合采购市场调查所得信息，根据采购市场过往和当前的需求状况，以及影响采购市场需求变化的因素之间的关系，运用科学的方法，估计与推断未来一定时期内采购市场的变化趋势和影响因素。采购需求预测旨在明确企业的采购需求，为企业做出采购决策和制订采购计划提供依据，从而助力企业调整业务的发展方向，确保企业顺利开展生产和经营活动。

（一）采购需求

采购需求是企业对所需采购商品的详细要求，包括但不限于以下方面。

（1）技术特性：商品的功能、性能、规格、质量标准、安全标准、环保要求等。

（2）数量需求：所需采购的商品数量或规模。

（3）时间要求：交货的时间期限。

（4）地点要求：送货地址或者提供服务的地点。

（5）价格预算：预期的采购成本或企业可接受的采购成本上限。

（6）其他要求：售后服务、技术支持、包装要求、运输方式、付款条件、定制化需求等。

（二）采购需求预测流程

采购需求预测是一个比较复杂的过程，如果预测结果不准确或不可靠，易给后续的采购实施和商品销售带来不利影响，因此建立一套完整、完善的采购需求预测流程就显得尤为重要。

（1）由谁预测。在此阶段需要明确开展预测工作的部门/团队/人员。

（2）如何预测。采购需求预测通常包括以下步骤。

①确定预测目标。确定预测要达到的要求、解决的问题、预测的对象及预测的范围和时间等。

②拟定预测计划。预测计划中应明确预测的精准度要求、时间要求、参加人员及分工等。

③收集资料并分析数据。广泛收集影响预测对象未来发展的所有资料，包括过去采购量、历史销售数据、市场分析报告、生产计划等。整理和分析资料，剔除由于偶然因素导致的异常数据。

④选择预测方法。根据预测计划和资料，选择合适的预测方法。

⑤估计预测误差。评估预测值的可信度，分析各种因素的变化对预测可能产生的影响，并对预测值进行必要的修正。

⑥提交采购需求预测报告和策略性建议，追踪检查预测结果。根据预测结果给出预测报告和采购建议，随时关注市场需求量的变化，若发现预测与实际不符，立即修改调整，并分析产生误差的原因，修正预测模型，以提高预测精度。

（3）预测错误应对计划。针对预测错误的程度设定可采取的应对措施。例如，针对容易挽救的错误采取滚动预测措施，以及时调整计划；针对需求预测值低于或高于市场需求的情况，采取设立安全库存的措施，以应对需求和供应的不确定性等。

（三）采购需求预测方法

采购需求预测需要采取科学的预测方法，以提高预测的准确性并制订合理的采购计划，避免发生库存过剩或库存不足的情况，同时更好地应对市场的变化。

（1）经济订货批量法。经济订货批量（Economic Order Quantity，EOQ）法是通过平衡采购成本和仓储成本，以实现总库存成本最低的最佳订货量的方法。该方法可用来确定一次采购的数量，其计算公式如下。

$$EOQ = Q_0 = \sqrt{\frac{2DS}{H}}$$

（其中，EOQ、Q_0表示经济订货批量，D表示年需求量，S表示一次订货费用，H表示单位库存持有成本）

（2）物资消耗定额法。物资消耗定额法是根据物资消耗定额（即在一定生产技术条件下，生产单位产品或者完成单位生产任务所消耗的物资数量标准），以及产品物资清单和生产计划，以确定所需采购需求数量的方法。常见的物资消耗定额法如表5-8所示。

表5-8 物资消耗定额法

方法	说明	特点
技术分析法	根据单位产品的结构、技术特点、加工设备、工艺流程及现有生产技术条件等，分析计算物资消耗定额 操作：根据单位产品结构、形状、尺寸等计算产品净重，然后根据工艺文件中对工艺流程的规定等确定工艺损耗，得出工艺定额，二者相加即物资消耗定额	比较科学、精确，但工作量较大，适用于已经成型、产量大、技术资料齐全的产品

（续表）

方法	说明	特点
统计分析法	根据物资历史消耗数据和相应的产量统计数据，计算产品平均物资消耗定额 计算公式：单位产品的物资平均消耗定额=一定时期某种产品的物资消耗总量÷对应时期的某种产品产量	需要有翔实可靠的历史数据，物资消耗总量和产品产量的计算期限应保持一致，如统一记为半年
经验估计法	根据技术人员、技术工人的实际生产经验，参考同类产品的物资消耗数量或有关技术文件，并考虑计划期内生产条件的变化等确定物资消耗定额的方法	简单易行，但可能出现偏差

二、制订商品采购计划

商品采购计划是在了解市场供应情况和企业生产经营过程，并掌握物资消耗规律的基础上，对计划期内物资采购活动所做出的预见性安排和部署，是开展商品采购工作的重要依据。一份精准的商品采购计划不仅能够让企业购买到物美价廉的物资，促进企业资金的高效利用，还有助于企业强化物资管理、保障物资供应、减少因物资不足而停产断货带来的损失等。

商品采购计划是采购活动的前期准备，要明确3个方面的问题：采购什么、什么时候采购、采购多少物资。图5-7所示为采购计划表示例。要制订一份可行性强的商品采购计划，企业需要重点关注以下因素。

编号：		需求部门：				日期： 年 月 日			
项次	商品名称	规格/型号	单位	库存数	需求数量	单价	总价	推荐供应商	需求日期
本单合计金额									
备注									

图5-7 采购计划表示例

（一）年度生产计划和年度销售计划

商品采购旨在满足企业的生产和销售需求，以维持企业正常运转。企业在制订商品采购计划时，应当考虑企业的生产计划和销售计划，特别是年度生产计划、年度销售计划，从而确保商品采购能够满足生产需求并与市场需求保持一致。

（1）生产计划。生产计划是企业生产运作的相关计划，包括企业在某个计划期间内需要生产的商品品种、质量、产量、产值等生产任务计划，以及生产进度安排等。生产计划是企业生产活动的指导方案。企业在生产过程中，通常以年度为单位制订年度生产计划，确定年度内的商品品种、质量、产量、产值等，并以其作为生产指导。

（2）销售计划。销售计划是根据市场对商品的需求情况制订的与商品活动相关的计划，规定了企业在计划期内销售的商品品种、数量、价格、对象、渠道、期限、利润等，是企业编制生产计划的重要依据。企业通常根据市场需求预测情况及企业内部情况（如企业财务状况、技术水准、原材料供应情况等），在上一年年末制订下一年的年度销售计划，作为制订其他各类计划的基础。在确定年度销售计划后，生产计划人员会根据年度销售计划及客户订单等确定生产计划，再在生产计划的基础上生成生产物资需求计划，并报送采购部。

（二）物料清单

物料清单（Bill of Material，BOM）是以数据格式呈现产品结构的文件，其中详细罗列了制造产品所需的成品、半成品、原材料、配件等，以及所需的数量、比例关系和单位。当产品设计发生变化时，物料清单也会随之更新。基于物料清单制订采购计划，可以避免遗漏关键物料，甚至可以提前规划和订购需要花费较长时间等待的特殊物料，从而保障生产顺利进行。

（三）采购环境

在制订采购计划时，采购人员需要考察采购环境，包括考察物资部件性能、供应商资质、供应商的供应范围和供应能力等，据此分析采购的可行性，提前规避后续批量采购可能出现的问题。采购环境的考察重点在于考察采购环境能否满足当前的采购需求，如数量上的需求和质量上的需求，从而产生两种不同的考察结果。

（1）满足采购需求。现有采购环境中可以找到物资供应商，满足批量供应的需求。

（2）不满足采购需求。企业需要采购新物资，而现有环境中无法找到相应的物资供应商，需要重新寻找新的供应商或与供应商共同开发。

（四）物资标准成本/市场批发价

在制订商品采购计划时，采购人员需要确定采购价格，以确保未超出采购预算。然而，采购价格不易预测，此时可以根据物资的标准成本或者参考市场批发价拟定采购物资的价格。

（五）存量

存量可以简单理解为企业在某一指定时间节点仍保有的物资数量，这部分物资不会纳入采购的范畴，因此企业在制订采购计划时需要扣除存量，确保采购数量合理。

（六）生产效率

商品的价值量由生产商品的社会必要劳动时间决定，生产效率提高，所花费的社会必要劳动时间就会减少，商品的价值就会下降，相应的价格也会下降，进而导致采购成本降低。采购人员在制订采购计划时，需要考虑生产效率的变化，以准确判断采购成本，减少采购预算偏差。

 知识拓展

根据计划期的长短，商品采购计划可以分为不同的类型，包括年度采购计划、季度采购计划、月度采购计划等。这些采购计划相互衔接、相互补充，共同确保企业采购活动有序开展，并有效控制采购成本。

（1）年度采购计划。年度采购计划是根据企业的年度经营计划、采购需求预测等制订的采购计划，反映的是大类或类别商品的采购总量。

（2）季度采购计划。季度采购计划是在年度采购计划的基础上进行分解，根据市场变化、生产计划和库存状况等制订的每一季度的采购计划。

（3）月度采购计划。月度采购计划是季度采购计划的进一步细化，更关注短期内的采购活动和库存管理。

三、选择优质供应商

采购的质量与供应商的能力密切相关，如果供应商比较优质，不仅可以为企业提供高质量和创新性的商品，还能够保持供货的稳定性，降低企业的维护成本和经营风险。因此，选择合适且优质的供应商对企业而言非常重要。

（一）收集供应商信息

选择供应商是一个复杂的过程，需要考虑多方面的因素。这需要企业收集比较全面的供应商信息，包括但不限于以下信息，以便综合评估供应商的能力。

（1）供应商商品的品种、规格、质量及价格。

（2）供应商的实力、规模、生产能力和技术水平。

（3）供应商的信用度及管理水平。

（4）供应商相对于本企业的地理位置、交通状况等。收集供应商信息的渠道较多，主要的渠道如表5-9所示。

表5-9　供应商信息主要收集渠道

收集渠道	说明
互联网	各类互联网搜索引擎、专业 B2B 电子商务平台、网络展销会、新媒体等
商品展览会	中国进出口商品交易会、中国国际服务贸易交易会、中国西部国际博览会、中国国际进口博览会等
商品发布会	某些企业召开的新品发布会
行业协会	行业协会提供的会员名录、发布的产业公报等
竞争对手	竞争对手的供应商资源
销售代表	企业销售代表提供的供应商信息
供应商主动接触	供应商主动向企业提供的自我推荐信息

（二）评估供应商

收集完供应商的信息后，企业可以评估所有候选供应商。为确保评估工作科学合理，首先需要确定评估指标，然后建立供应商评估指标体系。主要评估指标如下。

（1）商品质量。商品质量是一个很重要的指标，企业需要评估供应商是否具有良好的商品质量控制体系，同时还要检验商品的实际使用效果（如测试样品、检查质量认证）。

（2）技术水平。衡量供应商的技术水平不仅要确认供应商提供商品的技术参数是否达到企业要求，还要确认供应商是否具备生产特定商品的设备和技术能力等。

（3）供应能力。供应能力即供应商的生产能力，在评价该指标时，企业需要确认供应商是否具备一定的生产规模和扩大产能的潜力。这一点可以通过供应商的制造设备数量、劳动力数量来体现。

（4）价格。供应商提供的采购价格也是评估供应商的重要指标。在评价该指标时，企业需要考虑供应商提供的价格是否合理且具有竞争力、是否能够帮助企业降低商品采购成本。这些可以通过供应商的直接报价、批量采购的折扣及供应商的专业能力等方面来体现。

（5）服务水平。供应商应具备良好的服务水平，能够迅速响应企业的需求和问题，包括订单处理速度、问题解决的时效性、售后服务的支持等。

（6）交付能力。评估交付能力这一指标时，企业应重点衡量供应商是否能够及时交付，并评估交付准确率（交付的商品与计划交付商品的相符程度）。

供应商评估指标体系是由筛选出来的一系列评估指标和评估标准组成的评估体系。其中，评估标准是对如何衡量评估指标的具体阐述，一般需要量化，如赋予每个评估指标一定的权重，最后计算供应商各项评估指标的总得分，这种方法就是综合权重评估法。

 知识拓展

除综合权重评估法外，选择供应商的方法还有很多，如直接经验法、采购成本分析法等。

（1）直接经验法。该方法是指根据以往经验做出选择，常用于企业非主要原材料供应商的选择。

（2）采购成本分析法。该方法通过计算并比较不同供应商的采购成本，从中选择采购成本较低的供应商，常用于选择商品质量较好和交付及时的供应商。

四、商品采购谈判

商品采购谈判是指企业为采购商品，与供应商协商和沟通采购的具体事宜，以达成协议并建立双方满意的购销关系，是企业采购活动中不可或缺的一部分。

（一）采购谈判内容

在商品采购谈判中，企业和供应商会尽力争取自身利益的最大化。企业期望以理想的价格购买到符合要求的商品，以满足生产或销售的需求；同样，供应商也希望以最有利的价格和条件出售其商品，从而扩大市场份额并提高利润率。为实现各自的目标，企业和供应商会就以下关键内容进行谈判。

（1）商品条件。商品条件的谈判内容包括商品的品种、型号、规格、数量、商标、外形、款式、色彩、质量标准、包装等。

（2）价格条件。价格条件的谈判内容包括价格和数量折扣、退货损失、市场价格波动风险、国际货币汇率波动、商品保险费用、保修期限、售后服务费用、技术培训和技术支持费用、安装费用等。

（3）其他条件。其他条件的谈判内容包括交货时间、交货地点、运输方式、付款方式、付款条件、违约责任和争议解决方式等。

（二）采购谈判程序

商品采购谈判涉及企业的供应链管理和采购战略，是一项比较重要的工作。为在谈判中获得更多的经济利益，企业采购人员应充分了解采购谈判程序，做好充足的准备，提高谈判成功的概率。

（1）准备阶段。在采购谈判的准备阶段，采购人员需要做好以下准备工作。

①确定采购谈判目标。采购谈判目标有降低采购成本、采购优质商品、获取价格优惠等。

②组建采购谈判队伍。采购谈判队伍可根据采购谈判的内容、重要性和难易程度进行组建，其人员构成应遵循"知识互补、素质优秀、层次分明、分工明确"的原则。

③准备采购谈判资料。采购谈判资料包括采购需求分析资料、市场调查资料，以及供应

商的财务状况、信誉、履约能力、谈判作风和特点、需求等。

④策划采购谈判方案。采购谈判方案的内容包括确定采购谈判的主题、时间和地点，以及采购谈判队伍的人员分工、采购谈判技巧的选择、对方采购谈判技巧的预判、采购谈判的底线设置等。

（2）正式谈判阶段。正式谈判阶段主要有4个步骤：开局暖场、摸底、磋商、成交。

①开局暖场。开局时谈判双方比较陌生，可能会感到拘束，此时可以进行简单的寒暄，增加彼此的熟悉程度，营造良好的谈判氛围，如亲切问候、自我介绍、友好讨论感兴趣的话题（如气候、爱好、新闻）等。

②摸底。简单了解彼此后，就可进一步介绍采购谈判内容，或者向对方提出与采购有关的各种问题，观察对方的谈判风格和技巧等，尝试打探出对方的真实需求、目标及底线等。

③磋商。磋商的两大重点是报价和讨价还价，在这一过程中，双方会阐述各自希望获得的利益及利益的实现形式，并就此进行反复磋商并达成合作。谈判小组应专注于企业利益，通过抛出各种交换条件，做出适当的、有计划的让步，来获得对方的让步，寻求对双方均有利的解决方案。

④成交。总结和确认在之前阶段中达成的共识，并形成具有高度约束力的成交协议书。如果谈判双方因某些因素导致谈判陷入僵局，则应中止或取消谈判。

（3）确认检查阶段。谈判结束后，谈判双方需要检查成交协议书并签字确认，同时礼貌道别。

（三）采购谈判技巧

商品采购谈判应当遵循合作共赢、平等互利、公平公正的原则，并在这些原则的指导下，运用一些谈判技巧，赢得谈判的成功。常见的采购谈判技巧如表5-10所示。

表5-10　常见的采购谈判技巧

谈判技巧	细分技巧	说明
报价技巧	直接报价	直接报出开盘价（即市场价）
	"虚假"报价	给出一个虚拟的报价，试探对方是否可以给出令人满意的价格。例如，向正在谈判的A供应商透露B供应商的报价（该报价为假设的），讲明B供应商的报价比A供应商的报价低，并期望A供应商在价格上让步
讨价还价技巧	以退为进	采购人员主动让步，以换取对方的让步
	价格试探	通过假设购买更多数量或额外的商品，试探对方是否能降低价格；或者询问对方如果合并购买某两种或几种商品，是否可以在另一种商品的价格上做出让步
	低开高走	先大幅度压低价格，然后在此基础上不断加价
	以势压人	利用企业的优势（如行业地位、品牌影响力、良好信誉等）占据主动地位，迫使对方在价格上让步
	敲山震虎	巧妙地暗示对方存在的危机，甚至提出在合作中帮助对方渡过危机来迫使对方降价
说服技巧	先易后难	先讨论容易解决的问题，后讨论容易引起争议的问题
	强调一致	强调双方在立场、观点、期望等方面的一致性，淡化差异，提高对方的接受程度
	强调利他性	不断强调对对方有利的部分，或者互利互惠的实现可能性
	以利诱人	说出如果双方能够在价格上达成共识，己方可以给予对方的利益

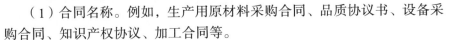
五、签订商品采购合同

合同是一种契约、协议。商品采购合同是企业与供应商或授权代理人协商一致后，自愿签订的合同。合法的商品采购合同具有法律约束力，签订商品采购合同的双方依法享有合同中规定的权利，也必须履行合同中规定的义务。

（一）商品采购合同的内容

商品采购合同是指合同双方约定具体权利和具体义务的文件，主要由首部、正文和尾部3部分组成。

知识链接

政府采购合同范本
（服务类）

1．首部

首部主要包括以下内容。

（1）合同名称。例如，生产用原材料采购合同、品质协议书、设备采购合同、知识产权协议、加工合同等。

（2）合同编号。例如，2025年第1号。

（3）签订日期。合同签订当天的日期，应具体到年月日。

（4）签订地点。合同签订当天的地点。

（5）买卖双方的名称。购买商品的企业的名称和提供商品的供应商的名称。

（6）合同序言。简单介绍合同，如制定依据。

2．正文

采购合同的正文是买卖双方商议的主要内容，通常包括以下方面。

（1）商品名称。商品名称指所要采购的物资的名称。

（2）品质和规格。品质指商品应达到的内在质量和外观形态要求，包括质量标准（如质量等级）、技术规范、性能参数、型号、花色、品牌等。规格指商品应当达到的尺寸大小（如直径要求）、形状等。

（3）数量。数量指用一定的计量方式确定商品的重量、个数、长度、面积、体积或容积等。该条款中应明确交货的数量、计量方式（如按重量或个数计算）、计量单位（如吨、千克、件、双、套）、计量方法（如定量法，即规定准确的数量；约量法，即约定一定的数量范围）等。

（4）价格。该条款应明确交易商品每一计量单位的价格和总金额，以及货币类型、双方熟悉的与价格相关的国际贸易术语（如离岸价格、到岸价格、成本加运费）等。

（5）包装。该条款应明确商品的内包装、中层包装和外包装，以及包装材料、包装标志、包装容量、包装技术、包装成本等。

（6）付款方式。该条款应明确支付工具（如货币、票据）、具体付款方式（如预付款、分期付款、货到付款等）、支付时间、支付地点等。

（7）装运。装运是指将商品装载到运输工具中，并运送至交货地点。该条款应明确运输工具（如汽车、火车、轮船、飞机等）、运输时间、装运地、装运方式（如分批、转运）、装运通知（关于商品发布的通知）等。

（8）交货时间和交货期。交货时间是一个时间段，指从发货到交货的具体日期。交货期是一个时间点，指交货的最后期限。交货时间通常比交货期提前。

（9）交货地点。交货地点是指交付商品的地方，也是商品运输的目的地。

（10）交货方式。常见的交货方式有送货、自提、代运。其中，送货是指由供应商负责运送商品，风险由供应商承担；自提是指企业按照合同规定的时间、地点自行前往提货；代运是指企业委托供应商代办托运。

（11）商品检验。商品检验是指企业在接收到商品后按照事先约定的质量条款检验商品。在该条款中，应明确规定商品质量的检验方法、验收地点、标准等。

（12）保险。该条款应明确是否需要购买相关保险、保险的类型、保险金额、投保人，以及保险费承担人和承担方式等。

（13）违约责任。该条款应明确规定可能出现的违约情况及处理方式，如品质不达标、交货期延误、交货数量不足、中途私自终止合同等。

（14）不可抗力。不可抗力是指在合同执行过程中发生的无法预见、无法预防、无法避免和无法控制的客观情况。该条款应明确当因不可抗力导致不能履行或不能如期履行合同时，双方的权利、义务及合同的处理方式。

（15）合同附则或其他条款。该条款应明确解决争议的方法、合同的变更和解除等。

3. 尾部

尾部主要包括5个部分：合同的份数、使用语言及效力、附件、合同的生效日期、双方的签字盖章。

（二）签订商品采购合同

《中华人民共和国民法典》第四百六十九条规定："当事人订立合同，可以采用书面形式、口头形式或者其他形式。"商品采购合同作为电子商务活动中基于买卖关系形成的合同，同样可以采用这些形式，但由于书面形式更有保障，因此通常签订书面形式的合同。签订商品采购合同是一种法律行为，是指当事人双方依据法律的规定协商合同所规定的各项条款，达成一致意见后建立合同关系。

1. 签订准备

在正式签订商品采购合同前，企业应当审核对方的资质，确定其具备签订合同的资格。同时，应当确保签订合同的当事人具有民事行为能力，否则签订的商品采购合同无效。《中华人民共和国民法典》第一百四十四条规定："无民事行为能力人实施的民事法律行为无效。"当然，当事人依法可以委托代理人订立合同。

在商品采购中，不是所有具有民事权利能力和民事行为能力的人都具备签订采购合同的资格，签订对象应当具有法人资格。《中华人民共和国民法典》第五十七条规定："法人是具有民事权利能力和民事行为能力，依法独立享有民事权利和承担民事义务的组织。"其第五十八条规定："法人应当有自己的名称、组织机构、住所、财产或者经费。"具备法人资格的国营企业、集体企业、私营企业、事业单位和社会团体等都可以成为合法的签约对象。

2. 签订程序

《中华人民共和国民法典》第四百七十一条规定："当事人订立合同，可以采取要约、承诺方式或者其他方式。"要约、承诺也是签订商品采购合同的重要程序。

（1）要约。要约是合同的当事人向另一方提出签订合同的提议，是签订合同的第一步，发出提议的一方为要约人，另一方为受要约人。要约的内容必须明确、具体。在受要约人接受之前，要约人可撤销要约；一旦受要约人接受，则要约人会受要约的约束。

（2）承诺。承诺表示受要约人接受订约建议，同意签订合同。承诺是签订合同的第二步，做出承诺的一方为承诺人。承诺必须是受要约人在有效期限内就要约做出的答复，承诺的内容应当与要约的内容一致。受要约人如果对要约内容有异议，想要做出实质性变更，则要拒绝原要约，提出新要约。当双方达成一致意见后，即可采用合同形式订立合同，并签字或盖章，至此合同成立。

> ⏰ **提示**
>
> 合同签订后，为确保供应商能够如期履行合同，企业可跟踪商品采购合同，包括采购商品的供应情况、延期交货督促等。

六、商品检验

商品在生产、运输和储存等过程中会受到各种因素的影响，导致变质、破损、泄漏等。为确保商品合格，企业在收到商品后，需要检验商品。商品检验就是企业根据商品采购合同约定的标准和要求验收采购的商品，并出具验收报告。

（一）检验内容

商品检验主要查看商品是否符合验收标准，检验内容主要包括包装检验、数量检验、品质和规格检验、卫生检验和安全检验。

（1）包装检验。包装检验的主要内容包括外包装上的商品包装标志（标记、号码等）是否与合同相符；外包装是否完好无损；包装材料、包装技术等是否符合合同规定；包装是否牢固、完整、干燥、清洁等。包装如有破损，则应明确破损程度、破损原因，以便明确责任承担方，确定索赔对象。

（2）数量检验。按照合同约定的数量、计量方式、计量单位和计量方法等检验供应商提供的商品。

（3）品质和规格检验。运用各种质量检验方法检验商品品质，并与合同标准进行比较。同时，检查商品的规格是否符合合同标准。

（4）卫生检验。如果采购的商品为食品、药品、玩具、化妆品、日用品等，则须根据《中华人民共和国食品安全法》《中华人民共和国药品管理法》等相关法律法规进行检验。

（5）安全检验。对于易燃、易爆、易触电、易受毒害、易受伤害等商品，需要进行安全性能检验，以保证生产使用和生命财产的安全。

（二）检验方法

选择检验方法时应综合考虑商品的特性、合同要求及标准规定等多个因素，以提高验收结果的准确性和可靠性，降低采购风险。如果商品批量小、特性少且在检验后仍能正常使用，则可逐一检验所有商品，如贵重、质量不稳定的商品。如果商品批量大、价值低、特性多，或者一经拆封、漏光、与空气接触则无法复原，则从中随机或按照一定的规则抽取少量样品进行检验。常用的检验方法有以下两种。

（1）感官检验法。感官检验法通过使用人的感官检验工具，评价商品质量。例如，通过目视、手摸等方式，检查商品的外观质量（如颜色、形状、表面光洁度、有无瑕疵、标签、包装标志或美观程度等），这种方法适用于检验大多数商品的质量，有时也会配合其他方法。

（2）理化检验法。理化检验法是在收货现场或实验室，借助专业仪器、器具或试剂，检测商品的化学成分、化学结构、物理性质、化学性质、微生物类型和含量及对环境的污染程度等，从而了解商品的性能等，适用于对技术要求高的商品，如电子设备、机械设备等，以及对化学成分、物理性能或安全卫生等有要求的商品，如食品、塑料制品等。

七、支付货款

验收成功并将商品入库后，企业应在合同明确约定的货款支付期限内按照约定的支付工具、付款方式等进行货款结算。结算时，供应商应提供符合国家相关法律法规或标准规定的有效票据和结算资料，票据应当按照规定的时限、顺序依次如实开具，同时加盖单位财务印章或发票专用章。

任务实施

任务演练1：制订采购计划

【任务目标】

预测采购需求，根据采购计划各要素制订符合品牌需求的采购计划，用以指导采购实施。

【任务要求】

本次任务的具体要求如表5-11所示。

表5-11 任务要求

任务编号	任务名称	任务指导
（1）	预测采购需求	利用经验估计法预测采购需求
（2）	分析采购计划制订要素	从存量、采购环境、市场批发价和生产效率等方面分析

【操作过程】

（1）采购需求预测。根据新品生产计划和销售计划，需要采购的主要原材料为开心果和松子。根据品牌采购人员的经验，首次采购量定为2500千克比较保险。在此建议下，老李将开心果和松子的采购需求量均定为2500千克，待新品上市后再根据销售情况增减采购量。

（2）存量分析。开心果还有剩余库存1500千克，因此本次采购只需再采购1000千克。开心果作为已有原材料，在质量得到保证的前提下，可向原供应商采购。松子作为品牌需要采购的新材料，需要寻找新的供应商。

（3）采购环境分析。松子的选择要求颗粒大、饱满、口感好。考察完松子核心产地相关供应商的松子质量、质量控制体系等，老李发现满足品质要求且未与竞争对手签订合同、能满足品牌需求量的供应商只有3家。

（4）市场批发价和生产效率分析。松子的市场批发价在92元/千克左右。受商品生命周期和产能的影响，这3家供应商每次供货量最多1000千克，下单后两天内发货，3天内可到货。当前时间为2025年3月1日，该采购项目截止时间为2025年3月31日，考虑到品牌配置新的生产线大概还需要15天，为减少库存压力，老李决定分批入库，将首批预计采购时间定在2025年3月11日，预计3月15日前一天可到货，正好在生产线配置完成前到货。

（5）制订采购计划。汇总所有信息，制订采购计划，如表5-12所示。

表 5-12　采购计划

编号：QW-2025-03-01　　　　　　　　　　　　　　计划期：2025 年 3 月 1 日至 2025 年 3 月 31 日

项次	材料名称	规格/型号	单位	库存数	需求数量	单价	总价	推荐供应商	需求日期
1	松子	92 元/千克	千克	0	2500 千克	92 元	230000 元	供应商 A、B、C	2025 年 3 月 15 日
2	开心果	84 元/千克	千克	1500 千克	1000 千克	84 元	84000 元	原供应商	
本单合计金额	314000 元								
备注	分批入库，如分 3 批提货								

任务演练 2：筛选供应商

【任务目标】

从推荐的供应商中选择一家价格合理且质量较好、能力较强的供应商，作为松子的最终供应商，以便实施下一步工作。

【任务要求】

本次任务的具体要求如表5-13所示。

表 5-13　任务要求

任务编号	任务名称	任务指导
（1）	比较供应商	建立评估体系，比较 3 个供应商在各方面的差距
（2）	选择供应商	根据比较结果选择供应商

【操作过程】

（1）建立评估体系。筛选评估价指标，如原材料质量、供应能力、价格、服务水平、交付能力。确定各评估指标的评估标准并赋分。一般来说，越接近评估标准的分值越高，具体如表5-14所示。

表 5-14　供应商评估体系

评估指标	评估标准	赋分（满分 10 分）
原材料质量	颗粒均匀饱满，口感好	大小均匀饱满且口感好 8～10 分；良好 5～7 分；一般 0～4 分
供应能力	具有稳定的生产能力和充足的库存	生产能力强大且库存充足 10 分；生产能力一般或库存略有不足 7～9 分；生产能力弱或库存严重不足 0～6 分
价格	价格合理，提供优惠	合理且有优惠 8～10 分；略有偏差 5～7 分；偏差大 0～4 分
服务水平	提供优质的售前和售后服务	服务优质 10 分；良好 5～9 分；一般及以下 0～4 分
交付能力	交货准时，无延迟	准时率高且无延迟 10 分；略有延迟 7～9 分；延迟严重 0～6 分
	交付准确率	完全相符 10 分；比较相符 7～9 分；不太相符 0～6 分

（2）比较各供应商的情况。汇总各供应商的各项信息，然后打分，如表5-15所示。

表 5-15 供应商评估得分

供应商	原材料质量	供应能力	价格	服务水平	交付能力	得分
供应商 A	颗粒均匀饱满，口感好（10分）	产能稳定、库存充足（10分）	88元/千克（9分）	售前、售后服务优质（10分）	准时且无延迟（10分）交付准确率较高（9分）	58分
供应商 B	颗粒均匀饱满，口感较好（8分）	产能稳定、库存充足（10分）	88元/千克（9分）	售前、售后服务优质（10分）	准时但略有延迟（8分）交付准确率较高（9分）	54分
供应商 C	颗粒均匀但不太饱满，口感较好（7分）	产能稳定，但库存略有不足（8分）	86元/千克（10分）	售前、售后服务优质（10分）	准时但略有延迟（8分）交付准确率相对较高（8分）	51分

（3）选择供应商。由表5-15可知，3个供应商之间，供应商A更为优质，可选择与供应商A合作。

任务三 评估采购绩效

任务描述

在协助品牌采购人员完成所有采购工作后，老李和小赵需要评估本次采购活动的效果，以了解品牌采购人员的工作表现（见表5-16）。

表 5-16 任务单

任务名称	评估采购绩效	
任务背景	本次采购除采购开心果和松子外，还需要采购新的配料。由于本次采购活动为针对新品的特定采购项目，参与的采购人员较少，只有3个人，其中一人负责原开心果供应商，另外两人负责筛选新供应商。在老李看来，采用直接排序法更为便捷。他将利用常规采购绩效指标搭建采购绩效评估体系，并赋予不同指标一定的权重，然后计算各采购人员的得分，权重总分为100分	
任务阶段	□商品认知　□调研与分析　□选品　■采购　□管理和风险防范	
工作任务		
任务内容	任务说明	
任务演练1：建立品牌采购绩效评估指标体系	明确评估指标，赋予指标权重，然后搭建采购绩效评估指标体系	
任务演练2：实施采购绩效评估	根据目标绩效评估，结合直接排序法评估	
任务总结：		

知识准备

一、采购绩效评估目的

采购绩效评估是指通过建立科学、合理的评估指标体系，运用合适的方法，全面评估采购效率和采购业绩的过程。采购绩效评估涉及多个部门和人员，如采购部人员、财政部人员、供应商等，如果评估得当，有助于实现以下目标。

（1）优化和改进采购绩效管理，提升绩效管理水平。

（2）激发采购人员工作的主动性和积极性，提高采购效率和质量，优化采购流程。

（3）促进部门间的合作，提高企业整体运作效率。

二、采购绩效评估内容和指标

采购绩效评估应当全面、客观且公平，同时符合企业的实际运营情况，因此企业需仔细考量众多因素，明确评估内容，并挑选能够真实反映采购绩效的评估指标。采购绩效常见的评估内容及对应指标如下。

（一）价格

价格是采购绩效评估中的重要内容，可用于衡量采购人员的议价能力及其对市场价格走势的敏锐程度。常见的价格指标主要有以下两种。

（1）采购成本降低额。这是指商品的实际采购成本与预计的采购成本之间的差额。该指标可反映实际采购成本是否低于原采购成本，体现了采购人员的议价能力。

（2）采购成本降低率。这是指商品的实际采购成本与预计的采购成本之间的比率。该指标可反映采购人员是否具有较强的成本控制能力。

（二）质量

质量的评估主要是评估采购人员选择的供应商的质量水平及供应商提供的商品或服务的质量，可从以下两方面入手。

（1）来料质量。来料质量是指所采购的原材料、部件或商品的质量，评估指标有批次质量合格率、来料抽检缺陷率、来料在线报废率、来料免检率、来料返工率、来料退货率、在制品可用率、对供应商的投诉率及投诉处理时间等。这些指标可根据商品质量检验时记录的相关数据进行计算。

（2）质量体系。质量体系的评估指标包括通过ISO9000（质量管理体系标准）的供应商占比、实行来料质量免检的供应商占比、来料免检的价值占比、开展专项质量改进（围绕本企业的商品或服务）的供应商数目及占比、参与本企业质量改进小组的供应商人数及供应商占比等。

（三）数量

数量的评估主要用来衡量采购人员的工作量和工作能力，评估指标主要有储存费用、库存周转率，以及呆料、废料处理损失等。

（1）储存费用。储存费用是存货利息与保管费用的总和。在评估储存费用时，经常通过计算现有存货利息费用及保管费用之和与正常存货利息费用及保管费用之和的差额，来衡量采购人员与生产部门、销售部门之间的合作效果。差额越小，说明采购的商品利用率越高。

（2）库存周转率。库存周转率是指在某一时间段内库存商品周转的次数，是反映库存周转快慢的指标。商品的库存周转率越高，说明商品变现的速度越快。该指标可用于考核采购人员是否根据企业的运营情况合理控制库存、合理安排采购数量。

（3）呆料、废料处理损失。呆料是指储存量过大、消耗量小，以致库存周转率非常低的物资。废料是指报废的物资。呆料、废料处理损失是指处理这两类物资获得的收入与其采购成本之间的差额。差额越大，意味着采购人员的数量绩效越差。但如果差额过大，并不完全由采购人员造成，还受企业的运营情况、仓储情况等影响，则应酌情考虑采购人员的绩效。

（四）时间

时间也是采购绩效评估的重要内容，主要用于衡量采购人员处理订单的效率，以及把控供应商交货时间的能力。时间的主要评估指标有以下两种。

（1）紧急采购费用。这是指紧急采购情况下所采用的运输方式花费的费用与正常采购情况下所采用的运输方式花费费用的差额。该指标主要用于衡量采购人员在紧急采购情况下控制成本和协调供应商的能力。

（2）停工断料损失。这是指停工期间生产车间工作人员的工资及其他相关费用损失，包括订单流失、员工离职、紧急采购情况下的物资成本上涨等。该指标可用于衡量采购人员合理安排采购周期的能力、管理供应商交货时间的能力，以及识别和应对潜在风险的能力。

> ⏰ **提示**
>
> 供应商延迟交货可能造成企业缺货，但提早交货也可能增加企业的仓储管理费用，如当前仓库空间不足，需额外租赁仓库。

（五）采购效率

采购效率是采购绩效评估的重要内容，是评估采购人员多方面能力的关键依据，主要评估指标如下。

（1）年采购金额。年采购金额是指在一个年度内商品或物资的采购总金额，包括生产性原材料采购总额、生产性零部件采购总额、非生产性采购总额（包括设备、备件、生产辅料、软件、服务等）、原材料采购总额占总成本的比率等。年采购金额直接反映采购人员在一个年度内的采购规模，采购规模越大，意味着采购人员的工作效率和采购能力越强，对企业的贡献也就越大。

（2）年采购金额占销售收入的百分比。该指标是指在一个年度内商品或物资采购总额占年销售收入的比率，反映了采购资金的合理性。

（3）订购单的件数。订购单的件数是指在一定时期内采购商品的数量，反映了采购人员对采购需求预测的准确性及其订单管理能力和工作效率。在评估该指标时，可重点评估采购的高价值、重要的商品的数量。

（4）采购部门的费用。采购部门的费用是指在一定时期内采购部门的经费支出。采购部门的费用控制情况直接影响采购人员的采购效率。

（5）采购计划完成率。采购计划完成率是指在一定时期内商品实际采购额与计划采购额的比率，可用于衡量采购人员是否能够按时完成采购任务，也反映了采购部门的计划完成情况。商品实际采购额的计算标准主要有两种，第一种是采购人员签发订购单即算采购完成，第二种是待供应商交货并通过商品质量检验后才算采购完成。

（6）错误采购次数。错误采购次数是指在一定时期内采购部门或采购人员因工作失误等造成错误采购的数量，反映了采购部门或采购人员工作的质量。

（7）订单处理的时间。订单处理的时间是指在处理采购订单的过程中所需要的平均时间，反映了采购人员的工作效率。从向供应商发布采购订单到企业收到采购物资这一过程中处理的所有单据，都可称为订单处理。

（8）开发新供应商数量。开发新供应商数量是指在一定时期内与新的供应商建立合作关系的数量，反映了采购人员在市场开拓方面的能力和积极性，以及谈判和沟通能力。

三、采购绩效评估方式和方法

采购绩效评估作为衡量采购工作成效的关键环节，其评估结果与采购人员的薪酬相关，应当遵循明确、客观、公开且持续的原则，并应慎重选择评估方式和方法。

（一）采购绩效评估方式

根据评估的适用性，采购绩效评估方式可分为定期评估和不定期评估，如表5-17所示。

表5-17　采购绩效评估方式

方式	说明
定期评估	该方式用于配合企业年度人事考核制度定期评估采购人员的绩效，主要以工作业绩为考核重点，如工作态度、学习能力、协调能力、对企业的忠诚度等，比较客观公正，但在提高采购人员的工作积极性和工作效率方面没有太大作用
不定期评估	该方式用于评估特定项目中的采购绩效，如成本降低项目、新商品开发项目，主要以实际效果与预期目标之间的差距为考核重点。由于设置了一定的奖惩制度，该方式对提高采购效率具有积极作用

（二）采购绩效评估方法

采购绩效评估方法的选择直接关乎评估的公正性与评估结果的准确性。使用科学合理的评估方法，能够有效避免主观偏见和误判的干扰，确保评估过程与结果的客观和真实。同时，还能构建正向的激励机制，通过准确反映采购人员的工作成效，激发其工作热情和积极性，进而提高整个采购团队的工作效率。常见的采购绩效评估方法如表5-18所示。

表5-18　常见的采购绩效评估方法

方法	说明
直接排序法	该方法是按照绩效表现从优异到较差的顺序依次对被考核者排序，操作简便，容易识别出绩效表现好和差的采购人员，但如果评估的人数过多，则可能出现排序模糊的问题，还会加重工作量
两两比较法	该方法以某一绩效标准为基准，将每一位被考核者与其他被考核者两两进行比较，然后记录每一位被考核者在比较中被评为"更好"的次数，按照次数给被考核者排序。该方法的评估标准一致，增强了评估结果的公平性和可比性，也便于管理者直接比较和区分采购人员的工作绩效，但如果评估的人数过多，则会增加评估的时间和复杂性，同时比较过程中可能会出现循环现象，给评估结果带来不确定性
等级评定法	该方法是由评估小组或主管先拟定评估项目，同时划分评估等级，并给出不同等级的定义和描述，然后按照给定的等级评估每一个评价要素或绩效指标，最后给出总体评价。该方法能够避免上述两种方法的缺陷，简单易操作，但也可能使评价工作过于表面，容易出现高分情况。如果关于评价等级的描述比较抽象或模糊，也会导致评估标准不统一
目标管理法	该方法以目标为导向，要求被考核者在规定时间内达成目标，在规定时间结束后，将实际绩效与目标进行比较。该方法的优点是评估结果易于观测、失误性小，但也存在难以与其他被考核者进行横向比较的缺点

💬 任务实施

任务演练1：建立品牌采购绩效评估指标体系

【任务目标】

根据采购绩效评估的常规指标，建立采购绩效评估指标体系，并明确各项指标的权重，以便实施采购评估。

【任务要求】

本次任务的具体要求如表5-19所示。

表5-19 任务要求

任务编号	任务名称	任务指导
（1）	明确评估指标	罗列价格、质量、数量、时间、采购效率等方面的指标
（2）	赋予指标权重	根据指标的重要程度分别赋予一定的权重
（3）	建立采购绩效评估表	确定评分标准，细化各指标的分值，建立采购绩效评估表

【操作过程】

（1）明确评估指标。价格、质量、数量、时间、采购效率等是评估的重要内容，与这些内容相关的评估指标是评估的重点。考虑到本次评估仅针对新品原材料的采购项目，采购数量、采购金额、采购批次都是既定的，非临时性采购，还涉及原供应商，因此，紧急采购费用、订购单的件数、年采购金额、错误采购次数、开发新供应商数量这5个指标不适用于本次评估。

（2）赋予指标权重。剩余评估指标只剩9个，为方便评估，可为采购计划完成率赋予更高的权重，如20%，以更好地衡量项目的完成效果；为其他指标各赋予10%的权重。

（3）确定评分标准。根据品牌的实际情况，确定各指标的评分标准。

（4）建立采购绩效评估表。汇总所有指标及其权重分值，细化各指标的分值，并建立采购绩效评估表，如表5-20所示。

表5-20 采购绩效评估表

考核项目	考核指标	权重/%	评分标准				
			100分	90分	80分	60分	40分
价格绩效	采购成本降低额	10	1万元以上	8000～10000元	6000～8000元（不含）	4000～6000元（不含）	4000元以下
	采购成本降低率	10	5%以上	3%～5%	1%（不含）～3%（不含）	1%	1%以下
质量绩效	批次质量合格率	10	100%	90%～100%（不含）	80%～90%（不含）	65%～80%（不含）	65%以下
	来料退货率	10	0	5%以下	5%～10%	10%（不含）～15%	15%以上
数量绩效	库存周转率	10	3次以上	3次	2次	1次	1次以下
	呆料、废料处理损失	10	0	4000元以下	4000～7000元	7000（不含）～10000元	1万元以上
时间绩效	停工断料损失	10	无	1次	2次	3次	3次以上
采购效率绩效	采购计划完成率	20	100%	90%～100%（不含）	80%～90%（不含）	60%～80%（不含）	60%以下
	订单处理的时间	10	1～15天	15（不含）～20天	20（不含）～25天	25（不含）～30天	30天以上

任务演练2：实施采购绩效评估

【任务目标】

根据各采购人员的目标绩效横向评估其采购工作的完成情况，并结合直接排序法纵向评估各采购人员的采购绩效。

【任务要求】

本次任务的具体要求如表5-21所示。

表5-21 任务要求

任务编号	任务名称	任务指导
（1）	根据目标绩效评估	比较目标绩效与实际采购绩效之间的差异
（2）	结合直接排序法评估	比较各采购人员的评分

【操作过程】

（1）根据目标绩效评估。在3名采购人员中，采购人员A负责采购开心果，采购人员B负责采购松子，采购人员C负责采购新配料。现收集各采购人员的目标绩效和实际采购绩效，并将两者进行对比，如表5-22所示。

表5-22 根据目标绩效评估

考核项目	考核指标	采购人员					
		采购人员 A		采购人员 B		采购人员 C	
		目标绩效	实际采购绩效	目标绩效	实际采购绩效	目标绩效	实际采购绩效
价格绩效	采购成本降低额	1万元以上	0 元	1万元以上	1万元	1万元以上	1.5万元
	采购成本降低率	5%以上	0	5%以上	10%	5%以上	16%
质量绩效	批次质量合格率	98%	98%	98%	98%	98%	98%
	来料退货率	0	0	0	0	0	0
数量绩效	库存周转率	3 次以上	3 次以上	3 次以上	3 次以上	3 次以上	2 次以上
	呆料、废料处理损失	0	0	0	0	0	0
时间绩效	停工断料损失	无	无	无	无	无	无
采购效率绩效	采购计划完成率	100%	100%	100%	100%	100%	100%
	订单处理的时间	1～15 天	1～15 天	1～15 天	1～15 天	1～15 天	1～15 天
评价		采购人员 A 大部分指标达标，但在降低采购成本方面还有待提升		采购人员 B 所有指标均达标，表现较为优异		采购人员 C 在降低采购成本方面的表现超出目标绩效，但在库存周转方面还有待提升	

（2）结合直接排序法评估。根据实际采购绩效，结合采购绩效评估体系分别评价各采购人员在本次采购中的表现，并将三者进行对比，如表5-23所示。由表中的权重得分可知，3名采购人员的绩效表现是采购人员B>采购人员C>采购人员A。

表5-23　结合直接排序法评估

考核项目	考核指标	采购人员A		采购人员B		采购人员C	
		评分	权重得分	评分	权重得分	评分	权重得分
价格绩效	采购成本降低额	40分	4分	100分	10分	100分	10分
	采购成本降低率	40分	4分	100分	10分	100分	10分
质量绩效	批次质量合格率	90分	9分	90分	9分	90分	9分
	来料退货率	100分	10分	100分	10分	100分	10分
数量绩效	库存周转率	100分	10分	100分	10分	80分	8分
	呆料、废料处理损失	100分	10分	100分	10分	100分	10分
时间绩效	停工断料损失	100分	10分	100分	10分	100分	10分
采购效率绩效	采购计划完成率	100分	20分	100分	20分	100分	20分
	订单处理的时间	100分	10分	100分	10分	100分	10分
总分		770分	87分	890分	99分	870分	97分

综合实训

实训一　筛选和评估供应商

实训目的：熟悉商品采购的流程，提升商品采购能力。

实训要求：某服装品牌临时需要采购一批物资，采购量为200件，采购方式为询价采购。现已通过市场调研和初步评估筛选出4家备选供应商，并向供应商发送了询价单。现在需要根据这4家供应商的报价信息（见表5-24），从中选择出一家价低的供应商。

表5-24　报价信息

供应商	商品名称	单价	批量折扣
A	××短袖	120元/件	大于等于100件，9折
B	××短袖	110元/件	大于等于200件，8.8折
C	××短袖	100元/件	大于等于50件，9.2折
D	××短袖	95元/件	大于等于300件，8.5折

实训思路：先收集报价信息，然后比较4家供应商提供的价格。

实训结果：本次实训完成后的部分参考效果如下所示。

供应商A采购价：21600元

供应商B采购价：19360元

供应商C采购价：18400元

供应商D采购价：19000元

比价结果：供应商C采购价更低，可选择该供应商

实训二　借助 AIGC 拟定采购合同模板

实训目的：了解AIGC在商品采购中的应用，提高采购效率。

实训要求：该服装品牌与供应商C进行谈判后，最终约定以9折的优惠采购。现需拟订采购合同，以便签订。现借助文心一言拟定采购合同模板，提高采购合同的拟定效率。

实训思路：先在文心一言中输入背景和拟定采购合同的要求，然后查看生成结果。

实训结果：本次实训完成后的部分参考效果如图5-8所示（配套资源：\效果文件\项目五\借助AIGC拟定采购合同模板.docx）。

图5-8　参考效果

巩固提高

一、选择题

1.【单选】集中采购与分散采购最大的区别在于（　　　）。

　　A. 采购部门不同　　　　　　　　　B. 采购权力的集中与分散

　　C. 适用对象不同　　　　　　　　　D. 所获折扣不同

2.【单选】某企业通过公开邀请供应商参与投标竞争，并从中选择一家供应商。该采购方式是（　　　）。

　　A. 招标采购　　　　B. 询价采购　　　　C. 议价采购　　　　D. 竞争性谈判采购

3.【单选】下列不属于采购成本的是（　　　）。

　　A. 缺货成本　　　　　　　　　　　B. 库存持有成本

　　C. 订购成本　　　　　　　　　　　D. 销售利润

4.【多选】制订采购计划需要关注的因素有（　　　）。

　　A. 物料清单　　　　B. 采购环境　　　　C. 存量　　　　D. 生产效率

5.【多选】采购绩效价格评估指标有（　　　　）。

    A. 储存费用   B. 采购成本降低额

    C. 采购成本降低率   D. 库存周转率

二、填空题

1. ＿＿＿＿＿＿＿＿＿＿是按照绩效表现从优异到较差的顺序依次对被考核者排序。

2. 采购需求预测估计与推断的是＿＿＿＿＿＿＿＿＿采购市场的变化趋势和影响因素。

3. ＿＿＿＿＿＿＿＿＿＿是指企业将全部或部分采购业务交由专业采购服务供应商。

三、判断题

1. 采购只有购买一种形式。   （　　　）

2. 采购合同具有法律约束力，依法受法律保护。   （　　　）

3. 避光性商品不宜全部检验。   （　　　）

4. 易燃类商品应做好安全检验。   （　　　）

5. 供应商的选择对企业并无多大影响。   （　　　）

四、简答题

1. 商品采购的模式有哪些？

2. 商品采购的方式有哪些？

3. 商品采购需求预测的程序是怎样的？

4. 如何编制商品采购预算？

5. 降低商品采购成本的方法有哪些？

6. AI在商品采购中有哪些方面的应用？

7. 商品采购的过程是怎样的？

8. 评估商品采购绩效的方式和方法有哪些？

供应商管理

学习目标

> **知识目标**
1. 掌握供应商绩效评估和改进的方法，优化和改进供应商的绩效。
2. 掌握供应商关系管理的方法，提高供应商关系管理效率。

> **技能目标**
1. 具备较强的供应商绩效管理能力，能够运用绩效管理机制促使供应商提升自身能力。
2. 具备较强的供应商关系管理能力，能够与供应商建立长期、互利的合作伙伴关系。

> **素养目标**
培养数字思维和创新精神，能够将数字化管理意识运用到供应商管理中。

项目导读

在经济全球化的当下，企业成功的关键不仅在于优化内部运营，还在于有效地管理和整合外部资源。作为供应链管理的重要组成部分，供应商管理不仅对采购成本的控制有深远的影响，还是企业实现战略目标、保持竞争优势的重要手段。趣·味在发展过程中遇到多重考验，如业务扩张使得供应链变得更加复杂；消费者对食品安全问题日益重视，增加了企业的质量控制难度；原材料价格的大幅波动迫使企业寻找性价比更高的供应商等。面对这一系列挑战，趣·味着手优化其供应商管理。为此，老李准备带领小赵从两个方面应对，一是全面评估现有供应商绩效；二是根据评估结果，选出具有合作价值的优质供应商，并与之建立长期的合作关系，同时帮助表现一般的供应商改进绩效，推动整个供应链向更高效的方向转型。

任务一 供应商绩效管理

任务描述

由于趣·味合作的供应商绩效表现具有较大差异，因此老李带领小赵先搭建一套科学合理的绩效评估体系，然后分级管理供应商（见表6-1）。

表6-1 任务单

任务名称	供应商绩效管理	
任务背景	趣·味合作的供应商比较多，包括提供谷物与面粉的供应商、提供坚果的供应商、提供油脂和调料的供应商，以及提供各类包装的供应商等，这些供应商都是管理的重点。由于此前不重视供应商，趣·味并没有一套完整的绩效评估体系，也没有实时记录相关数据，并且评估周期较长（不固定，平均评估周期为一个季度）。遗忘数据、评估周期过长及粗略地评估等问题导致评估结果不准确，不利于对供应商进行管理	
任务阶段	☐商品认知　☐调研与分析　☐选品　☐采购　■管理和风险防范	
工作任务		
任务内容		**任务说明**
任务演练：评估零食品牌供应商的表现		先构建供应商绩效评估体系，然后实施分类分级管理
任务总结：		

知识准备

一、供应商绩效评估

供应商是向采购方提供物资并收取相应报酬的主体，是企业维持正常生产经营秩序的关键因素之一。评估供应商的绩效，不仅能清晰洞察供应商的质量水准，挑选出更优、更可靠的合作伙伴，还能有效激发供应商的能动性与积极性，促使其推进技术创新与管理升级，为企业的发展作出更大贡献。

供应商绩效评估是指考核企业现有供应商的日常表现。为科学评估供应商，通常需要建立与之相适应的供应商绩效评估体系，将供应商的绩效量化，常见评估指标如表6-2所示。不同行业、不同情况下的供应商绩效评估指标存在差异，企业可根据实际情况选择合适的指标建立评估体系。

表6-2 常见的供应商绩效评估指标

指标类型	考核内容	具体指标	考核方法	说明/计算公式
经济类指标	价格水平	市场平均价格比率	定量考核	（供应商的供货价格-市场平均价格）÷市场平均价格
		市场最低价格比率		（供应商的供货价格-市场最低价格）÷市场最低价格
	降本行动与态度	报价的透明度和客观度	定性考核	报价是否清楚说明原材料费用、加工费、包装费、运输费、税金、利润等
		配合企业降低成本的配合度		是否愿意配合企业降低原料费、加工费等

（续表）

指标类型	考核内容	具体指标	考核方法	说明/计算公式
质量类指标	供货质量	商品合格率	定量考核	合格商品件数÷全部商品件数×100%
		退货率		退货件数÷全部商品件数×100%
供应类指标	交货表现	准时交货率	定量考核	准时按量交货的实际批次÷订单确认的交货总批次×100%
	订单响应能力	交货周期	定性考核	订单开出日到确认收货日的时间长度
	订单灵活应变能力	订单变化接受率	定量考核	订单增加或减少的交货数量÷订单原定的交货数量×100%
服务类指标	服务质量	售后服务	定性考核	是否及时回复订单、交货、质量等咨询信息，是否及时处理退换货事宜，可细分为服务首次响应时间和问题解决时间两个子指标
	服务态度	合作态度		是否重视本企业，是否能通过内部协商满足本企业需求
		沟通能力		沟通人员、沟通手段（如电话、传真、电子邮件等）与本企业是否匹配
		配合积极性		是否积极或主动参与本企业相关的质量、供应或成本等改进项目，是否积极参与本企业召开的供应商改进会议，是否配合本企业开展质量管理体系审核等
		其他支持		是否积极参与本企业的新品报价和送样，是否妥善保管本企业相关文件等

⏰ 提示

除了表6-2所示的评估指标，还有其他类型的评估指标，如技术类指标（如是否拥有独特的技术或工艺、是否能够提供技术解决方案）、资产类指标（资产水平是否与企业水平相符）等。

二、供应商分级管理

为更有针对性地分配、管理资源，同时有序开展管理工作，企业可以分级管理供应商，给予优质供应商更多的支持和关注。

（一）供应商分类

不同类型的供应商负责不同的采购项目，对采购物资、价格等也有不同的要求。不同类别的供应商没有可比性，企业可先对供应商进行分类，将具有共同特性的供应商归为一类，以便比较同一类别中的供应商的绩效，识别优质供应商和劣质供应商。常见的分类依据有采购商品的品类、重要程度等。例如，按照采购商品的品类，可将供应商分为主要原材料供应商、包装材料供应商、机械加工供应商、技术供应商等；按照重要程度，可将供应商分为战略供应商、优选供应商、重点供应商、合格供应商，或者一级供应商、二级供应商、三级供应商等。

需要注意的是，按照采购商品的品类对供应商进行分类时，一个品类对应一个供应市场，但这个供应市场中可能存在多个供应商，同一供应商也可能同时供应不同品类的商品。

（二）供应商分级管理

供应商分级管理是在分类的基础上，根据评估结果，按照一定的规格，将同一类别中的供应商划分为不同的等级，以便识别供应商的价值，为高价值供应商提供更多的资源，同时淘汰绩效低的供应商。例如，可将供应商分为A、B、C、D共4个等级，其中，A级表示优秀、B级表示良好、C级表示合格、D级表示不合格，然后针对不同等级的供应商采取不同的管理措施，如表6-3所示。需要注意的是，同一供应商在不同的品类下可能处于不同的等级，相应的管理措施也应当有所不同。

表6-3　供应商分级管理

序号	分数/分	等级	管理措施
1	86～100	A级	优秀供应商，可展开深度合作，给予更多采购项目
2	71～85	B级	良好供应商，可稳定现有合作，也可设计奖励机制，鼓励供应商进一步提升商品和服务质量等
3	60～70	C级	合格供应商，加强监控，可提出改进建议，在合作范围内给予一定限制，如不允许参与新品开发
4	60以下	D级	不合格供应商，可淘汰

提示

供应商的分类和分级没有统一的标准，只要适合企业自身情况、方便精细化运营即可。

三、供应商绩效改进

供应商绩效管理并不意味着淘汰所有不合格的供应商，企业在淘汰供应商时还要考虑供应商对现有生产进度的影响等。从成本角度来看，淘汰供应商意味着重新寻找、评估和引入新的供应商，不仅耗时耗力，还可能伴随着较高的转换成本。因此，针对绩效表现不佳，但还有合作价值的供应商，可采取以下方法督促其优化改进。

（1）技术支持。派遣资深技术人员深入供应商生产现场，帮助供应商发现和解决技术问题，优化生产流程和制造工艺。还可以定期派遣工作人员为供应商开展商品质量培训，帮助供应商提升工作技能，提高商品品质。

（2）加强沟通反馈。定期开展与供应商相关的活动或会议，邀请供应商参与，及时与供应商沟通自己的需求，避免引起不必要的纠纷，同时促使供应商不断优化自我。

（3）经验复制。积极推进供应商绩效改善工作，将本企业或优秀供应商的成功经验分享给供应商。

（4）设置奖惩机制。对于达到或超过改进目标的供应商，给予一定的奖励，如增加订单份额、延长合同期限等；对于未能达到改进目标的供应商，规定相应的惩罚措施，如减少订单份额、缩短合同期限等，从而激励供应商改进。

（5）供应商早期介入开发。要求供应商参与企业新项目早期的研发，表示与之建立更紧密的合作关系，从而提升供应商的合作意识，激励供应商改进。

💬 **任务实施**

任务演练：评估零食品牌供应商的表现

【任务目标】

构建一套系统化的评估体系，全面评估供应商的绩效表现，从而科学管理和选择供应商，促进双方关系健康发展。

【任务要求】

本次任务的具体要求如表6-4所示。

表 6-4　任务要求

任务编号	任务名称	任务指导
（1）	构建供应商绩效评估体系	设定绩效评估指标，确定评估周期和评分标准
（2）	实施分类分级管理	先进行供应商分类，然后根据绩效评估结果将不同类别的供应商分为不同的级别

【操作过程】

1. 构建供应商绩效评估体系

根据品牌的业务需求及对供应商的期望、行业情况设定绩效评估指标，并结合品牌实际情况确定评估周期和评分标准。

（1）设定绩效评估指标。品牌期望获得稳定且灵活的供货、高品质的商品及新品开发支持，同时花费较低的采购成本。由此可知，品牌对交货情况、供货质量及价格等比较关注，可选择对应的绩效指标，如准时交货率、商品合格率等。参考同行的成功经验，获知服务态度和服务质量也是考核的重点，包括合作态度、售后服务（可细分为服务首次响应时间和问题解决时间）等，而这些内容对品牌也有较大影响，可将相关指标纳入考核体系，最终的供应商绩效评估体系如图6-1所示。

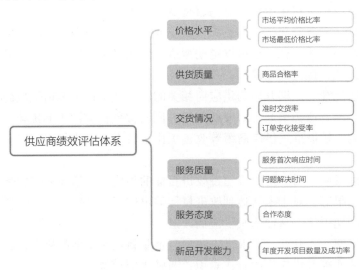

图 6-1　供应商绩效评估体系

（2）确定评估周期。品牌过去的评估周期不固定，而且每次周期过长，不便于持续监控供应商。因此，可固定评估周期并缩短评估时间，如每月定期评估，年中和年末大评估。

（3）确定评分标准。根据重要程度为每个绩效评估指标分配不同的权重，并为每个绩效评估指标设定最低合格标准和理想目标值，最后计算综合得分，以便于比较和跟踪，结果如表6-5所示。

表6-5 评分标准

绩效评估指标	权重	量化标准	
		标准	分值
市场平均价格比率	15%	≤5%	100分
		5%＜市场平均价格比率≤10%	80分
		10%＜市场平均价格比率≤20%	60分
		20%＜市场平均价格比率≤30%	40分
		＞30%	0分
市场最低价格比率	15%	≤5%	100分
		5%＜市场最低价格比率≤10%	80分
		10%＜市场最低价格比率≤20%	60分
		20%＜市场最低价格比率≤30%	40分
		＞30%	0分
商品合格率	20%	100%	100分
		99%≤商品合格率＜100%	80分
		98%≤商品合格率＜99%	60分
		97%≤商品合格率＜98%	40分
		＜97%	0分
准时交货率	15%	99%≤准时交货率＜100%	100分
		95%≤准时交货率＜99%	80分
		90%≤准时交货率＜95%	60分
		80%≤准时交货率＜90%	40分
		＜80%	0分
订单变化接受率	15%	≥95%	100分
		90%≤订单变化接受率＜95%	80分
		80%≤订单变化接受率＜90%	60分
		70%≤订单变化接受率＜80%	40分
		＜70%	0分
服务首次响应时间	5%	≤12小时	100分
		12小时＜服务首次响应时间≤24小时	80分
		24小时＜服务首次响应时间≤48小时	60分
		48小时＜服务首次响应时间≤72小时	40分
		＞72小时	0分
问题解决时间	5%	≤3个工作日	100分
		3个工作日＜问题解决时间≤5个工作日	80分
		5个工作日＜问题解决时间≤10个工作日	60分
		10个工作日＜问题解决时间≤15个工作日	40分
		＞15个工作日	0分

（续表）

绩效评估指标	权重	量化标准	
		标准	分值
合作态度	5%	合作态度非常好	100分
		合作态度良好	80分
		合作态度一般	60分
		合作态度较为恶劣	0分
年度开发项目数量及成功率	5%	年度开发项目数量≥5项 成功率≥90%	100分
		3项≤年度开发项目数量<5项 80%≤成功率<90%	80分
		1项≤年度开发项目数量<3项 60%≤成功率<80%	60分
		年度开发项目数量<1项 成功率<60%	0分

2. 实施分类分级管理

首先进行初步分类，然后根据绩效评估指标进行评估，最后根据绩效评估结果进行供应商分级。

（1）供应商分类。查看品牌现有供应商的信息，然后根据供应商提供的商品品类和服务内容划分供应商类别，划分结果如表6-6所示。

表6-6 供应商分类

大类	中类	小类	供应商
原材料供应商	农产品供应商	谷物与面粉供应商	供应商A、B、C、D……
		坚果与可可供应商	供应商A、B、C、D……
		水果供应商	供应商A、B、C、D……
		……	……
	食品加工配料供应商	油脂类供应商	供应商A、B、C、D……
		糖类供应商	供应商A、B、C、D……
		调味料供应商	供应商A、B、C、D……
		……	……
包装材料供应商		塑料包装供应商	供应商A、B、C、D……
		纸质包装供应商	供应商A、B、C、D……
		金属罐装供应商	供应商A、B、C、D……
		……	……
生产设备供应商		自动化生产线设备供应商	供应商A、B、C、D……
		检测仪器供应商	供应商A、B、C、D……
		……	……
技术供应商		信息技术服务供应商	供应商A、B、C、D……
		……	……
物流与配送供应商		快递服务供应商	供应商A、B、C、D……
		物流服务供应商	供应商A、B、C、D……

（续表）

大类	中类	小类	供应商
研发合作伙伴		科研机构/公司	机构/公司 A、B、C、D……
		合作学校	××大学食品学院、××农业大学
其他服务机构		质量认证机构	机构 A、B、C、D……
		法律咨询与专利代理机构	××律师事务所、××知识产权代理有限公司

（2）供应商评估。根据构建的供应商绩效评估体系及评分标准，依次评估每个细分类别下的供应商绩效，表6-7所示为坚果与可可供应商的绩效评估结果。

表6-7 坚果与可可供应商的绩效评估结果

绩效评估指标及权重	供应商 A		供应商 B		供应商 C		供应商 D		供应商 E		供应商 F	
	各项得分	权重得分	各项得分	权重得分	各项得分	权重得分	各项得分	权重得分	各项得分	权重得分	各项得分	权重得分
市场平均价格比率（15%）	100分	15分	100分	15分	80分	12分	80分	12分	100分	15分	80分	12分
市场最低价格比率（15%）	80分	12分	80分	12分	100分	15分	80分	12分	100分	15分	80分	12分
商品合格率（20%）	60分	12分	80分	16分	80分	16分	60分	12分	80分	16分	80分	16分
准时交货率（15%）	80分	12分	100分	15分	100分	15分	40分	6分	100分	15分	100分	15分
订单变化接受率（15%）	80分	12分	80分	12分	80分	12分	60分	9分	100分	15分	100分	15分
服务首次响应时间（5%）	80分	4分	100分	5分	80分	4分	40分	2分	100分	5分	100分	5分
问题解决时间（5%）	80分	4分	100分	5分	60分	3分	40分	2分	100分	5分	80分	4分
合作态度（5%）	60分	3分	80分	4分	80分	4分	60分	3分	100分	5分	80分	4分
年度开发项目数量及成功率（5%）	0分	0分	60分	3分	60分	3分	0分	0分	80分	4分	80分	4分
综合得分	74分		87分		84分		58分		95分		87分	

（3）供应商分级。根据分值大小确定分级标准，如采用A、B、C、D四级制，90～100分为A级（优秀）、75～89分为B级（良好）、60～74分为C级（合格）、60分以下为D级（不合格），然后针对不同级别的供应商制定不同的管理措施。表6-8所示为坚果与可可供应商的分级结果。

表 6-8　坚果与可可供应商的分级结果

分数/分	等级	分级	管理措施
90～100	A 级（优秀）	供应商 E	增加订单量，优先考虑新项目合作，共同投资研发和技术升级，并给予公开表扬或颁发证书
75～89	B 级（良好）	供应商 B、C、F	继续保持良好的合作关系，针对薄弱环节提出改进建议，必要时提供技术支持和培训
60～74	C 级（合格）	供应商 A	明确指出存在的问题，设定具体的改进计划和时间表，定期检查改进效果，确保逐步达标
60 以下	D 级（不合格）	供应商 D	限期整改，如果未能有效改进，则考虑终止合作，寻找新的供应商

任务二　供应商关系管理

任务描述

完成供应商的评估后，老李和小赵需要根据品牌需求，深入开展供应商管理工作，包括与优秀供应商展开战略合作、设计供应商改进计划等（见表6-9）。

表 6-9　任务单

任务名称	供应商关系管理	
任务背景	供应商 E 是品牌当前的潜在战略合作伙伴，提供了多种品牌当前所需的战略物资。为与供应商 E 建立长期合作伙伴关系，品牌决定与供应商 E 展开战略合作，并设计一个全面且具有前瞻性的合作方案。同时，针对绩效表现维持在及格线附近、提供高利润物资的供应商，品牌希望设计一套具有针对性的问题改进计划，以提升供应商质量	
任务阶段	□商品认知　□调研与分析　□选品　□采购　■管理和风险防范	
工作任务		
任务内容	任务说明	
任务演练 1：与优秀供应商展开战略合作	确定合作内容，设计合作方案，然后签署合作协议	
任务演练 2：设计供应商改进计划	先分析问题，然后针对问题设计改进计划	
任务总结：		

知识准备

一、供应商关系

供应商关系管理是一套用来管理企业与供应商二者关系的管理机制，其目标是与供应商构建长期且紧密的业务合作，实现双方资源和市场优势的整合，以达成双方共赢的局面。在管理过程中，受双方实力、采购项目吸引力、利益等的影响，企业与供应商之间会形成多种类型的关系。

卡拉杰克模型按照采购商品的利润影响和风险，将采购商品分为战略、瓶颈、杠杆、一般四大类（见图6-2）。相应地，企业与供应商也就形成这4种关系。

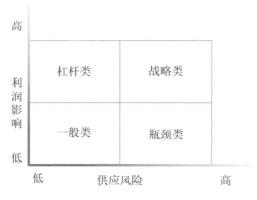

图 6-2　卡拉杰克模型

（1）战略类。战略类采购商品居于核心地位，一旦出现供应问题，会给企业带来严重的影响。在此种情况下，企业与提供该类商品的供应商关系紧密、相互依赖，具有强烈的合作意愿，是互生互存的战略合作伙伴关系。

（2）瓶颈类。瓶颈类采购商品具有高风险、低收益的特性，通常由一个或少数几个特定供应商提供，存在供应垄断的风险。在此种情况下，提供该类商品的供应商占据主导权，企业依赖于供应商。

（3）杠杆类。杠杆类采购商品是高质量、高利润的商品，可选择的供应商较多。在此种情况下，企业占据主导地位，可以与供应商合作，也可替换供应商。

（4）一般类。一般类采购商品是供给丰富、容易采购、对企业影响小的商品，具有低风险、低价值、易获得的特点，可选择的供应商较多。在此种情况下，企业与供应商之间互不重视。

二、数字化管理供应商关系

数字化管理供应商关系是利用数字技术和工具管理供应商关系，实现关系管理的自动化、透明化、精准化和高效化，这是技术进步和市场环境变化带来的改变。

（一）数字化管理内容

数字化管理供应商关系可以让企业与供应商之间的合作变得更加精简和高效，其管理内容贯穿采购的整个过程，包括采购前的开发寻源、采购中的过程管理、采购后的绩效评估等，这些内容也是供应商的全生命周期管理。

（1）供应商开发。根据企业新的物资需求，寻找新的供应商，并根据企业要求完成供应商档案维护、准入与认证等。

（2）供应商寻源。根据采购需求寻找具体的商品及提供该商品的供应商，并为降低成本和规范化采购，在寻源过程中开展询价/招标/竞价、审批等。

（3）供应商采购过程管理。按照采购需求发起采购申请和确定供应商，并跟进供应商的生产或发货进度，同时管理好采购合同，在商品入库后就出现的质量问题与供应商等协商处理，并在完成所有采购工作后与供应商对账、结算货款。

（4）供应商绩效管理。总结和评估供应商在采购中的表现，以便进行精细化管理。

（二）数字化管理系统

供应商关系管理（Supplier Relationship Management，SRM）系统是实现数字化管理供应商关系的重要工具，该系统借助标准化的业务流程、先进的管理思想和数字技术，帮助企业做好供应商关系管理，从而与供应商建立稳定、紧密的关系，达到降本增效的目的。

1. 核心功能

供应商关系管理系统是企业信息管理系统的一个分支，是企业对接供应商的接口。通过该系统，企业可以实现供应商关系管理的自动化，减少关系管理过程中的人工损耗。供应商关系管理系统具有以下核心功能。

（1）供应商全生命周期管理。供应商关系管理系统可以提供供应商信息的标准化模板和流程，帮助企业规范录入供应商信息。同时，该系统还通过引入一套完整且规范的供应商全生命周期管理流程，包括从供应商注册、供应商准入、供应商信息维护到绩效考核，再到最后的供应商退出，帮助企业有序推进供应商关系管理，并识别潜在问题。

（2）采购管理。供应商关系管理系统可以根据企业的业务需求，自动生成采购计划，并通过智能算法筛选、推荐和审核供应商，自动监控订单的执行情况，包括订单状态、交货时间、质量等，实现"采购申请发起→采购申请审批→采购申请传递→采购订单维护→采购订单审批→采购订单发送→收货→验收→入库→对账→付款→采购申请发起"等采购业务的全流程闭环管理，从而提高企业的采购效率。

（3）协同管理。供应商关系管理系统提供了便捷的在线采购协同平台，方便企业与供应商之间实时共享采购需求、采购价格、采购计划、合同签订、库存情况、订单状态等信息，降低共同成本，促进双方之间紧密合作。

（4）合同管理。供应商关系管理系统能够集中管理并自动化处理企业与供应商之间的各种合同，包括合同审批、续签、终止等，降低企业合同管理的复杂性。

（5）风险管理。供应商关系管理系统能够实时监控供应商的风险状况，包括财务风险、质量风险和合规风险等，并通过建立风险预警机制，帮助企业及时发现和应对潜在风险，降低损耗。

市面上的供应商关系管理系统较多，如简道云、罗浮云计算、携客云等，这些管理系统各有优点，企业可根据需要进行选择。

 知识拓展

从企业信息化的角度来看，供应商可分为上游供应商、企业内部、下游客户3部分。对上游供应商的关系管理可借助SRM系统实现，对企业内部的信息化管理可借助ERP（Enterprise Resource Planning，企业资源计划）系统实现，对下游客户的管理可借助CRM（Customer Relationship Management，客户关系管理）系统实现。

---

2. 数字技术

供应商关系管理系统的自动化得益于数字技术的支持，以下是该系统中主要应用的数字技术。

（1）数据仓库。数据仓库是集中存储和管理各类数据的大型数据库，是供应商关系管理系统的基础，可以满足系统对各方面数据的要求。

（2）数据挖掘。数据挖掘技术可以从海量数据中挖掘出与供应商相关的、有价值的信息，实现数据与供应商的匹配，是供应商关系管理系统中的关键技术之一。

（3）联机分析处理。联机分析处理技术是共享多维信息的、针对特定问题的联机数据访问和分析的快速软件技术，能够帮助企业从多个角度快速分析和处理供应商的相关数据，并获得直观、易懂的查询结果。

（4）电子数据交换。电子数据交换是指按照统一规定的通用标准格式，将标准的经济信息通过通信网络传输，与供应商的电子计算机系统进行数据交换和自动处理。借助电子数据交换技术，供应商关系管理系统可以与企业的企业信息管理系统进行数据交换，实现业务的互联互通。

（三）数智化管理

在人工智能、机器学习等技术的驱动下，供应商关系管理系统变得更加智能化，能够帮助企业实现智能比价、智能预警、智能监控供应商等，并提供分析结果和建议。此外，智能化的供应商关系管理系统还能简化企业的管理业务流程，自动识别发票和对比合同，并标记差异，全面提高管理效率。在数智化管理过程中，支撑供应商关系管理系统智能化运转的技术主要有以下6种。

（1）大数据。大数据技术是一种分析和处理海量数据的技术。借助大数据技术，供应商关系管理系统能够收集和处理来自多个渠道的数据，包括历史采购记录、供应商绩效等，从而优化采购策略、采购流程及管理流程。

（2）机器学习。机器学习（Machine Learning，ML）技术是让计算机通过分析和学习大量的数据，并找出数据中的规律进而进行预测或决策的技术。借助该技术，供应商关系管理系统能够从过往的交易中学习经验，自动推荐合适的供应商。

（3）AI。将AI技术应用于供应商关系管理系统，可以实现智能比价、智能风险评估等。

（4）机器人流程自动化。机器人流程自动化（Robotic Process Automation，RPA）技术是以软件机器人和AI技术为基础的业务过程自动化技术。将该技术应用到供应商关系管理系统中，企业可以实现采购流程的自动化和标准化，重构和简化供应商关系管理业务流程。

（5）自然语言处理。自然语言处理（Natural Language Processing，NLP）技术是使机器理解、解释并生成人类语言，实现人机有效沟通的技术。借助该技术，供应商关系管理系统可以使企业的信息搜索变得更加简单和高效，从而提高信息处理效率。

（6）光学字符识别。光学字符识别（Optical Character Recognition，OCR）技术是指电子设备通过检测纸上字符的暗、亮的模式等，确定字符的形状，然后采用字符识别的方法将形状翻译成计算机文字的技术。将该技术应用到供应商关系管理系统中，企业可以自动读取与分类发票、采购订单、收货单据、供应商资质文件等相关的文档，并检测文档信息的正确性。

三、建立与维护长期合作伙伴关系

合作伙伴关系是企业与供应商之间能够达成的最高层次的合作关系。在此关系上，双方互相信任，共担风险、利益共享、信息共享。对企业而言，与供应商建立长期合作伙伴关系，不仅可以保证稳定和灵活地供应商品并分散风险，还能够形成战略协同效应，加快商品开发和市场拓展速度等。这就需要企业采取一定的措施，加深并维护好双方之间的关系。

（1）建立信任基础。信任是建立合作伙伴关系的基础，最基本的信任是保守商业机密。

一方面，企业要对供应商的重要信息保密，包括成本、技术等，不得随意透露给其他供应商；另一方面，供应商也应对企业的重要信息保密，包括商品参数、制造工艺和技术、成本等，不得透露给企业的竞争对手。

（2）进行战略合作。针对值得合作的供应商，企业可以与其展开战略合作，共同商讨合作计划，包括扩张计划、技术革新计划、未来投资计划等，加深利益关系。在商讨时，可从企业的关注点和供应商的关注点两方面分析双方的优势、劣势及匹配度，尽可能挖掘更多的合作方向，并利用双方之间的优势，形成优势互补。

（3）价值观协同。价值观驱动行动，企业可主动给现有供应商传递自身的价值观，并优先选择与自身价值观相契合的合作伙伴，确保双方在经营理念和企业文化等方面相似或保持一致，深化精神连接，从而实现步调统一、协同发展。

（4）信息共享。信息共享包括商品信息共享、共同预测需求和制订生产、共享运输与库存补充计划等，这可以实现双方之间的有效协调运营，实现信息的顺畅对接。对此，企业可以借助电子信息通信系统进行。

💬 任务实施

任务演练1：与优秀供应商展开战略合作

【任务目标】

品牌从多个角度思考后，考虑与供应商E展开战略合作，需要设计一个比较详细的战略合作方案，与供应商E建立长期稳定的合作伙伴关系，实现双赢。

【任务要求】

本次任务的具体要求如表6-10所示。

表6-10　任务要求

任务编号	任务名称	任务指导
（1）	准备与洽谈	思考可以合作的项目，形成初步合作计划
（2）	制定战略合作方案	就合作计划与供应商商谈，形成初步合作方案，然后双方签署协议

【操作过程】

（1）战略规划与准备。思考可合作的项目，根据合作项目确定双方的合作目标，如新品开发、市场扩张、技术革新等，并评估各项目实施的难易程度、实施的时间长短等，形成初步的合作计划。

（2）初步洽谈。与供应商E商谈，探讨合作的可能性和可行性，包括合作前提、合作目的、合作原则、合作框架等。

（3）形成初步合作方案。确定合作意向，就合作事宜形成初步的战略合作方案，方便后续开展具体的合作事宜。方案示例如下。

趣·味与供应商E战略合作方案

一、合作事项说明

（一）合作前提

1. 企业愿景一致：趣·味与供应商E均致力于提供高质量、健康、环保的商品和服务，双方在企业文化和价值观方面高度契合。

2. 市场定位互补：供应商E具备强大的研发能力和创新技术，而趣·味拥有广阔的销售渠道和品牌影响力，双方的合作能够实现优势互补。

3. 评估结果优良：经过详细的调查和样品测试，供应商E在商品质量、交货准时率、新品开发能力等方面表现优异，符合趣·味的高标准要求。

（二）合作目的

1. 提升商品竞争力：通过引入供应商E的优质原材料和技术支持，提升商品的品质和创新能力，增强市场竞争力。

2. 提高供应链效率：建立稳定可靠的供应关系，确保原材料及时供应，降低库存成本，提高生产效率。

3. 共同开发新商品：利用双方的技术和资源优势，联合开发创新型健康零食，满足不断变化的市场需求。

4. 实现可持续发展：推广绿色供应链建设，共同履行社会责任，推动行业的可持续发展。

（三）合作原则

1. 互信互利：基于相互信任和尊重，确保双方都能从合作中获得实际利益。

2. 透明沟通：保持开放透明的沟通渠道，及时分享信息和反馈意见，共同解决问题。

3. 持续改进：定期评估合作效果，寻找优化空间，不断提高合作质量和效率。

4. 风险共担：共同应对市场波动或外部风险，分担成本压力，确保合作项目顺利推进。

（四）合作期限

1. 初步合作期：为期两年，自合同签订之日起生效。

2. 续签机制：根据合作效果和双方意愿，可协商延长合作期限或调整合作内容。

二、合作框架

（一）长期合作协议

1. 订单量承诺：在合作期内，趣·味承诺每年向供应商E采购一定数量的原材料，并根据市场情况逐步增加订单量。

2. 交货期限：供应商E须确保按时交货，具体交货时间由双方协商确定，并在合同中明确规定。

3. 质量标准：供应商E所有交付的原材料必须符合趣·味制定的质量标准，包括但不限于成分标准、规格标准、安全性标准等。

4. 价格条款：设定合理的价格范围，根据市场行情和原材料成本适时调整，确保双方利益平衡。

（二）联合开发协议

1. 项目管理：成立联合项目组，负责新品的研发和技术改进工作，定期召开会议，协调解决遇到的问题。

2. 知识产权：明确新商品开发过程中的知识产权归属和技术共享机制，确保双方的合法权益得到保护。

3. 资金投入：根据项目的规模和复杂程度，双方共同承担研发费用，并按照投资比例分配收益。

4. 技术支持：供应商E为趣·味提供必要的技术支持，帮助其掌握新技术的应用方法。

（三）利益分享机制

1. 利润分配：根据双方的投资比例或贡献度，设计合理的利润分配方案，确保双方都能从合作中受益。

2. 价格调整机制：设立灵活的价格调整机制，以应对原材料价格上涨或市场波动带来的影响。

三、发展战略

（一）短期目标（1~2年）

1. 优化现有产品线：通过引入供应商E的优质原材料，提升现有商品的品质和稳定性，降低消费者投诉率。

2. 开展联合研发项目：至少启动一个新商品开发项目，探索新的口味、配方或包装形式，满足市场需求。

3. 加强供应链管理：完善供应链管理体系，确保原材料及时供应，降低库存成本，提高生产效率。

（二）中期目标（3~5年）

1. 拓展合作领域：逐步扩大合作范围，涉及更多种类的原材料和技术服务，形成全面的战略合作关系。

2. 提高市场份额：通过不断创新和优化商品，提高品牌的市场占有率，使品牌成为行业内的领军品牌。

3. 深化技术创新：共同投资新技术、新材料的研发，保持市场领先地位，推动行业技术进步。

（三）长期目标（5年以上）

1. 共建生态体系：构建一个涵盖研发、生产、销售、服务等环节的完整生态体系，实现产业链上下游企业的协同发展。

2. 推动可持续发展：建设绿色供应链，共同履行社会责任，推动行业可持续发展，树立良好的社会形象。

3. 全球战略布局：将合作模式推广至国际市场，探索更多的合作机会，提升品牌的全球影响力。

（4）签署协议。细化合作方案，生成书面协议，双方签署协议。

技能练习

假设品牌要与供应商E就技术革新展开战略合作，请设计详细的合作方案。

任务演练2：设计供应商改进计划

【任务目标】

针对供应商存在的问题提出改进措施，形成改进计划，提升供应商质量。

【任务要求】

本次任务的具体要求如表6-11所示。

表6-11　任务要求

任务编号	任务名称	任务指导
（1）	分析问题	找出供应商存在的问题，然后分析问题成因
（2）	形成改进计划	针对问题提出改进建议，形成改进计划

【操作过程】

（1）问题诊断。根据绩效评估结果可知，大多数处于合格水准的供应商基本存在两个问题：准时交货率低、商品合格率低。

（2）原因分析。与供应商交流并进行实地考察后，得知造成这两个问题的主要原因包括生产流程不规范、物流配送不畅、质量控制体系不完善等。

（3）提出改进建议。在生产流程不规范方面，可通过梳理生产流程并制定规范化操作手册，确保各环节操作规范一致；在物流配送不畅方面，可从物流网络优化和库存管理优化两个方面入手，如重新规划物流配送路线、加强库存管理；在质量控制体系不完善方面，可引入质量管理体系，并对员工进行质量意识培训等。

（4）明确可提供的支持和资源。品牌拥有多个供应商，可向合格供应商分享优秀供应商在生产、物流配送、质量控制等方面的经验，也可派遣相关技术人员为合格供应商提供技术支持和咨询服务等。

（5）明确改进目标和时间。配合品牌的供应商绩效评估周期，设定明确的目标和时间规划，如未来3个月内准时交货率提高至60分、商品合格率提高至80分。汇总所有信息，形成改进计划，示例如下。

合格供应商改进计划

1．问题及成因

（1）问题：准时交货率低、商品合格率低。

（2）成因：生产流程不规范、物流配送不畅、质量控制体系不完善等。

2．改进目标与时间规划

（1）准时交货率：未来3个月内提高至60分，3~6个月内提高至80分，6个月以后稳定在80分以上。

（2）商品合格率：未来3个月内提高至80分，3~6个月内提高至80分以上，6个月以后稳定在80分以上。

3．改进建议

（1）规范生产流程：梳理生产流程并制定规范化操作手册，确保各环节操作规范一致。

（2）优化物流配送

①物流网络优化：重新规划物流配送路线，选择更可靠的物流公司，确保运输过程中的时效性和安全性。

②库存管理优化：加强库存管理，确保原材料处在安全库存水平，避免因缺料而导致生产中断。

（3）强化质量控制

①质量管理体系：引入或完善ISO9001、HACCP（Hazard Analysis and Critical Control Point，危害分析及关键控制点）等质量管理体系，确保从原材料采购到成品出厂的全过程受控。

②培训与认证：对员工进行质量意识培训，确保每个环节的操作符合标准；鼓励员工参加相关的职业资格认证。

4. 本品牌可提供技术与资源

（1）技术支持：派遣相关技术人员为合格供应商提供技术支持和咨询服务等。

（2）资源分享：分享优秀供应商在生产、物流配送、质量控制等方面的经验。

5. 监督与评估

（1）月度汇报：按照供应商绩效评估周期，要求供应商每月提交改进进展报告，详细说明各项指标的变化情况。

（2）执行审核：每3个月进行一次全面审核，检查改进措施的执行情况和实际效果。

综合实训

设计服装类供应商激励与惩罚机制

实训目的：掌握供应商管理的相关知识，提升供应商管理能力。

实训要求：某服装品牌将供应商划分为A、B、C、D 4个等级，供应商绩效依次递减。为加强品牌内部对供应商的管理，刺激供应商进行自我优化的积极性和主动性，该品牌准备制定相应的供应商激励与惩罚机制，奖励表现优异的供应商，惩罚表现不佳的供应商。

实训思路：根据供应商从品牌身上获得的利益设计激励与惩罚机制。

实训结果：本次实训完成后的参考效果如图6-3所示（配套资源：\效果文件\项目六\服装类供应商激励与惩罚机制.docx）。

一、激励机制

1. 合作奖励

A级供应商

优先采购权：在同等条件下，品牌将优先采购A级供应商的商品。

价格优惠：对于长期合作且表现稳定的A级供应商，可提供一定的价格优惠。

合作拓展：给予A级供应商更多的合作机会，如共同开发新商品、拓展新市场等。

B级供应商

培训支持：为B级供应商提供质量管理、交货管理等方面的培训，帮助其提高绩效。

稳定订单：与B级供应商保持稳定的合作，维持现有采购量。

C级供应商

技术支持：品牌将提供必要的技术支持，帮助C级供应商提高商品质量和交货率。

2. 荣誉奖励

荣誉表彰：授予A级供应商"优秀合作伙伴"荣誉称号，并在品牌内部或行业会议上进行表彰和宣传。

提升奖励：对各方面提升明显、变化大的供应商，给予现金奖励和订单奖励（如增加订单），并授予"进步奖"。

二、惩罚机制

终止合作：对于长期表现不佳且无明显改善意愿的D级供应商，终止合作。

退步惩罚：对于与上一次评估结果相比出现降级的供应商，出现一次予以警告提醒，出现3次则对其进行降级处理。

公开曝光：对于严重违反合同或造成品牌损失的供应商，品牌将在内部或行业范围内公开曝光。

法律追责：对于涉及违法行为的供应商，品牌将依法追究其法律责任。

图6-3　参考效果

巩固提高

一、选择题

1. 【单选】对企业而言，供应商是（　　）。
   A. 采购物资的提供方　　　　　　B. 无关紧要的存在
   C. 竞争对手　　　　　　　　　　D. 无偿提供物资的合作者

2. 【单选】供应商的绩效评估对象和内容是（　　）。
   A. 企业现有供应商的产能　　　　B. 企业现在及未来的供应商的日常表现
   C. 企业现有供应商的日常表现　　D. 企业过去供应商的服务态度

3. 【单选】供应商关系管理的最高层次目标是（　　）。
   A. 构建长期且紧密的业务合作　　B. 构建长期合作伙伴关系
   C. 构建良好合作关系，互利互惠　D. 保持和平关系，实现自我的壮大发展

4. 【多选】企业与供应商的关系有（　　）。
   A. 战略类　　　　B. 瓶颈类　　　C. 杠杆类　　　　D. 一般类

5. 【多选】改进供应商绩效的方法有（　　）。
   A. 技术支持　　　　　　　　　　B. 加强沟通反馈
   C. 经验复制　　　　　　　　　　D. 设置奖惩机制

二、填空题

1. 数字化管理供应商关系是利用＿＿＿＿＿＿＿＿管理供应商关系。

2. ＿＿＿＿＿＿＿＿是企业与供应商之间能够达成的最高层次的合作关系。

3. ＿＿＿＿＿＿＿＿是借助标准化的业务流程、先进的管理思想和数字技术，与供应商建立稳定、紧密的关系。

三、判断题

1. 不同类别的供应商适合进行绩效比较。　　　　　　　　　　　　　　（　　）

2. 供应商分级是针对所有供应商的统一划分。　　　　　　　　　　　　（　　）

3. 运用AI技术可以使供应商关系管理系统更加智能，实现智能比价、智能风险评估等。
　　　　　　　　　　　　　　　　　　　　　　　　　　　　　　　　（　　）

四、简答题

1. 供应商绩效评估的指标有哪些？

2. 如何进行供应商分类和分级？

3. 供应商关系管理的内容有哪些？

4. 供应商关系管理系统是什么？其对供应商关系管理有何作用？

5. 企业如何与供应商建立长期合作伙伴关系？

6. 供应商关系数智化管理体现在哪些方面？

采购商品管理

项目七

学习目标

> **知识目标**

1. 掌握商品入库流程，优化商品入库管理。
2. 掌握商品仓储管理的方法，优化商品仓储管理。
3. 掌握商品质量管理的方法，优化商品质量管理。
4. 掌握商品出库流程，优化商品出库管理。

> **技能目标**

1. 具备较强的商品库存管理能力，规范库存管理。
2. 具备较强的问题解决能力，能够快速解决商品管理问题，并不断优化和提升商品质量。

> **素养目标**

培养组织协调能力，合理安排商品的入库、出库和库存调整，提高作业效率和质量。

项目导读

采购商品管理的关键步骤在于妥善管理与处理商品，确保其能够高效且安全地入库，并在需要时准确无误地出库。这一过程不仅影响企业的运营效率，更直接影响消费者满意度与成本控制，因此要严格按照既定的标准与流程执行。趣·味推出的一系列新品在市场上反响热烈，随之而来的不仅有激增的订单量，还有商品管理方面的挑战，如商品入库的规范化程度有待提升、商品质量管理需进一步加强、商品出库问题需得到妥善解决等。面对这一系列挑战，趣·味迅速部署，让老李和小赵采取行动，重点提升商品入库流程的规范化程度、加强商品质量管理等。

任务一 商品入库管理

任务描述

趣·味新采购的一批原材料即将入库，老李以此为契机，带领小赵完成商品的入库接运与验收工作，进一步规范商品入库流程（见表7-1）。

表7-1 任务单

任务名称	商品入库管理	
任务背景	趣·味最近采购了一批来自云南的优质夏威夷果，这批货物是接下来推出的新品的重要原材料。按照合同约定，一旦发现质量问题可退货并由供应商重新补货。这批夏威夷果直接从原产地采购，并在原产地完成初步加工，在入库前需要做好接运工作，并严格验收。然而，老李发现趣·味的商品入库接运与验收流程存在不规范的问题，如接运时缺乏统一明确的核对资料，验收完毕也未规范记录验收情况，针对不合格商品直接退货，无正式单据。针对这些问题，老李为趣·味制作了商品入库通知单、验收单和退货单，并与趣·味和供应商商议，确定在入库流程中统一使用这些正规单据，凭单入库、核对验收、退货等，并规定退换货须经仓储主管签字确认。而这批夏威夷果的入库，便是检测这一方法是否可行的关键	
任务阶段	□商品认知　□调研与分析　□选品　□采购　■管理和风险防范	
工作任务		
任务内容	任务说明	
任务演练：入库接运与验收	核对商品入库通知单，填写验收单和退货单	
任务总结：		

知识准备

一、商品入库流程

商品入库是指从接到商品入库通知后所进行的一系列装卸、清点、验收、入库登记等工作的总称，是商品进入存储环节的重要前提。商品入库是对商品进入仓库前的把关，应当按照入库流程进行规范化操作，做到准确无误。商品入库的主要流程如图7-1所示。

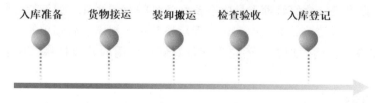

图7-1 商品入库的主要流程

（一）入库准备

入库准备工作包括编制仓储计划、人员准备、货位准备等。充足的入库准备是提高入库效率和验收入库准确性的重要前提。

（1）编制仓储计划。仓储计划是在充分了解仓库情况（如仓库的容量、吞吐能力）、入库商品情况（如商品的品种、规格、数量、包装状态、单件体积、到库确切时间、存期等）、设备情况的前提下，根据商品出入库要求，编制的有关储存商品品种、数量、储存时间等的计划。

（2）人员准备。根据仓储计划规定的入库时间、到货数量等，安排参与入库作业的工作人员，包括负责搬运商品的搬运人员、负责验收商品质量和数量等的检验人员、负责堆放码垛的堆垛人员等，以确保入库工作有条不紊、高质量地完成。

（3）货位准备。仓储管理人员根据入库商品的情况及仓库区域划分，核算货位占用大小，选定合适的存放位置，安排堆放商品的货位布局，并彻底清洁货位，必要时还需要采取腾仓、消毒杀虫、排水等措施。

 知识拓展

货位是指商品在仓库中具体存放的位置，其安排原则包括使用距离近、存取便捷、储存成本投入少、适合该商品存放。货位的安排主要有以下3种方式。

（1）固定货位。在固定位置存放商品，绝不混用、串用，有利于保管和查找商品。

（2）随机货位。将商品存放在任意有空的货位，可提高仓库利用率，但不便于查找商品。

（3）分类固定货位。将商品分类、货位分区，同一货位区内固定存放同一类商品，不同类商品存放在不同货位区。该方式综合了固定货位和随机货位两种方式的优点。但需注意，保管条件不一致、作业手段不一致、消防方法不一致的商品不宜放置在同一货位区。

（4）苫垫准备。苫垫是用于防止各种自然条件影响商品质量的保护性措施，分为苫盖和衬垫两部分。苫盖主要利用专门的遮盖材料，以防止日晒雨淋、扬尘湿气、风雪霜冻等侵蚀商品，常用的苫盖材料有苫布、油毡纸、塑料薄膜、玻璃钢瓦、铁皮等。衬垫是在预定的货位地面上铺垫各种衬垫材料，以隔绝地面湿气和积水，常用的衬垫材料有废钢轨、钢板、枕木、木板、货板架、帆布等。在商品入库前，仓储管理人员应当根据商品特性，提前准备好苫垫方案及苫垫材料。

（5）设备、器具准备。提前准备好入库需要的相关设备、器具，如计算机、网络、扫描终端、打印机等信息采集设备，计量工具，质量检验工具，移动照明设备，叉车、托盘等装卸搬运设备，防护设备等。

（6）文件单据准备。仓储管理人员应准备好商品的有关文件，如订货合同；入库所需的各种报表、单证、记录簿等，如入库记录、理货检验单、料卡、残损单等，以备使用。

（7）其他准备。仓储管理人员还应当准备好储存所用的其他材料，如适宜的仓库温湿度等。

（二）货物接运

接运的主要任务是与托运方或承运方办理商品交接手续，及时、安全地将商品运送至指定仓储地点。接运的方式主要有以下两种。

（1）仓库接货。仓库接货是指企业直接到供货单位的仓库提货，或者供货单位直接将商品运送到企业仓库。后者可一次性完成接运与验收。

（2）车站、码头提货。车站、码头提货是指仓储管理人员根据通知或安排，在约定提货时间内到达车站、港口、机场等提取商品并运送至仓库。在提货前，仓储管理人员应当清楚货物的相关情况，包括商品名称、型号、装卸搬运注意事项等，并准备好运单、提货单等，在核对信息无误并确保货物及包装完好后再验收运回。

（三）装卸搬运

装卸搬运是商品运输过程中不可缺少的环节，也是容易造成商品损伤的环节，如装卸方式不当导致商品或包装破损、搬运时忽视注意事项导致特殊物品泄漏或爆炸等。在装卸搬运时，仓储管理人员需要遵守安全作业的原则，保障货物、人员及设备的安全，减少事故发生。同时，装卸搬运工作还应当遵守有效作业、集中作业、简化流程的原则，以提高作业效率。

（四）检查验收

检查验收是指按照供货合同和入库通知单等的规定，检查商品的数量、质量等，以评估商品是否合格、是否准许入库。检查验收是商品入库流程中的重要环节，其验收记录可以为商品退货、换货及索赔提供依据，防止企业遭受不必要的经济损失，也可用于指导商品的保管和使用。核对凭证和实物验收是检查验收的主要工作内容。

（1）核对凭证。凭证是验收的资料依据，主要包括入库通知单和订货合同；供货单位提供的商品质量保证书、说明书、装箱单、验码单、发货明细表、保修卡、合格证等；商品承运单位提供的运输单证，包括提货通知单、货物残损相关的运货记录和运输交接单等。在核对凭证时，如遇到凭证不全或与本次运输不符的情况，应及时与凭证提供者联系。

（2）实物验收。实物验收是指验收商品的数量和质量。数量验收是实物验收的第一步，验收时应当采用与供货单位相同的计量方法（如计件、检斤、检尺、求积等），检查商品数量是否与合同约定一致。确定数量准确无误后，即可开展质量验收，同样需要按照合同约定的方法和标准检验商品的物理、化学性质等。

对于经检查验收的商品，仓储管理人员应当填写验收单。为区分通过与未通过验收的商品，可在验收合格的商品外包装上印贴验收合格标志，并单独存放验收不合格的商品。

（五）入库登记

入库登记是商品进入仓库的最后一道关卡，是指仓储管理人员可根据验收结果签收商品，将商品收纳入库，主要工作内容包括办理交接手续、登账、立卡和建档。

（1）办理交接手续。经上述程序确认无异常情况后，仓储管理人员可签署送货单、交接清单表示接收商品，并接收送货人送交的货物资料、运输记录等。

（2）登账。登账即建立入库商品明细账目，包括商品名称、数量、规格、累计数、存货人/提货人、批次、单价、金额、货位等，用以指导商品的进出库业务。

（3）立卡。此处的"卡"指商品保管卡，又称货卡、料卡或商品验收明细卡。立卡是商品入库后，仓储管理人员将商品名称、数量、规格、质量状况、出入状态等信息填写在商品保管卡上，一般情况下，一垛一卡。

（4）建档。建档是指整理商品入库作业全过程的相关资料，建立资料档案。档案资料包括商品出厂资料、运输资料、验收资料、保管操作记录、出库和托运凭证等。建档时应当一物一档、统一编号，并妥善保管档案。

二、商品入库常见问题

在商品入库过程中，时常会出现数量不符、破损、商品质量不达标、错到等问题。针对这些问题，仓储管理人员可采取不同的处理方法。

（1）数量不符。数量不符的情况主要有两种，一是数量短缺，二是实际数量多于单据数量。如果是第一种，短缺数量在规定的误差范围内，则可按照原来约定的数量记录（如合同中约定采购1千克的商品，误差在100克以内算正常，结果收到的商品比1千克少50克，仍记为收货1千克）；如果短缺数量超过规定的误差范围，则需记录误差，并与供货商交涉。如果是第二种，则应将多发的商品退给供货商，或者补办其他手续。

（2）破损。破损分为商品破损和包装破损，如发现破损，需明确破损程度、数量、原因和责任方，以便索赔。

（3）商品质量不达标。商品质量不达标的原因有多种，如供货商生产或保管不当、运输过程中受污染、企业接运过程中放置和保护不当等。一旦验收不合格，则应先明确责任方。如果是供货商的问题，仓储管理人员应及时填写退货单，联系供货商退货、换货或索赔。

（4）错到。错到即接收的商品与合同约定的商品不相符。如果是供货商错发或误装导致，则应通知供货商处理；如果是企业误提、误接导致，则应报仓储负责人追查处理。

💬 任务实施

任务演练：入库接运与验收

【任务目标】

核对商品入库通知单，并填写验收单和退货单，规范商品入库流程，确保商品入库顺畅无误。

【任务要求】

本次任务的具体要求如表7-2所示。

表7-2　任务要求

任务编号	任务名称	任务指导
（1）	核对商品入库通知单	核对实收情况与商品入库通知单的数据是否相符
（2）	填写验收单	详细填写验收结果
（3）	填写退货单	针对不合格的商品予以退货

【操作过程】

（1）核对商品入库通知单。根据品牌提供的信息，本次采购的夏威夷果有桂热1号、临坚47号，各20箱、500千克，每箱25千克，供应商和承运单位均为云南××坚果有限公司，约定到货日期为2025年3月25日，订单号为PO20250315-001，运输车辆车牌为云S.6C×××。据此核对承运单位提供的商品入库通知单，如表7-3所示。由表7-3可知，承运单位提供的商品入库通知单信息无误。

表7-3 商品入库通知单

供应商：云南××坚果有限公司　　　　　　　　　　　　　　到货日期：2025年3月25日
订单号：PO20250315-001

序号	商品名称	数量	重量	规格
1	桂热1号夏威夷果	20箱	500千克	25千克/箱
2	临坚47号夏威夷果	20箱	500千克	25千克/箱

仓储管理人员：老王　　　　　承运单位：云南××坚果有限公司　　　　　车牌：云S.6C×××
日期：2025年3月15日

（2）填写验收单。验收商品的数量、重量、规格、包装、质量等是否与商品入库通知单一致，并填写验收单，如表7-4所示。

表7-4 验收单

订单号：PO20250315-001　　　　　　　　　　　　　　　　　验收日期：2025年3月25日

序号	商品名称	订购数量	重量	规格符合 是	规格符合 否	实收数量	备注
1	桂热1号夏威夷果	20箱	500千克	是		500千克	5箱夏威夷果包装破损，并且存在明显的质量问题，达不到品牌的质量标准
2	临坚47号夏威夷果	20箱	500千克	是		499.9千克	1箱夏威夷果包装轻微磨损

是否分批交货：□是　☑否　　　　　　　　　　　　　　供应商：云南××坚果有限公司

（3）填写退货单。这批夏威夷果中质量不达标的数量较多，需要立即上报仓储主管老张，并启动退货流程，联系供应商办理退货手续，方便其补货，同时填写退货单，由老张签字确认，如表7-5所示。

表7-5 退货单

供应商：云南××坚果有限公司　　　　　　　　　　　　　　　日期：2025年3月25日
订单号：PO20250315-001

商品名称	数量	规格	备注	签字/盖章
桂热1号夏威夷果	5箱	25千克/箱	无	老张
退货理由	5箱桂热1号夏威夷果包装破损，并且存在明显的质量问题，达不到品牌的质量标准			

仓库主管：老张　　　　　　　　　　　　　　　　　　　　　填表人：老王

任务二　商品仓储管理

☕ 任务描述

商品入库后，老李与小赵的工作重心转向商品仓储管理。在深入了解品牌的仓储管理现状后，老李与小赵发现趣·味的仓储管理存在一些问题，于是开始处理这些问题，以优化仓储管理。他们决定从商品盘点这一基础环节入手，制订一份详细的商品盘点计划，旨在为整个盘点过程提供明确且实用的指导（见表7-6）。

表7-6　任务单

任务名称	商品仓储管理
任务背景	趣·味仓储管理的主要问题在于，部分热销商品时常断货，而一些滞销商品积压严重，导致资金占用和浪费。为优化仓储管理，提高运营效率，减少损失，老李打算帮助趣·味实施一次全面的商品盘点。趣·味的工作人员表示，周日（2025年3月30日18:00—24:00）比较适合盘点，盘点人员除仓储部门的人员外，还有一名财务人员和一名技术支持人员。由于老李和小赵不太了解商品的实际储存情况，因此他们不参与盘点，只从旁监督
任务阶段	□商品认知　□调研与分析　□选品　□采购　■管理和风险防范

工作任务	
任务内容	任务说明
任务演练：制订商品盘点计划表	明确盘点计划的关键要素，再生成商品盘点计划表
任务总结：	

知识准备

一、储存管理

仓储是借助仓库对商品进行储存、保管等活动的总称，仓储的管理对象是仓库及储存的商品。仓储管理内容主要包括储存管理、仓储盘点、库存控制、仓储安全管理等。其中，储存管理的重点工作包括分类管理、储存规划和堆放码垛。

（一）分类管理

在仓储管理中，由于物资种类繁多，各种物资的价值、库存数量、补货时间及周期各不相同，这就增加了管理的复杂性。为提高管理效率，企业可以借助ABC（Activity Based Classification）分类法明确管理重点，将有限的时间、精力、资金等投放在重要的物资上。

1. 分类维度

ABC分类法又称帕累托分析法，是现代仓储管理中常用的方法。ABC分类法按照重要程度将物资分为A、B、C 3类，这3类物资分别表示特别重要物资、一般重要物资、不重要物资。ABC分类法的分类标准主要有两个：物资的累计资金占比（即该物资库存资金占总库存资金的百分比）和累计品种数量占比（即该物资累计品种数量占总库存品种数量的百分比）。各类物资资金和数量的占比没有统一的标准，具体可根据企业实际情况而定。一般来说，品种数量少、累计资金占比高的物资的重要程度更高，ABC分类法如表7-7所示。

表7-7　ABC分类法

类别	累计资金占比	累计品种数量占比
A类物资	60%～80%	10%～20%
B类物资	15%～40%	20%～30%
C类物资	5%～15%	50%～70%

在区分ABC分类法的这3类物资时，可先计算各品种物资在一定时间内（如一年内）的总价，按照总价的高低降序排列，接着计算各品种物资的总价占所有物资总价之和的百分比，然后计算各品种物资的数量占比并降序排列，最后按照分类标准分类。

2．分类管理措施

企业实施ABC分类法有助于根据物资的不同类别，采取差异化的管理措施。

（1）A类物资的管理。A类物资的价值高，应当严格管控。对于A类物资，应当详细记录其收、发、结余等情况，并严格按照科学的方法计算其经济订货量（即根据采购成本和仓储成本计算的能使总库存成本最低的合理订货量）、储备定额（即物资的储存数量标准）和安全库存，以防缺货。同时，应经常检查A类物资的库存情况，如每隔1～3天检查一次。

（2）B类物资的管理。B类物资的管理严格程度不及A类物资，应按常规方式进行管理。对于B类物资，同样可计算其储备定额和安全库存，但库存检查周期间隔较长，如按季度进行检查。

（3）C类物资的管理。C类物资的管理较简单，其储备定额不用专门计算，可视企业情况设置上下限，库存检查可按月或者按周进行。

（二）储存规划

储存规划是指根据物资的外形、包装和仓库的地形等合理布局物资的储存区域，以提高仓库的利用率。仓库由库存区和生活区构成，库存区是储存规划的重点区域，企业在规划库存区时需要合理安排货位区、货架、作业通道等的绝对位置和相对位置。

（1）仓库布局规划。仓库布局规划主要有垂直式布局和倾斜式布局两种方式。垂直式布局是货位区或货架与仓库的宽平行的布局方式，方便物资存取，如图7-2所示。倾斜式布局是货位区或货架与仓库侧墙或主通道形成60°、45°或30°夹角的布局方式，以便装卸运输设备通行，提高作业效率，如图7-3所示。

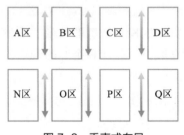

图 7-2　垂直式布局

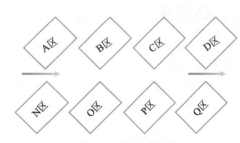

图 7-3　倾斜式布局

（2）货位分区。货位分区应遵循4个原则：相容性原则（即同一货位区的物资应当互相兼容）、保管条件一致原则、作业手段一致原则和消防方法一致原则。

（3）编号定位。编号相当于商品在仓库中的详细"住址"，编号定位是将物资存放的库房、货位、货架及具体存放位置按一定顺序统一编号，并做出明显标志，以定位物资的地理位置，方便管理。编号通常统一使用阿拉伯数字，常用的编号方法有3号定位法和4号定位法，如表7-8所示。

表7-8 编号定位

编号方法	说明	编号规则	示例
3号定位法	采用3位数字统一编号，这3位数字分别对应库房/货场、货架、格眼（货架上用于储存每个物资的单独空间/隔间）	①库房编号：以仓库正门方向为基准，按照左边单号、右边双号的顺序编号；或者按照距离正门的远近、从左至右的顺序编号	使用5-6-14表示5号库房中的第6排货架上的第14号格眼
4号定位法	采用4位数字统一编号，这4位数字从左至右依次对应库房/货场/货棚、货架/货区、层次/排次、货位/垛位	②货场/货棚编号：规则同库房编号 ③货架/货区编号：以仓库正门方向为基础，采用从左至右的顺序为每排货架/货区编号 ④层次/排次编号：采用从上至下、从前往后的顺序编号 ⑤货位/垛位编号：采用先后或左右等顺序编号 ⑥格眼编号：规则同层次/排次编号	使用9-11-6-5表示9号库房、11号货架、第6排、第5号货位

（三）堆放码垛

堆放码垛主要针对有包装的物资和裸装的计件物资，以提高仓储容量。在堆放码垛时，应当遵循合理、牢固、整齐、节约的原则，根据物资的性能、外形等特点，选用不同的堆放码垛方法。

知识链接

堆放码垛方法

（1）重叠式堆垛。重叠式堆垛是一种逐件、逐层向上重叠堆放的码垛方法，堆放好的货垛整体呈长方形，垛顶呈平面。该方法操作简单、占地面积小，适用于整齐、规则且能够垂直叠放的箱装物资、袋装物资、板材等。

（2）纵横交错式堆垛。纵横交错式堆垛是将每层货物按横竖交错的方式进行堆放的码垛方法，垛顶呈平面。这种方法操作比较复杂，但堆放好的货垛整体比较稳定，适用于长短一致的捆装物资或狭长的箱装物资等。

（3）压缝式堆垛。压缝式堆垛是一种并排摆放底层物资，然后以压缝的方式逐层堆放的码垛方法。这种方法具有较好的稳定性，可提高仓库利用率，适用于露天场合的堆放。

二、仓储盘点

仓储盘点是指在物资储存期间，仓储管理人员根据规定检查物资的数量、质量、保管条件、损耗和积压情况等，其目的是查清实际的物资储存数量，并计算企业的资产损益、发现和改进仓储管理问题等。仓储盘点的步骤如图7-4所示。

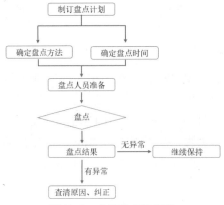

图7-4 仓储盘点的步骤

（一）盘点计划

盘点计划可用于指导仓储盘点工作的开展，通常根据盘点目的制订，包含盘点日期、盘点区域、盘点方式、参与人员、盘点内容等，表7-9所示为盘点计划表示例。

表7-9　盘点计划表示例

盘点日期：2025年3月16日

盘点区域	1号库房C区				
盘点方式	临时盘点				
参与人员	盘点人	小阳			
	监盘人	老黄			
盘点内容					
序号	品名/编号	规格	数量	计量单位	兼顾项目
1	云南普洱茶	500克/罐	3000	罐	包装、有效期
2	信阳毛尖	125克/罐	5000	罐	包装、有效期

（1）盘点日期。预计开展盘点作业的具体日期，如具体的某一天或某个时间段。盘点人员应尽量缩短每次盘点的持续时长，以免因盘点时间过长增加人力成本、错过销售机会等。选择盘点日期时，应确保在该日期开展盘点作业不会干扰企业正常的经营活动，如将盘点日期确定为财务结算前夕或淡季的某一天。

（2）盘点区域。不同的物资在仓库中位于不同的区域，根据盘点要求的不同，盘点区域会有所不同。

（3）盘点方式。常用的盘点方式有定期盘点和临时盘点。其中，定期盘点是在一定时间内（如每季度、每半年）全面盘点储存物资；临时盘点是在仓库出现物资损伤、更换管理人员或企业认为有必要盘点等情况下进行的局部或全面盘点。

（4）参与人员。全面盘点通常要求所有仓储管理人员参与，采取分组的方式盘点，每组至少3人，以互相监督。这3人的职能分工分别为盘点人、复盘人、核对人，通常由一人作为盘点人，先清点所负责区域的物资，其余两人作为监督盘点的监盘人；然后由第二人作为复盘人，重新盘点，其余两人监督盘点；最后由第三人核对前两人的盘点记录是否正确。局部盘点则不需要所有人员参与。

（5）盘点内容。盘点内容主要包括物资的数量、质量、保管条件、损耗、积压情况、安全设施和消防安全情况等。

（二）盘点时间和盘点方法

仓储盘点比较耗费人力、物力、财力，还可能影响生产经营，因此，明确盘点时间并选择合适的盘点方法十分重要。盘点时间也称为盘点周期，根据物资的特性、重要程度、周转速度等因素，分为每日、每周、每月、每年盘点。通常情况下，重要程度越高、周转速度越快的物资，盘点时间间隔越短，如A类物资每天或每周盘点一次。

根据盘点要求的不同，选用的盘点方法也会有所不同。

（1）账面盘点法。账面盘点法又称永续盘点法，是指为每种物资分别设立存货账卡/册，将每天出入库物资数量及单价记录在账卡/册上，然后不断累计汇总，计算出账面上的库存量和库存金额的盘点方法。该方法的优点是不必实地盘点，只需从计算机或实体账卡/册上获知物资的库存量和库存金额。

（2）现货盘点法。现货盘点法又称实地盘点法，是指定期或不定期前往仓库盘点库存物资的盘点方法。在盘点时，可以无差别地盘点所有品种的物资，也可以按照物资的摆放顺序或价值高低依次少量盘点。

三、库存控制

库存即仓库中储存的、暂时处于停滞状态的物资，这部分物资虽然是闲置资源，不能立刻为企业带来效益，但又是必需的。库存控制是仓储管理的一大重点，其核心是确保库存量始终处于较佳水平，以免库存量过大造成库存积压或者库存量过小导致缺货。有效的库存控制不仅便于企业科学合理地保管物资、保障企业的生产经营，还能帮助企业根据需求量供应物资，减少在库存及库存管理方面的成本投入，降低企业的生产管理成本。

（一）库存分类

根据不同的分类标准，将库存分为不同的类型。例如，根据经济用途，将库存分为商品库存、制造业库存和其他库存；根据生产过程，将库存分为原材料库存、零部件库存、半成品库存和成品库存；根据库存目的，将库存分为经常库存、安全库存、在途库存、季节性库存等。表7-10所示为根据库存目的进行的分类。

表7-10　库存分类

库存类型	说明
经常库存	为满足日常生产需要而建立的库存，随每日的使用而逐渐减少，当减少到订货点时，即需要补充库存
安全库存	为预防大量突发性订货、交货期突然延期等不确定因素而准备的缓冲库存
在途库存	加工状态下暂时储存的零部件、半成品或制成品等库存，或者处于运输状态的库存
季节性库存	为满足特定季节的需要而建立的库存

（二）库存控制系统

库存控制的关键是确定下一次的订货时间、订货数量等。仓储管理人员要掌握仓库中的库存量，科学管理库存，就需要借助库存控制系统。库存控制系统是以控制库存为目的，集合相关方法、手段、技术、管理及操作过程的控制系统，从物资的选择、规划、订货、进货、入库、储存到最后出库的整个过程都可使用库存控制系统进行管理。库存控制系统能够有效解决订货时间、订货数量等常规问题。库存控制系统的种类较多，企业可以根据自身实际生产需求选择。

（1）连续库存控制系统。连续库存控制系统依赖于连续记录的物资出入库存量，每当物资发生变动（如入库或出库）时，系统会实时更新剩余库存量，并将此库存量与预设的订货点进行比较。当剩余库存量低于或等于订货点时，该系统就会发出固定批量的订货，以及时补充库存量。在连续库存控制系统中，订货点和订货数量是固定的，是一种固定订货量系统。

> ⏰ 提示
> 订货点又称再订货点、请购点，是指物资原有库存量下降至需要补充库存量的界限。

（2）双堆库存控制系统。双堆库存控制系统又称双箱库存控制系统，也是一种固定订货量系统。该系统的运作方式是将正在使用的库存作为独立的一部分（假设称为"第一堆"）

单独存放，将再订货点库存和安全库存也作为独立的一部分（假设称为"第二堆"）单独存放，当第一堆"空了"时，系统就会发出订货请求，同时启用第二堆供货；待第二堆中的物资消耗殆尽时，为第一堆采购的物资到货，则再次启用第一堆中储存的物资，如此交替供货，以满足生产和经营需要。例如，图7-5所示的双堆库存控制系统中，就将正在使用的库存、再订货点库存+安全库存分别作为两个独立的部分存放。双堆库存控制系统的再订货点和订货数量也比较固定，简单直观，适用于库存周转速度快、采购需求预测比较准确的情况；但如果需求波动大，则可能导致库存积压或缺货。

图 7-5 双堆库存控制系统

（3）定期库存控制系统。定期库存控制系统即每隔一段固定的时间就发起一次订货，每次的订货数量由剩余库存量决定。定期库存控制系统不需要随时检查库存量，适用于向同一个供应商采购物资，或者同时需要采购多种物资等情况。

（4）最大最小库存控制系统。最大最小库存控制系统按固定的时间间隔检查库存并确定剩余库存量，如果发现剩余库存量低于或等于订货点，就会发起订货，订货数量等于最高库存水平和剩余库存量的差值。如果剩余库存量高于订货点，则考虑是否在下一个固定时间间隔再进行订货。

四、仓储安全管理

仓储安全管理是保障仓储管理活动安全、高效进行的关键，不仅有利于保护人员和财产安全，还有助于维护业务的连续性和企业的声誉。仓储安全管理应当贯穿仓储管理的全过程，包括在思想上提高安全意识，在制度上建立安全管理和防范机制，在设备上配备完善的安全设备（如灭火器、火灾报警系统、防盗报警系统），在人员上设置专人负责安全管理事务。仓储安全管理的主要内容包括防火、防洪、防盗和防作业事故。

（1）防火。防火应当坚持"预防为主、防消结合"，即平时做好预防火灾的各项工作，如严禁在仓库用火和吸烟、安全用电等；在火灾发生时，及时、有效地进行扑救。火灾是燃烧失控的结果，而燃烧必须具备3个条件：可燃物（如木材、酒精）、助燃物（如氧气）和火源（如明火、电热能）。根据物质燃烧的原理，灭火方法主要有表7-11所示的3种。

表 7-11 灭火方法

灭火方法	说明
隔离灭火法	将正在燃烧的物质和周围未燃烧的物质隔离或移开，让火势停止蔓延
窒息灭火法	将可燃物与氧气隔绝，隔绝方法有使用沙土、湿麻袋等不燃或难燃物覆盖在燃烧物上，使用二氧化碳或干粉灭火器等
冷却灭火法	将可燃物的温度降到燃点下，使燃烧停止，如使用水、二氧化碳等

（2）防洪。防洪的重点是做好排水和防汛工作。排水包括排除仓库建筑物、露天货仓及周围道路的积水，需要一个良好的仓库排水系统。同时，排水做好了，也能达到防潮、防霉、防锈的目的。防汛同样需要一个良好的仓库排水系统，并放置好货垛的衬垫、苫盖。

（3）防盗。防盗方法有人防、犬防和技防等。人防指安排值班的安保人员巡逻；犬防指依靠犬类动物防盗；技防指利用监控系统实时监控各门、窗、墙等。

（4）防作业事故。常见的作业事故有人员伤亡事故。为防止此类事故的发生，企业可采取一定的防范措施，如制定科学合理的作业安全制度、安全责任制度，加强劳动安全保护，进行操作规程培训和安全教育等。

任务实施

任务演练：制订商品盘点计划表

【任务目标】

依据盘点计划的关键要素制订商品盘点计划表，旨在精准掌握商品现状、识别存在的问题，为优化仓储管理提供数据资料。

【任务要求】

本次任务的具体要求如表7-12所示。

表7-12　任务要求

任务编号	任务名称	任务指导
（1）	明确盘点计划的关键要素	根据品牌实际情况依次明确盘点日期、盘点区域、盘点方式、参与人员、盘点内容等关键要素
（2）	生成商品盘点计划表	汇总各关键要素，生成商品盘点计划表

【操作过程】

（1）明确盘点日期。盘点要配合品牌方的时间安排，品牌方认为2025年3月30日18:00—24:00更适合进行盘点作业，那么可将此时间确定为盘点日期。

（2）明确盘点区域。本次盘点是一次全面盘点，涉及所有储存的商品，盘点区域也就确定为所有储存区域。

（3）明确盘点方式。本次盘点是一次临时性的盘点，其盘点方式确定为临时盘点。

（4）明确参与人员。本次盘点人员包括仓储部门全体人员、一名财务人员、一名技术支持人员。在与品牌方商议后，确定了财务人员和技术支持人员，并按照3人成组的形式将所有盘点人员分组，结果如下。

参与人员

仓储主管：老张

仓储管理人员：老王、老蔡、老包、小梅、小肖

财务人员：小蒲

技术支持人员：小刘

盘点分组：老张+老王+小梅；老蔡+老包+小肖

（5）明确盘点内容。根据商品价值的不同，品牌方已经按照ABC分类管理法划分商品区域。这里收集品牌所有商品仓储信息，并按照品牌对商品的分类管理统计不同区域的商品信息，包括商品品类、商品编号、商品名称、规格、数量、计量单位、批次号/生产日期和有效期等，方便后续重点盘点A类商品、按常规流程盘点B类商品、简单盘点C类商品，提高盘点

效率，部分结果如表7-13所示。

表 7-13　盘点内容

区域划分	存放商品	商品品类	商品编号	商品名称	规格	数量（预期）	计量单位	批次号/生产日期	有效期至	其他盘点项
A区	A类商品	坚果系列	A001	开心果	500g/袋	2000	袋	20250301	20250901	包装、质量
			A002	松子	500g/罐	500	罐	20250301	20250901	包装、质量
			A003	桂热1号夏威夷果	25kg/箱	20	箱	20250309	20250909	包装、质量
			A004	临坚47号夏威夷果	25kg/箱	20	箱	20250323	20250923	包装、质量
					......					
		健康零食	A030	燕麦谷物棒	30g×10支/盒	300	盒	20241115	20251115	包装、质量
			A031	水果麦片	600g/袋	1000	袋	20241120	20251120	包装、质量
			A032	黑芝麻丸	153g×2小袋/袋	600	袋	20250226	20250826	包装、质量
					......					
		面包糕点	A060	经典黄油曲奇	200g/盒	200	盒	20241210	20261210	包装、质量
			A061	芋泥蛋黄酥	330g（6枚）/盒	550	盒	20241210	20261210	包装、质量
			A062	巧克力厚切面包	320g/盒	320	盒	20241210	20261210	包装、质量
					......					
B区	B类商品	肉类零食	B001	五香味猪肉脯	108g/袋	400	袋	20250227	20250827	包装、质量
			B002	麻辣味猪肉脯	108g/袋	410	袋	20250228	20250828	包装、质量
			B003	灯影牛肉丝	500g/袋	230	袋	20250301	20250901	包装、质量
					......					
		饼干膨化	B020	爆米花	145g/袋	400	袋	20241229	20250629	包装、质量
			B021	芝士饼干	1kg/盒	100	盒	20250211	20260211	包装、质量
			B023	咸蛋黄夹心饼干	106g/袋	160	袋	20250207	20260207	包装、质量
					......					

（续表）

区域划分	存放商品	商品品类	商品编号	商品名称	规格	数量（预期）	计量单位	批次号/生产日期	有效期至	其他盘点项
C区	C类商品	素食小吃	C001	素食春卷	200g/袋	200	袋	20241207	20250607	包装、质量
			C002	魔芋爽	20包/盒	500	盒	20241229	20251229	包装、质量
						……				
		海鲜制品	C020	挪威三文鱼切片	250g/袋	300	袋	20250125	20250425	包装、质量
			C021	炭烤鱿鱼	180g/袋	300	袋	20241226	20251226	包装、质量
						……				

（6）生成商品盘点计划表。汇总所有信息，生成商品盘点计划表，如表7-14所示。

表7-14　商品盘点计划表

盘点日期：2025年3月30日 18:00—24:00

盘点区域	所有储存区域	
盘点方式	临时盘点	
参与人员	盘点人	仓储主管：老张 仓储管理人员：老王、老蔡、老包、小梅、小肖 财务人员：小蒲 技术支持人员：小刘
	盘点分组	老张+老王+小梅；老蔡+老包+小肖

盘点内容											
序号	区域	储存商品	商品品类	商品编号	商品名称	规格	数量	计量单位	批次号/生产日期	有效期至	其他盘点项
1	A区	A类商品	坚果系列	A001	开心果	500g/袋	2000	袋	20250301	20250901	包装、质量
2	A区	A类商品	坚果系列	A002	松子	500g/罐	500	罐	20250301	20250901	包装、质量
3	A区	A类商品	坚果系列	A003	桂热1号夏威夷果	25kg/箱	20	箱	20250309	20250909	包装、质量
4	A区	A类商品	坚果系列	A004	临坚47号夏威夷果	25kg/箱	20	箱	20250323	20250923	包装、质量
					……						

 **任务三** 商品质量管理

任务描述

盘点结束后，老李接着带领小赵帮助品牌方优化商品质量管理，确保所有商品都符合品牌质量标准，减少因质量问题导致的损失，提高消费者满意度。在优化过程中，他们将借助PDCA循环法辅助改进（见表7-15）。

表7-15 任务单

任务名称	商品质量管理	
任务背景	全面盘点不仅反映出仓储管理存在的问题，也反映出一些潜在的商品质量管理问题，这些问题不仅会影响品牌的运营效率，还可能对品牌形象造成负面影响。老李和品牌方商议后，决定以此为契机，和小赵一起帮助品牌方改进商品质量管理	
任务阶段	□商品认知　□调研与分析　□选品　□采购　■管理和风险防范	
工作任务		
任务内容	任务说明	
任务演练：使用PDCA循环法改进商品质量管理	收集问题，按照 P→D→C→A 的顺序解决商品质量管理问题	
任务总结：		

知识准备

一、商品质量的概念

商品质量是指商品满足规定和潜在需求的特性的总称，由内在质量、外观质量和附加质量构成，如图7-6所示。商品质量管理就是在商品质量方面所进行的指挥、控制和协调等活动。

图7-6 商品质量的构成

（1）规定。规定是指国家规定或国际有关法规、商品标准、买卖双方的订购合同或其他文件形式对商品质量提出的具体规定或要求，是商品质量必须达到的最低要求和合格的依据。

（2）潜在需求。潜在需求是指社会或消费者对商品适用性、安全性、卫生性、使用寿命、可靠性、美观性、经济性、信息性（即消费者有权获得的商品信息）、环境友好性等方面的需求。

（3）特性。特性是指不同商品特有的品质、性质。

二、质量标准

由于受原材料、生产过程、流通过程、储存保管措施等因素的影响，商品质量会发生变化，因此，企业需要做好商品质量管理。在管理时，企业需要明确商品应当达到的质量标准，制定该标准通常以商品标准为依据。

商品标准是对商品质量和与质量有关的各方面所做的统一技术规定，是评定商品质量的准则。根据《中华人民共和国标准化法》，我国商品标准分为国家标准、行业标准、地方标准、团体标准和企业标准。

（1）国家标准。国家标准由国家标准化管理委员会制定，可细分为强制性标准和推荐性标准。其中，强制性国家标准为必须执行的标准，推荐性国家标准、行业标准、地方标准、团体标准、企业标准的技术要求均不得低于强制性国家标准的相关技术要求。国家标准有对应的代号，如强制性国家标准的代号为"GB"，推荐性国家标准的代号为"GB/T"。在商品质量管理方面，为与国际通用的质量标准ISO 9000族标准接轨，我国推出了与之等效的GB/T 19000族标准。

 知识拓展

ISO 9000族标准的核心标准由4个标准构成，分别是ISO 9000《质量管理体系 基础和术语》、ISO 9001《质量管理体系 要求》、ISO 9004《质量管理体系 业绩改进指南》、ISO 19011《质量和（或）环境管理体系审核指南》，分别等同于国家标准GB/T 19000、GB/T 19001、GB/T 19004、GB/T 19011。

（2）行业标准。行业标准是国务院有关行政主管部门制定的、在某行业范围内使用的统一标准。例如，汽车行业标准QC/T 1177-2022，该标准中规定了汽车空调用冷凝器的技术要求、试验方法、检验规则、包装、运输和储存等。

（3）地方标准。地方标准由省、自治区、直辖市人民政府标准化行政主管部门制定，在本行政区域内适用。例如，北京市的地方标准《蔬菜废弃物好氧发酵无害化处理技术规程》（DB11/T 2356-2024）、《智慧城市通用地图服务技术规范》（DB11/T 2376-2024）。

（4）团体标准。团体标准是商会、联合会、产业技术联盟等社会团体协调相关市场主体共同制定的满足市场和创新需要的标准，由本团体成员约定采用或者按照本团体的规定供社会自愿采用。例如，江苏省制冷学会团体标准《高效智能模块泵组》（T/JAR 012/1-2025），规定了高效智能模块泵组的术语和定义、组成和标记、要求、试验方法、检验规则等。

（5）企业标准。企业标准是企业根据需要自行制定，或者与其他企业联合制定的标准。例如，国家电网有限公司发布的企业标准《智能变电站继电保护技术规范》（Q/GDW 10441-2024）。

三、质量认证

国际标准化组织认为，商品质量认证是由可以充分信任的第三方（如中国质量认证中心）证实某一经鉴定的产品或服务符合特定标准或其他技术规范的活动。《中华人民共和国认证认可条例》将商品认证规定为"由认证机构证明产品、服务、管理体系符合相关技术规范、相关技术规范的强制性要求或者标准的合格评定活动"。我国参照国际先进的产品标准和技术要求，推行商品质量认证制度。商品质量认证主要分为两部分：合格认证和安全认证。

（1）合格认证。合格认证是指为通过质量检测的商品颁发合格证书，并使用合格标志，以证明商品符合质量标准。合格认证属于自愿性认证，实行合格认证的商品必须符合《中华人民共和国标准化法》规定的国家标准或者行业标准的要求。

（2）安全认证。安全认证是以安全标准或商品标准中的安全要求为依据，对商品或其安全项目进行认证。安全认证属于强制性认证，实行安全认证的商品必须符合《中华人民共和国标准化法》中有关强制性标准的要求。

知识链接

常见商品质量
认证标志

商品质量认证需要企业先按照认证机构的规定提交申请，由认证机构到现场检查并抽样检验，经审查确认符合相关规定和技术标准后，认证机构颁发认证证书，并授权企业使用认证标志。通过商品质量认证后，企业可在认证合格的商品（包括商品铭牌、商品包装、商品说明书和出厂合格证）上使用质量认证标志，向消费者传递商品可靠、值得购买的质量信息，从而有助于提升商品质量和企业信誉，同时减少重复检验，有效维护消费者的权益。

 提示

随着质量认证制度的发展，已可以认证企业的质量体系，认证方仍然为第三方公证机构，认证依据为公开的质量体系标准。待企业通过认证后，可证明其在特定商品或服务领域内具有必要的质量保证能力。

📖 知识拓展

企业在进行商品质量管理时，不仅要自觉遵守法律法规，提供正规商品，同时要识别和打击伪劣商品，维护企业形象和消费者权益，保障企业经济利益。伪劣商品是指质量达不到商品标准规定要求的，假冒伪造质量认证标志、生产许可证标志等的商品。识别伪劣商品的方法有以下4种。

（1）查看外包装标志是否完整。名优商品（即经权威部门认定的优质商品）的外包装上会印有商品名称、生产批号、产品合格证、厂名、厂址、认证标志等，限期使用的商品外包装上还会标注生产日期、保质期、失效日期等；伪劣商品通常标志不全或标志使用混乱。

（2）查看商标标志。名优商品的外包装上都有注册商标标志，商标上打有"R"或"注"的标志；而伪劣商品则可能采用假商标，或者没有商标。假商标大多存在印刷粗糙、比例不协调、颜色不正等问题。

（3）查看商品包装设计和封口。名优商品的包装设计通常比较科学合理、印刷精美、图案清晰、色彩鲜艳，并且一般采用机器封口，封口处平整、笔直；伪劣商品的包装设计则比较粗糙，封口不平整。

（4）查看商品内在质量。名优商品一般质量过关；伪劣商品则质量低劣，使用感差。

四、质量改进

质量改进是质量管理的重要环节。通过改进质量，企业能够不断优化质量管理流程，提升商品质量水平。常见的质量改进方法有PDCA循环法。PDCA循环法由美国质量管理专家沃特·阿曼德·休哈特首先提出，由威廉·爱德华兹·戴明采纳、宣传，因此也被称为戴明环。在商品质量管理中实施该方法，要求各环节、各项工作均按照P（Plan，计划）→D（Do，执行）→C（Check，检查）→A（Act，处理）4个阶段的顺序逐步解决质量问题，并周而复始地循环开展。

（1）计划。这一阶段的主要工作内容是制订质量改进计划，可从这些方面进行思考：当前的质量管理现状是怎样的，存在哪些问题，造成问题的主要原因是什么，采取哪些方法可以解决这些问题，预期的质量目标是什么。

（2）执行。这一阶段需要严格按照预定的计划执行，落实计划。

（3）检查。这一阶段的重点是检查计划的执行情况并分析执行效果，如查看执行是否与计划出现偏差、评估计划是否科学可行等。

（4）处理。这一阶段的主要工作有两个：一是总结经验，将经验应用于质量管理，使之标准化；二是根据遗留问题提出新的计划，开始下一次循环。

😊 任务实施

任务演练：使用 PDCA 循环法改进商品质量管理

【任务目标】

使用PDCA循环法解决发现的商品质量管理问题，优化商品质量管理，减少品牌因商品质量管理不当造成的损失。

【任务要求】

本次任务的具体要求如表7-16所示。

表7-16　任务要求

任务编号	任务名称	任务指导
（1）	收集问题	收集盘点结果中存在的商品质量管理问题
（2）	使用 PDCA 循环法解决问题	按照 P→D→C→A 的顺序解决商品质量管理问题

【操作过程】

（1）收集问题。根据盘点结果，找出存在的质量管理问题，主要问题如下。

过期商品风险：在C区发现了一批临近有效期的素食小吃。

包装膨胀：由于包装设备故障，B区存放的一些肉类零食的包装出现轻微膨胀。

（2）分析问题成因和管理现状。详细审查商品质量管理流程中的各个环节，找出造成问题的主要原因，分析思路如表7-17所示。

表7-17　问题成因和管理现状分析思路

问题	分析影响因素	结论推断
过期商品风险	是否属于滞销商品：否	过期商品预警机制不完善
	是否提前察觉商品即将过期：否	

（续表）

问题	分析影响因素	结论推断
包装膨胀	包装设备故障是否较为频繁：是	包装设备维护和监控不足
	是否及时发现和检修包装设备故障：否	

（3）制订计划。根据问题设定可量化的质量目标，根据质量目标提出具体的改进措施。

①设定质量目标。本次质量改进的目标是确保所有商品符合品牌质量标准，减少因质量问题导致的损失，提高消费者满意度。为量化质量目标，可根据具体问题设定具体的质量指标，如能够提前30天收到商品即将过期的预警通知、包装设备故障率降至每月不超过一次。

②提出改进措施。针对过期商品预警机制不完善的问题，可以通过建立动态预警模型、优化内部商品质量管理流程等进行改进；针对包装设备维护和监控不足的问题，可以通过引入预防性维护体系、加强实时监控、优化维修流程等进行改进。

③制订质量改进计划。细化改进措施，形成详细的品牌质量改进计划，示例如下。

品牌质量改进计划

一、现状分析

（一）质量问题

1. 过期商品风险。

2. 包装膨胀。

（二）问题成因

1. 过期商品预警机制不完善。

2. 包装设备维护和监控不足。

二、质量目标

总目标：确保所有商品符合品牌质量标准，减少因质量问题导致的损失，提高消费者满意度。

具体指标：能够提前30天收到商品即将过期的预警通知、包装设备故障率降至每月不超过一次。

三、质量改进措施

（一）过期商品预警机制不完善改进措施

1. 建立动态预警模型

（1）根据不同商品的保质期，设置有针对性的预警时间点。

（2）利用大数据分析预测销售趋势，调整安全库存水平，避免囤积过多易过期商品。

2. 优化内部商品质量管理流程

设立专门的过期商品处理小组，负责及时清理和处理即将过期的商品。

（二）包装设备维护和监控不足改进措施

1. 引入预防性维护体系

（1）建立详细的设备维护日程表，根据制造商推荐的保养周期安排定期检修。

（2）引入预测性维护技术，如振动监测、油液分析等，提前发现潜在故障风险。

2. 加强实时监控

（1）安装先进的自动化设备控制系统，实时监控包装过程中的关键参数（温度、压力、速度等）。

（2）配备远程诊断工具，便于维修人员快速定位问题并提供解决方案。

3．优化维修流程

（1）成立专业的维修团队，配备必要的工具和备件库，缩短维修响应时间。

（2）定期组织技能培训，提升维修人员的技术水平和服务质量。

（4）执行计划。从品牌质量改进计划可知，改进中涉及的重点要素有商品质量管理系统、管理流程、管理人员，品牌方在执行计划时也可以从这些方面入手。例如，在系统中设置预警时间点和安全库存、更换新的包装设备并安装自动化设备控制系统；在流程上按照新的预警机制重新设计内部流程，明确各环节的责任人和时间节点，按照新的设备维护日程表明确各环节的责任人和时间节点；在管理人员的管理上，可组织相关人员参加操作培训。

（5）检查计划执行情况。收集相关数据，对比改进后数据与改进前数据的情况，评估各项措施的效果，并评估是否达到质量目标，如表7-18所示。

表7-18　改进前后结果对比

改进前	改进后	是否达标
不能提前预警商品过期风险	能够提前30天收到商品即将过期的预警通知	是
包装设备故障发生频繁，未及时发现和维修	包装设备故障率降至每月不超过3次	否

（6）处理。在全品牌范围内推广过期商品预警的改进措施，继续运用PDCA循环法优化包装设备管理。

 任务四　商品出库管理

任务描述

最近，老李和小赵又接到了趣·味的求助，需要他们协助制定商品出库问题的解决方案，该方案既要及时止损、控制损失蔓延，也要为遭遇错发问题的客户提供妥善的处理措施（见表7-19）。

表7-19　任务单

任务名称	商品出库管理	
任务背景	趣·味发现一批正在出库的商品出现了错发的情况——一部分客户订购的礼盒装坚果被误发成普通包装的坚果，而另一部分客户订购的散装混合坚果被误发成单一品种的大包装。然而，趣·味没有预料过这种情况，并且没有制定相应的应急方案	
任务阶段	□商品认知　□调研与分析　□选品　□采购　■管理和风险防范	
工作任务		
任务内容	任务说明	
任务演练：根据商品出库问题制定解决方案	控制损失扩大，核实问题并与客户沟通，提供处理措施并制定解决方案	
任务总结：		

知识准备

一、商品出库基本要求

商品出库是商品离开仓库时所进行的一系列活动的总称，是仓库根据业务部门或客户（即货主）开具的商品出库凭证（如提货单或调拨通知单），按照凭证所列商品的编号、名称、规格、型号、数量等，将商品准确、及时、保质、保量地交给凭证持有者，并做好商品出库的登记。

商品出库是仓储管理活动的最终环节。为保证商品完好无误地发给客户，仓库应严格遵守出库的基本要求。

（1）三核。在出库前，仓库应核实商品出库凭证，非正式的商品出库凭证不可作为出库依据；核对账卡，确保账卡记录与实物准确无误；核对实物，确保商品实物与凭证要求无误，做到证、账、物一致。

（2）三不。三不即未接商品出库凭证不翻账、凭证未经审查不备货、未经复核不出库。

（3）五检。五检即品名检查、规格检查、包装检查、件数检查、重量检查，以确保出库商品准确无误。

二、商品出库流程

商品出库应当遵循"先进先出、不利先出、已坏不出"原则，严格按照出库流程规范操作，做到及时、准确、一次性完成，杜绝任何疏漏。商品出库的流程如图7-7所示。

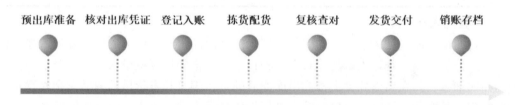

| 预出库准备 | 核对出库凭证 | 登记入账 | 拣货配货 | 复核查对 | 发货交付 | 销账存档 |

图7-7　商品出库的流程

（一）预出库准备

预出库准备是商品出库前的准备工作，充足的预出库准备可以有效缩短出库作业时间、减少出库差错、提高出库效率。预出库准备工作主要包括以下4项。

（1）包装准备。包装准备工作包括两部分，一部分是原包装整理，另一部分是包装用品准备。对于按原包装出库的商品，由于经过多次装卸、搬运后，可能出现包装破损、松散、受潮、包装标志脱落等情况，此时需要更换商品包装、进行加固处理或补贴标志等。对于有拆零装箱、拼箱需求或改装需求的商品，应根据商品特性和运输部门的规定提前准备好包装材料、打包工具、刷写包装标志的工具和标签等。

（2）零星商品准备。对于拆零出库的商品，应当提前做好分装、组配，避免临时拆零，耽误发货时间。

（3）人员和资料准备。商品出库时间紧、任务重，仓库需要提前确定参与作业的人员并进行合理分工，确保人员到位。同时，还需要准备好随商品出库的相关资料，包括技术资料、合格证、磅码单、装箱单、说明书等。

（4）理货场地和装卸设备准备。商品出库需要将商品从原储存地移出，此时仓库需要提供暂时存放待出库商品的场地，以便清理商品。同时，如果有设备需求，还应调配相应的装卸搬运设备。

（二）核对出库凭证

仓库在接收到商品出库凭证（如出库单，见表7-20）后，需要仔细审核商品出库凭证，审核的主要内容如下。

（1）审核商品出库凭证的合法性和真实性。

（2）核对商品的名称、规格、型号、单位、数量、提货/收货单位、有效期、银行账号等信息是否齐全，数据是否准确无误。

如发现商品出库凭证有误，则须经原开证单位更正并加盖公章。如遇救灾、抢险等特殊情况，可经领导批准先出库发货，再补办手续。

表 7-20　出库单

编号：

提货单位：　　　　　　　　　　　　出库日期：　　　　　　　　　　　　出货仓库：

商品编号	商品名称	规格/型号	单位	数量	单价	金额									备注
						百	十	万	千	百	十	元	角	分	
合计（金额大写）：　佰 拾 万 仟 佰 拾 元 角 分															
主管审批：　　　　提货人：　　　　交货人：															
本单一式三联，第一联：仓库联；第二联：财务联；第三联：提货人存查															

（三）登记入账

待确定商品出库凭证无误后，仓库须按照规定将商品出库凭证上的信息登记入账，作为后续备货、拣货依据。登记入账的方式有两种：人工登记和计算机录入。人工登记是指人工登记商品明细账，并在出库凭证上批注出库商品的货位编号和发货后的商品剩余库存量，以供仓储管理人员配货、查对。计算机录入是指将信息录入计算机中，由出库业务系统自动处理信息，并生成和打印拣货信息，以备拣货使用。

（四）拣货配货

拣货是按照拣货信息将商品从储存位置或其他区域拣取出来，并按照一定的方式进行分类、集中、等待配送的作业过程，可分为人工拣货和机械拣货。

配货是在拣货完成后，根据拣货信息核对拣取商品的名称、数量、状态、质量等，在确认拣货无误后将商品装入容器并做好标志，运送到配货准备区，等待发货。

（五）复核查对

为确保出库商品准确无误，防止错发、漏发、多发等事件的发生，配货后应立即进行复核，待核对无误后，由复核人员在商品出库凭证上签字，方可进入下一环节。复核查对的内容包括商品名称、型号、规格、数量是否与商品出库凭证一致，配套是否齐全，技术证件是否齐全，外包装是否完好。在复核查对时，为确保该环节发挥效用，应让仓储管理人员和复核人员在商品出库凭证上签字，做到责任到人。

提示

复核查对完成后，如果商品需要重新分装、改装、拼装等，则需要选用合适的包装材料重新包装商品。

（六）发货交付

在确保商品齐备且复核无误后，便可出库发货。仓库需向提货人或接货人逐件清点商品，办理交接手续，明确责任归属。商品发货的形式分为自提、送货、移仓、过户等，不同交付形式的具体交接方式不同。

（1）自提。自提是由客户或其委托人持提货单或商品调拨通知单直接到仓库提货，具有"提单到货、随到随发、自提自运"的特点。为划清交接责任，自提应当面与客户或其委托人交接清楚。

（2）送货。送货是由仓储管理人员根据商品出库凭证备货，将应发商品交由运输部门送达收货单位，具有"预先付货、接车排货、发货登车"的特点。送货的交接有两次，第一次交接是仓储管理人员与运输部门在仓库现场办理交接手续，第二次交接由运输部门与客户根据签订的协议在指定到货目的地办理交接手续。

（3）移仓。移仓是客户为了业务方便或因为储存条件改变，需将某批商品从甲仓库转移到乙仓库，该方式对甲仓库而言视为出库。

（4）过户。过户是商品不出库，但就地划拨，将商品的所有权从原存货账户转移到新存货账户。在该形式下，仓库必须根据原存货单位开具的正式过户凭证办理过户手续，过户凭证充当商品出库凭证的作用，仓库可凭过户凭证进行出库处理。

（七）销账存档

交付商品后，仓储管理人员应做好现场清理工作，及时注销已出库商品的账目、料卡，保证账、卡、物一致，并将已空出的货位标注在货位图上，将商品出库凭证定期装订成册，以便妥善保管；或者将出库信息输入出库系统。同时，仓储管理人员要填写出库单并签名，将出库单连同有关证件资料及时交由客户，以便客户办理货款结算。

三、商品出库问题处理

商品出库要经过多个环节，可能会遇到各种各样的问题，如出库凭证问题、串发货和错发货问题等，以下是常见商品出库问题的处理办法。

（1）出库凭证问题。当商品出库凭证的有效期超过提货期限，客户前来提货时，应先办理手续，待客户缴足逾期保管费后方可发货。当商品出库凭证有疑点或存在假冒、复制、涂改等情况时，应及时与仓库保卫部门和出具商品出库凭证的单位联系。当客户的商品出库凭证遗失，须到仓库挂失，挂失时如商品已被提走，仓库不承担任何责任，但具有协助客户找回商品的义务；挂失时如商品未被提走，则核实后做好挂失登记，将原凭证作废，暂缓发货。

（2）串发货和错发货问题。串发货和错发货是指将错误规格、数量的商品发出库，通常发生在发货人员对商品品种、规格不熟悉的情况下。出现这一问题时，如果商品未离开仓库，可重新拣货配货；如果商品已离开仓库，应及时上报领导并联系客户，告知串发和错发情况，并协商解决，如重发、赔偿等。

（3）包装问题。在出库过程中，当出现因操作不谨慎、堆垛挤压等导致商品包装破损、污损等情况时，如商品未出库，应及时更换；如商品已出库，则应与责任人协商处理。

（4）漏记账和错记账问题。漏记账是指在商品出库过程中，未及时核销商品明细账造成账面数量大于或小于实际库存量。错记账是指在商品出库后核销商品明细账时没有按照实际出库的商品名称、数量等登记，导致账面记录与实物不符。出现这两个问题时，应及时上报领导并纠正错误，使账面记录与实际库存、实物保持一致，如造成损失，应追究相关人员责任并要求其赔偿。

💬 任务实施

任务演练：根据商品出库问题制定解决方案

【任务目标】

针对错发货问题提出解决措施，控制损失蔓延，并安抚客户，维护品牌声誉。

【任务要求】

本次任务的具体要求如表7-21所示。

表7-21 任务要求

任务编号	任务名称	任务指导
（1）	止损	停止出库操作，控制损失扩大
（2）	提供妥善的处理措施	核实问题范围并与客户沟通，根据客户意愿提供具体处理措施并制定解决方案

【操作过程】

（1）止损。一旦发现错发货问题，应该立即停止所有涉及该批次商品的出库操作，以防止更多错误的发生，并审查现有库存，确保其他待发商品的准确性。

（2）核实问题范围。核实受影响订单的数量和具体信息，包括客户的联系方式、地址及具体的订单信息，评估问题的影响范围。经核查，本次错发问题涉及20位客户，损失金额达1600元，影响范围较小。

（3）与客户沟通。主动联系受到影响的客户，诚恳地道歉，并解释出现的问题，承诺解决问题的大概时间。通知方式可以为电话、短信、邮件等。

（4）提供具体的处理措施。由于坚果商品的价值和价格均较高，直接将其赠送给客户会给品牌造成较大的损失，因此采取重发或赔偿的措施比较合理。针对希望保留正确商品的客户，可以采取重发措施，让客户退回错误商品，运费由品牌方承担；针对不介意现有商品的客户，可以考虑给予一定的折扣、优惠券或现金作为补偿。

（5）制定商品错发问题解决方案。汇总并完善所有信息，制定可供参考的解决方案，示例如下。

品牌商品错发问题解决方案

一、立即暂停发货

立即停止所有涉及该批次商品的出库操作，以防止更多错误发生，并审查现有库存，确保其他待发商品的准确性。

二、核实问题范围

快速核实受影响订单的数量和具体信息，包括客户的联系方式、地址及具体的订单详情，评估问题的影响范围。

三、客户沟通与通知

主动联系受到影响的客户，诚恳地道歉，并解释出现的问题，承诺解决问题的大概时间。通知方式可以为电话、短信、邮件等。

四、重发或赔偿

重发：如果客户希望获得正确的商品，则尽快安排补发正确的商品。客户需退回错误商品，由此产生的额外运费由品牌方承担。

赔偿：如果客户不介意现有的商品，可以考虑给予一定的折扣、优惠券或现金作为补偿，现金补偿金额可以根据商品差价进行设置。

综合实训

实训一　使用 ABC 分类法划分储存商品

实训目的：掌握商品仓储管理的知识，提升商品仓储管理能力。

实训要求：随着业务的增长，某食品品牌的仓储管理面临挑战，如库存周转率不均，某些热门商品经常缺货，而一些季节性或促销品积压过多。为提高仓储管理效率和降低成本，品牌方决定引入ABC分类法优化商品管理，包括确定ABC分类法的分类标准，并针对不同的分类制定不同的管理措施。

实训思路：按照商品的重要程度将商品分类，并据此制定不同的管理措施。

实训结果：本次实训完成后的参考效果如表7-22所示。

表 7-22　参考效果

类别	累计资金占比	累计品种数量占比	管理措施
A 类商品	70%～80%	10%～20%	这类商品通常是品牌的核心商品，包括畅销的零食和高利润率的商品。对于这类商品，应当严格控制库存，并在出库时给予更高的优先级，同时详细记录和分析，监控每一个单品的表现，及时调整营销策略或生产计划
B 类商品	15%～25%	20%～30%	这类商品是中等销量的商品，也可能是较为稳定的常规商品或特定季节的商品。对于这类商品，应当避免过度囤积造成资金占用，但要维持一定的安全库存，同时可以稍微放宽管理，但需定期检查
C 类商品	5%～10%	50%～70%	这类商品通常为低频购买或滞销的商品，如过季商品或试验性的新商品。对于这类商品，应当采取积极措施清理库存，同时可以在不影响质量的前提下适当放宽储存条件

实训二　分析食品品牌紧急订单出库案例

实训目的：熟悉商品出库流程，提升商品出库管理能力。

实训要求： 该食品品牌方近期接到一个来自重要客户的紧急订单，要求在 48 小时内将一批指定的商品送达客户指定的仓库。为确保顺利完成这一任务，该食品品牌方立即启动应急方案，高效出库，详情如下。分析该食品品牌紧急订单出库案例详情，找出其成功的原因。

食品品牌紧急订单出库案例详情

○时间：9:00

1. 订单接收：品牌方收到来自 VIP（Very Important Person，重要人物）客户的电子邮件，该客户订购了包括粮、油和糖在内的多种商品。

2. 查看订单详情

粮：稻花香2号大米2000千克，东北珍珠米1500千克。

油：5L装葵花籽油100瓶，5L装亚麻籽油100瓶。

糖：405克/袋的白砂糖250袋，500克/袋的黑糖250袋。

3. 初步沟通：品牌方迅速回复邮件，确认收到订单，并告知客户预计48小时内送达。同时，品牌方将订单信息转发给内部相关部门，准备启动出库流程。

○时间：9:30

1. 仓储部门接收通知：接到通知后，仓储主管立即安排员工检查所需商品的库存，确保所有商品都存放在正确的区域并且数量充足。

2. 商品查找：仓储人员通过内部的智能仓储管理系统，实时查看每种商品的具体位置和库存数量。经过仔细核对，发现本仓库储存的稻花香2号大米的库存不足。于是，仓储主管立即从邻近的分仓调货，确保商品数量准确无误。

○时间：10:00

1. 分拣区作业：根据订单要求，仓储人员开始从商品存放区域取出对应的商品，集中放到指定的分拣区，并使用自动化分拣设备，按照预设规则快速准确地完成分类作业。

2. 质量检验：在出库前，质检人员严格检查每件商品的外观、重量、密封性等。

3. 包装贴标：所有商品被打包成箱，并贴上带有编码的标签，便于后续追踪和管理。此外，仓储人员还在箱子外部附上详细的装箱清单，方便收货方核对。

○时间：14:00

1. 运输车辆准备：物流公司提前派遣一辆经过严格消毒的厢式货车来到仓库门口，等待装货。司机出示了健康证明和个人信息登记表，经过体温检测后进入装卸区。

2. 货物装载：仓储人员将打包好的商品装上运输车辆，确保堆放稳固且不影响通风散热。发车前再次核对清单，确保无遗漏或错误。

3. 运输跟踪：借助物流公司的GPS（Global Positioning System，全球定位系统）实时跟踪车辆的位置和行驶路线，保证运输过程中的安全性和透明度，随时向客户报告物流进展。

○时间：全天候

客户服务：客服团队通过电话、邮件、在线聊天等方式保持与客户的密切沟通，解答疑问。提供全程透明的信息服务，让客户随时了解自己的订单进度，增强信任感。

○时间：第二天12:00

商品按时抵达客户指定的仓库。客户对此次服务表示非常满意，并表达了未来继续合作的意愿。

实训思路： 查看案例详情，分析商品出库过程中的关键环节，找到紧急订单成功出库的原因。

实训结果： 本次实训完成后的参考效果如下。

成功原因

（1）高效的团队协作：各部门之间紧密配合，确保出库流程顺畅。

（2）先进的技术支持：智能仓储系统、自动化分拣设备、GPS等技术的应用，提高了效率和准确性。

（3）严格的质量管理：严格控制每个环节，确保商品质量。

（4）优质的客户服务：提供全程透明的信息服务，增强客户的信任感。

巩固提高

一、选择题

1.【单选】仓储计划的编制发生在（　　　　）。

　　A. 商品入库前　　　　　　　　　　B. 商品入库时

　　C. 商品储存期间　　　　　　　　　D. 商品出库后

2.【单选】某箱包品牌的仓储部门将依照ABC分类法对仓库中的箱包进行分类，以便管理。其中，可以划作A类商品的是（　　　　）。

　　A. 年累计资金占比为35%，占所有品种数量29.6%的商品

　　B. 年累计资金占比为9.6%，占所有品种数量79.6%的商品

　　C. 年累计资金占比为75%，占所有品种数量9.6%的商品

　　D. 年累计资金占比为16.6%，占所有品种数量26%的商品

3.【单选】在商品出库时，应当优先考虑（　　　　）。

　　A. 最靠近入口处的商品　　　　　　B. 最靠近出口处的商品

　　C. 最先入库的商品　　　　　　　　D. 最晚入库的商品

4.【多选】影响储存规划的因素有（　　　　）。

　　A. 物资的外形　　　　　　　　　　B. 物资的包装

　　C. 仓库的路况　　　　　　　　　　D. 仓库的地形

5.【多选】仓储安全管理措施通常涉及（　　　　）。

　　A. 防火措施　　　B. 防盗监控　　　C. 防洪　　　D. 防作业事故

二、填空题

1. ABC分类法按照物资的_____将物资分为A、B、C 3类。

2. _____是指从接到商品入库通知后所进行的一系列卸货、清点、验收、入库登记等工作的总称。

3. 商品出库是_____时所进行的一系列活动的总称。

三、判断题

1. 商品入库前，必须逐一检查所有商品，以确保其质量。　　　　　　　　　（　　　）

2. 在进行仓储盘点时，通常采用永续盘点法和实时盘点法两种方法。　　　（　　　）

3. 某人捡到一张丢失的商品出库凭证并凭此证到仓库提货，仓库核查凭证信息真实无

误后应该根据凭证信息将商品提取给该人。 （ ）
　4. 仓储安全管理只需关注防火防盗。 （ ）

四、简答题

1. 商品入库的流程是怎样的？

2. 商品入库时发现实际数量与资料不符应当如何解决？

3. 如何规划仓库布局？

4. 仓储盘点的目的是什么？如何有序地开展盘点工作？

5. 为什么要控制商品库存？怎么进行库存控制？

6. 仓储安全管理的内容和措施有哪些？

7. 商品出库应当遵守哪些基本要求和原则？

8. 商品出库的流程是怎样的？

9. 出现串发货和错发货问题时应当如何处理？

商品采购风险防控

🛒 | 学习目标

> **知识目标**

1. 熟悉采购风险的成因和主要类型，能够有效预防采购风险。
2. 掌握识别采购风险的方法，能够有效评估和应对采购风险。

> **技能目标**

1. 具备较强的风险管理能力，能提前察觉潜在风险。
2. 具备较强的问题解决能力，能够在面对突发风险时快速找到解决办法，降低风险带来的负面影响。

> **素养目标**

1. 培养洞察能力，能察觉并预防风险。
2. 强化风险意识，提升问题解决能力。

🛒 | 项目导读

　　商品采购风险防控旨在系统地识别和评估企业所面临的商品采购风险，并采取合适的策略应对风险，力求以最低的防控成本获得最大的安全保障，帮助企业解决问题。为提升商品采购风险防控能力，零食品牌趣·味在老李的帮助下建立起一套完善的风险预警机制，以提前预知和持续监控潜在风险。该机制由内部监控系统、外部信息来源和员工反馈机制组成。近期，趣·味在日常运营和监控过程中发现了若干异常情况，这些现象引起了管理层的警觉，他们意识到可能是商品原材料采购环节出现了问题，需要采取有效的防控措施。在了解情况后，老李带领小赵开始分析趣·味面临的商品采购风险，并采取有针对性的防控措施。

任务一 采购风险基础

任务描述

老李先带领小赵了解商品采购风险的基础知识，然后查看趣·味品牌在采购中出现的异常情况，分析这些异常情况可能造成的采购风险，并分析其成因（见表8-1）。

表 8-1 任务单

任务名称	采购风险分析	
任务背景	据了解，趣·味面临消费者投诉增加、采购成本大幅上涨、交货延迟次数增加、商品不合格批次增多等情况	
任务阶段	□商品认知 □调研与分析 □选品 □采购 ■管理和风险防范	
工作任务		
任务内容	任务说明	
任务演练：分析零食品牌采购风险成因	先汇总异常情况，再确定采购风险的类型并分析其成因	
任务总结：		

知识准备

一、采购风险的成因

风险是可能发生的不利事件或状况，会对企业的目标或计划产生负面影响。而采购风险则是在商品采购过程中因某种或某些不确定性因素导致采购实际成果与预期目标相偏离的程度和可能性。这些不确定性因素就是风险因素，是采购风险的成因。在商品采购的过程中，可能给企业带来风险的因素有人为因素、经济因素、自然因素等。

（1）人为因素。造成采购风险的人为因素主要有供应商、采购人员。在采购中，企业受利益的驱使追求成本效益最大化，供应商同样也期望企业提供更高的价格以获得更高的利润。如果供应商盲目追求利润，则可能以次充好、偷工减料，对单一来源采购模式下的企业来说可能会带来供应中断的风险。采购人员也是商品采购中的重要因素，如果采购人员的专业技能有限、谈判能力有限、不具备风险意识或风险意识淡薄，或者工作失误、与供应商之间存在不诚实甚至违法行为等，也会给企业带来风险。此外，企业内部管理混乱（如采购流程不规范、信息沟通不透明和不顺畅、决策独断或不规范等）也会带来一定的风险。

（2）经济因素。造成采购风险的经济因素主要有市场价格波动和供需变化。一方面，原材料、能源和货币汇率等的市场价格波动可能导致采购成本增加；另一方面，市场需求的变化或者供应商生产能力的调整可能影响商品的价格和供应的稳定性。

（3）自然因素。造成采购风险的自然因素主要有地理分布、自然灾害等。商品采购的全球化为采购提供了便利，使企业可以采购到不同国家和地区的商品，但也增加了物流时间和成本，以及对不同地区法律法规和政治经济环境的依赖。同时，地震、洪水、火灾、暴雨等不可预见的自然灾害也会影响生产和运输，进而影响商品供应。

二、采购风险的主要类型

风险具有不确定性，可能给企业带来损失，如企业资金链中断、形象受损；但也可能给企业带来机遇，如提升知名度。在商品采购中，根据内在和外在影响因素的不同，可将采购风险分为以下类型。

（一）内因型风险

内因型风险是由企业内在影响因素（如采购人员、企业管理等风险因素）引发的风险，包括计划风险、合同风险等。

（1）计划风险。计划风险是指因市场需求发生变动，以致采购计划受到影响，偏离市场需求；或者制订的采购计划不科学，不贴合企业实际情况，与目标值偏差较大，超出企业能力范围，导致采购计划在实施过程中中断。

（2）合同风险。签订采购合同可以规避一些风险，但在现实生活中，因合同导致的采购风险也很常见。例如，合同条款描述模糊或不严谨便盲目签约，引发合同纠纷；违约责任约束简化或口头约定导致无法索赔；采购人员受贿私自向供应商透露采购标底，或者不按照规定签订合同，导致选择的供应商质量差、商品不符合要求等；合同管理混乱影响与供应商的合作关系或导致账目记录错误等。

（3）验收风险。验收人员不按照规定验收，或者缺乏科学、严谨的验收标准和制度，以致验收后的商品仍然存在缺斤少两、质量差、货不对板等问题，影响企业生产和销售。

（4）存量风险。存量也就是库存量，其风险主要有两种：一种是采购不及时或采购量不足以供应企业生产需要，因生产中断造成缺货损失，并引发一系列风险，如消费者体验不佳导致负面舆论、企业资金运转不畅；另一种是采购量过多造成库存积压，使得呆料增多，造成储存损耗风险。

（5）合规风险。合规是指符合法律规定。商品采购面临众多法律法规，如果违反相关法律法规（如《中华人民共和国出口管制法》《中华人民共和国知识产权法》），企业可能面临罚款或其他法律后果。就企业自身而言，企业本身采购业务操作不合规也可能导致合规风险。

（6）价格风险。采购人员对市场价格水平了解不透彻，盲目采购，导致采购价格高于市场价格，造成价格风险；或者采购人员谈判能力不足，导致采购价格大大超过预算。

（7）道德风险。当采购人员缺乏责任心和职业道德，出现以权谋私或收受回扣等不正当行为时，企业可能遭受经济损失，并且企业的声誉和市场信任也会受到严重影响。这类道德风险增加了不必要的运营成本，同时会对企业长期发展造成潜在危害。

（二）外因型风险

外因型风险是由外在影响因素（如供应商、自然灾害等）引发的风险，包括价格风险、供应中断风险等。

（1）价格风险。价格风险主要是指供应商操控投标，与其他供应商串通投标，有意抬高采购价格，使企业遭受成本损失。

（2）供应中断风险。供应商的生产能力不足、原材料价格上涨、运输延误等可能导致供应商交货延迟或无法按时交付，以致供应中断，影响企业的生产计划和销售，甚至给企业带来生存危机。例如，美国对华为实施制裁措施，切断其关键组件——芯片的供应，给华为带来前所未有的挑战。

（3）质量风险。质量风险指商品质量带来的风险，主要有两种：一种是供应商提供的商品质量达不到企业的质量标准，而且不符合合同规定，企业使用这类存在质量缺陷的商品进行二次加工后，加工的商品仍无法达到质量标准，造成资源浪费，同时给企业带来经济和声誉等损失；另一种是企业直接使用这类存在质量缺陷的商品，导致企业信誉受损、商品竞争力下降等。

（4）技术风险。技术风险主要有两种：一种是随着技术的快速发展，若企业的采购商品仍基于落后的制造技术，则可能导致所采购的商品过时并贬值，无法契合市场需求和技术趋势，增加无形损耗甚至被淘汰；另一种是供应商在生产时出现技术故障，导致供应中断。

（5）合同欺诈风险。合同欺诈风险主要由供应商的不诚信行为导致。例如，供应商利用伪造、假冒或作废的票据等作为合同担保，以虚假的合同主体身份与企业签订合同，导致合同在法律上不成立，使企业蒙受经济损失；供应商接收到企业的预付款、货款后，携款潜逃，使企业货、财两空；供应商设置合同陷阱，导致合同不能被充分履行（如无故终止合同身份），使企业生产运转等受到影响。

（6）合规风险。这里的合规风险主要指供应商的违规操作带来的法律风险。例如，供应商不按照法律规定排放污水面临巨额罚款且被追究刑事责任，连带影响企业的信誉。

三、采购风险的预防

采购风险的发生通常都有一定的征兆。针对可能带来负面影响的采购风险，如果企业能够及时做好预警工作，并采取有效的防范措施，便有可能避免风险发生或降低风险损失。

（1）树立正确的风险防范意识。风险预防不是一个临时措施，而是伴随企业的长期经营而发展的。企业的全体员工都应当树立风险防范意识，将风险防范作为日常工作的组成部分，从而有效防止风险发生。

（2）建立风险预警机制。风险防范必须建立高度灵敏、准确的风险预警机制，随时收集采购信息。一旦出现问题，立即发出预警，提醒相关人员快速做出反应。

（3）制订危机处理计划。企业应当根据采购风险发生的可能性，制订风险防范和应对计划，此计划中应包含不同管理层次人员的行动方案。

💬 **任务实施**

任务演练：分析零食品牌采购风险成因

【任务目标】

汇总所有异常情况并分类，明确遭遇的采购风险，并分析风险成因，为后续的风险防控提供依据。

【任务要求】

本次任务的具体要求如表8-2所示。

表8-2 任务要求

任务编号	任务名称	任务指导
（1）	汇总异常情况	收集整理采购中的异常情况
（2）	分析采购风险	确定采购风险的类型并分析其成因

【操作过程】

（1）汇总异常情况。借助风险预警机制收集采购中的所有异常情况，进行归类整理，整理结果如表8-3所示。

表8-3 异常情况整理结果

类别	异常	详细说明
采购成本异常	采购成本大幅上涨	原材料采购成本占总成本的比率在不合理地升高
供应稳定性下降	交货延迟增加	一些长期合作的供应商有时出现交货延迟的情况，影响生产线的正常运作
质量问题频发	不合格批次增多	进货检验中发现的质量不合格批次占比显著上升，包括但不限于含水量过高、杂质过多或存在虫害等问题
	消费者投诉增加	市场上关于商品质量的负面反馈逐渐增多，特别是关于商品新鲜度和口感的问题

（2）确定采购风险的类型。从异常情况的类别可知，主要遭遇的采购风险有价格风险、供应中断风险和质量风险。

（3）分析采购风险的成因。进一步分析这3类采购风险，查找可能相关的风险因素，特别是关键风险因素，找到导致这些风险产生的根本原因，结果如表8-4所示。

表8-4 风险成因分析结果

采购风险	风险成因
价格风险	采购人员对市场价格水平了解不透彻，盲目采购；市场需求旺盛，加剧市场价格上涨
供应中断风险	部分供应商因为设备老化、技术落后或资金紧张等问题，无法按时完成订单；部分供应商可能对合同条款理解不清或故意违反规定，未能履行按时交货的承诺
质量风险	供应商提供的坚果可能存在质量问题，如含水量过高、杂质过多或存在虫害等，导致商品在保质期内变质或失去原有的风味；储存或运输过程中没有严格控制温度、湿度等环境因素，导致原材料受潮或氧化，进而影响商品的新鲜度和口感

任务二 采购风险防控

任务描述

老李意识到，一旦出现采购风险，就需要尽快处理，避免造成更大的损失。同时，不同风险的紧迫程度不同，可以根据风险的优先级进行处理。接下来，老李和小赵将基于发现的问题制定全面的采购风险应对策略，指导风险处理，减少损失，并增强企业的应变能力和市场竞争力（见表8-5）。

表 8-5　任务单

任务名称	制定采购风险防控策略
任务背景	趣·味的监控数据显示，价格风险的出现较为频繁，虽然影响利润率但不会影响企业生存；供应中断风险也时有发生，一旦发生则导致企业的生产线停滞，造成较大的经济损失；质量风险频繁出现，严重影响了品牌的形象和消费者的满意度，长此以往将影响品牌的持续运营
任务阶段	□商品认知　□调研与分析　□选品　□采购　■管理和风险防范

工作任务	
任务内容	任务说明
任务演练 1：评估零食品牌采购风险	使用风险矩阵法评估采购风险
任务演练 2：制定采购风险具体应对措施	针对 3 类采购风险依次确定不同的应对措施
任务总结：	

知识准备

一、识别采购风险

识别采购风险是采购风险防控的第一步，其目的是找到现有或潜在的风险及其成因。只有正确识别现有或潜在的风险，企业才能采取恰当的方法快速应对和处理风险。常见的识别采购风险的方法有历史事件分析法、故障树分析法、情景分析法、流程图分析法等。识别采购风险是一个连续且复杂的过程，任何一种方法都不可能完全揭示企业面临的所有风险，因此需要将多种方法结合起来使用。

（一）历史事件分析法

历史事件分析法是通过总结和分析企业过去出现过的风险事故，找出潜在的风险因素，识别将来可能发生的潜在风险的分析方法。例如，若某企业过去曾遭遇过供应风险，则可以分析这一风险的成因及处理结果，并思考未来是否会出现同类风险。

（二）故障树分析法

故障树分析法（Fault Tree Analysis，FTA）是一种系统化、可视化的分析方法，通过构建逻辑清晰的树状结构，从顶层事件/问题开始逐层向下分解，直至不能再分解。这种方法不仅能够清晰地展示每个层次之间的因果关系，识别直接引发问题的因素，还能够揭示间接和潜在的影响因素。

使用该方法识别采购风险时，可以将采购过程中最担心出现的风险作为顶层事件，然后将可能导致顶层事件发生的事件或情况作为中间事件，接着分析导致中间事件发生的原因，识别真正产生影响的风险因素，如图8-1所示。

（三）情景分析法

情景分析法又称前景描述法或脚本法，是一种用于预测潜在风险的分析方法。使用该方法时，先确定可能对采购流程产生重大影响的关键变量，如市场趋势、技术进步、政策法规等；然后根据关键变量的不同组合和发展方向，描绘出一系列可能的情景；接着详细分析每一个设想的情景，考虑其发生的可能性及对企业采购的具体影响，以理解在不同情景下采购部门需要做出的调整；最后在分析的基础上识别出在当前状态下未被充分察觉的风险。例如，某跨国能源企业利用情景分析法分析不同经济环境下能源需求的发展趋势，识别存在的潜在风险，如表8-6所示。

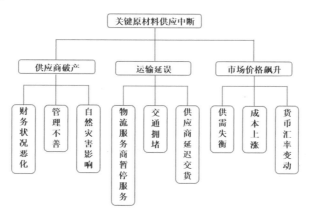

图 8-1　故障树分析法

表 8-6　情景分析法

关键变量	场景构建	场景分析（对企业的影响）
经济增长率、新能源技术发展、环保政策等	高需求增长场景：新兴经济体快速发展，传统化石燃料需求持续增长	短期内利好企业，但也面临供应紧张的风险
	低需求增长情景：经济衰退或结构调整，导致能源消耗放缓	传统化石燃料需求减少，利润空间压缩；企业不得不加大向清洁能源转型的步伐
	技术突破情景：新能源技术和效率提高带来能源结构的根本性改变	传统燃油汽车市场份额逐渐被电动车取代，企业需加速拓展新能源领域
	环境约束加强情景：更加严厉的环保标准，要求降低碳排放量	企业必须适应更加严格的环保标准，优化生产流程

（四）流程图分析法

流程图分析法是通过分析商品采购流程的每一环节，按顺序列出详细的流程图，再逐一分析环节与环节之间是否存在风险，以及可能造成风险的成因的分析方法，如图8-2所示。

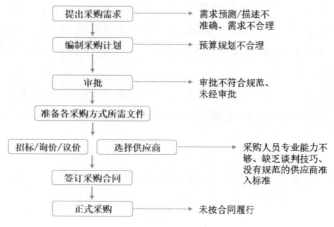

图 8-2　流程图分析法

知识拓展

在现实生活中，有些风险是难以识别的，如"黑天鹅"事件。"黑天鹅"事件是指罕见的、难以预测的风险，往往会引起连锁反应，甚至造成大动荡，如金融危机。与之相对应的是"灰犀牛"事件，即过于常见的风险，这类风险因人们习以为常而容易被忽视或轻拿轻放，从而带来巨大的潜在危机。

二、评估采购风险

不同采购风险对企业的影响程度各不相同，企业在识别采购风险后，需要评估采购风险，将风险量化并划分等级，以便评估风险的严重性和紧迫性，合理安排资源，避免造成资源浪费及给企业带来严重后果。

（一）风险量化

评估采购风险是衡量风险发生后对企业各方面（如财务状况、运营效率、消费者满意度、品牌形象）的具体影响，主要评估指标为风险可能性和风险影响程度，以便快速筛选出应当重点关注的风险。

（1）风险可能性。风险可能性是指风险发生的概率，评估时可用分值（如1分、2分、3分）或等级（高、中、低）加以量化。通常情况下，分值越大或等级越高，风险发生的可能性越高，就越值得关注，应当尽快处理。

（2）风险影响程度。风险影响程度是指风险对企业造成的损失大小，评估时同样可以用分值或等级加以量化。通常情况下，分值越大或等级越高，风险的影响程度越大，就越值得关注，应当尽快处理。

评估采购风险是一个系统的量化过程，需要采取恰当的评估方法，常见的评估方法如下。

1. 使用价值

风险矩阵法（Risk Matrix）是一种利用风险可能性和风险影响程度两个指标量化风险大小的定性评估方法，可将风险大小具体化。风险大小的计算公式如下。

$$风险大小 = 风险可能性 \times 风险影响程度$$

在使用风险矩阵法时，可按照以下步骤展开。

（1）确定判定标准。结合企业的实际情况为风险可能性和风险影响程度赋分/定义等级，并确定不同分值/等级的含义。例如，将风险可能性和风险影响程度按3分制处理，其中，1分表示风险可能性/风险影响程度最低，2分表示风险可能性/风险影响程度中等，3分表示风险可能性/风险影响程度最高。

（2）构建风险矩阵。绘制一个2×2、3×3或5×5的方格矩阵，然后绘制横纵坐标轴，横坐标轴代表风险可能性，纵坐标轴代表风险影响程度。按照计算公式计算每一个方格的分值，并将其填入对应方格中。

（3）评估风险大小。确定风险大小的评估标准，如1～2分为低风险、3分为中风险、4分及以上为高风险，然后根据每个方格的分值确定不同风险的大小，如图8-3所示。

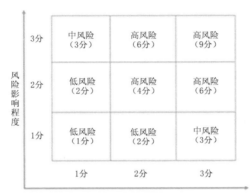

图 8-3　风险矩阵法

2. 失效模式与影响分析

失效模式与影响分析（Failure Mode and Effect Analysis，FMEA）旨在识别商品设计、生产组装等过程中的潜在风险，并评估其可能造成的风险损失，从而预先采取预防措施。FMEA强调事前预防风险，通过分析找出可能发生的采购风险，从而在现有技术的基础上消除这些风险，或者将风险的影响降低到可接受的水平。FMEA有3个评估维度，分别是风险可能性、风险影响程度和风险提前预知的可能性。

在使用FMEA时，需要先确定3个评估维度的评估标准（可通过赋分实现），然后根据评估标准确定风险大小（如将3个评估维度的分值相乘即可得到风险大小的综合得分），并构建FMEA评估表，如表8-7所示。

表 8-7　FMEA 评估表

风险名称	风险可能性评分	风险影响程度评分	风险提前预知的可能性评分	风险大小
交货延迟超过 3 天	8分	8分	2分	128分
技术过时	1分	8分	5分	40分

> **提示**
>
> 评估采购风险应结合企业的具体情况，如企业规模、风险偏好等。例如，300万元的损失对某些小型企业来说是高风险，而对某些大型企业来说则可能是低风险。

（二）风险分级

如果企业对风险的承受能力有限、资源有限，在量化风险后，可根据风险大小划分风险的处理优先级，以便根据风险的优先级合理分配资源，并制定相应的风险应对措施。例如，根据风险大小的评估分值将风险划分为低、中、高或A、B、C等级，并确定每个等级的判断标准。通常情况下，风险越大的等级越高，该风险的处理优先级就越高。如果在评估风险时已经采用等级划分，就可以直接根据评估的等级结果确定风险处理优先级。

三、应对采购风险

风险防控不仅在于识别和评估风险，更在于能够在风险来临时迅速响应，甚至提前规划，化被动为主动，从而为企业构建一个坚固的风险防护网。

（一）风险回避

风险回避是指在风险发生之前，主动放弃或拒绝实施某项可能导致风险的方案或措施，以避免特定的风险损失。风险回避是一种消极的风险应对方法，企业在放弃风险的同时，意味着也放弃了潜在的收益和机会，一般只在特定情况下才会采用该方法。具体来说，企业会在以下4种情况采取风险回避的方法。

（1）企业无法容忍或极度厌恶该风险。例如，某家居企业将合规作为底线，发现供应商提供的原材料来源不符合环保标准，为避免违规选择更换供应商。

（2）存在其他可实现采购目标的计划，并且该计划的风险更低。

（3）风险很大且影响程度不可能减轻，企业无能力承担该风险，或者承担风险得不到足够的补偿。例如，某小型企业在进入一个高度竞争且资本密集型的新市场前，发现可能带来巨大的财务压力，甚至导致资金链断裂，选择回避这一市场机会，专注于现有市场。

（4）企业无能力消除或转移风险。例如，面对频繁发生地震的地区，某建筑企业决定不在该区域承接工程项目，以规避不可预测的自然灾害风险。

（二）风险降低

风险降低是指通过采取积极的应对措施，降低风险发生的可能性或减少风险损失。根据采购构成中可能出现的风险，可以通过以下措施降低风险。

（1）建立健全的企业采购内控制度。加强采购人员的培训，提高采购人员的素质和专业技能，培养既懂法律又懂采购和财务的多方面人才，增强企业内部风险抵御能力。同时，加强对采购构成的全过程监督，有效规范采购行为，降低采购风险。

素养小课堂

企业应大力加强员工法律素质教育，制定员工道德诚信准则，形成道德、诚信、合法合规经营的风险管理文化。对于不遵守国家法律法规和企业规章制度、弄虚作假、徇私舞弊等违法及违反道德诚信准则的行为，企业应严肃查处。

（2）提高采购计划的准确性、科学性。建立采购计划分级审核体系，严格审查采购计划是否科学、需求预测是否偏离实际、计划目标与实际目标是否一致，以免出现库存积压。

（3）提前制订预案。针对采购计划中可能出现的风险提前制订预案，降低风险发生后可能带来的不良影响。

（4）建立供应商风险防控体系。不断完善供应商选择制度，严格审查供应商的主体资格、信誉、规模、服务等，辨明供应商的真实情况，确保供应商为正规企业，并且具有法律规定的合同签订能力、履约能力。同时，对供应商实行动态管理，定期评估供应商的绩效，与存在信誉、诚信和质量问题的供应商终止合作，与信誉好、物美价廉、服务好的供应商开展战略合作，降低库存和交付风险。

（5）强化合同管理。严格检查合同条款描述是否准确，是否明确双方的权利、义务与违约责任。必要时，应组织法律、技术、财务等专业人员参与合同的拟定、签署及采购谈判。

（6）强化验收管理。制定明确的采购验收标准，并规定供应商须出具商品的质量检验证明报告，才可入库。同时，严格检查商品的质量、数量等，一旦发现问题，立即处理，减少企业损失。

（7）加强票据审核和预付款管理。严格审查采购发票等票据的真实性、合法性、有效性等，判断是否应当支付该款项。同时，对于大批量和长期性的商品采购，应定期跟踪和核查相关采购款项，分析款项的期限、合理性等，一旦发现存在疑问的预付款，立即采取措施收回款项。

（三）风险接受

风险接受是指企业主动承担风险，通过内部的资源弥补风险带来的损失。风险接受一般发生在企业评估风险后，认为风险发生的可能性较小且对企业的影响不大的情况下。例如，某成本较低的原材料，因为商品设计更新无法继续使用，所以企业选择自行承担弃用该原材料带来的损失。

（四）风险转移

风险转移是企业通过一定的手段，将风险损失转移给更有能力或更愿意承担的另一方。但需要注意，风险转移无法完全消除风险，而且需要企业付出一定的成本代价，仅适用于发生可能性较小的风险。风险转移的常见方法如下。

（1）保险转移。通过购买保险、缴纳保费，将风险转移给保险公司。

（2）合同转移。通过签订采购合同，利用合同条款将部分风险或全部风险转移给一个或多个供应商。

（3）套期保值。在期货市场中，通过买进或卖出与现货市场数量相当、交易方向（即在期货市场中是买进还是卖出期货合约）相反的期货合约，作为现货市场中买卖商品的临时替代物，以便在未来某段时间内，当现货市场的价格出现变动给现货采购带来盈亏时，通过买进或卖出期货合约抵消或弥补现货交易带来的盈亏，从而达到保值的效果。套期保值是把期货市场作为风险转移的场所，利用期货与现货交易中的反向操作建立对冲机制，从而规避市场价格波动带来的风险。

（4）职能外包。将某些高风险的职能外包给第三方专业机构，将风险责任转移出去。

（五）风险登记

风险登记是在采购风险得到缓解后，将风险类型、风险成因、风险可能性、风险影响程度、应对方法等记录在风险登记簿中，以便后期跟踪和管理。风险登记簿示例如表8-8所示。

表8-8 风险登记簿示例

风险名称	风险类型	风险成因	风险可能性	风险影响程度	风险级别	应对方法	处理状态	风险责任人	登记时间	更新时间
××	供应中断	产能不足	2分	3分	高	合同转移	已解决	小张	2025年2月9日	
××	道德风险	收回扣	1分	2分	低	加强监督和培训	进行中	小刘	2025年3月15日	

 提示

为从容应对采购风险，企业可以提前制定风险应急预案，在应急预案中明确相应目标及各种潜在风险，并针对不同的潜在风险制定详细的应急响应流程和应对措施。同时，企业在应对采购风险时，还应持续监控风险的变化情况，适时调整应对措施。

任务实施

任务演练1：评估零食品牌采购风险

【任务目标】

使用风险矩阵法评估3个风险的大小，然后划分风险等级，确定风险处理的优先级，以便合理调用企业资源，提高风险处理效率。

【任务要求】

本次任务的具体要求如表8-9所示。

表8-9 任务要求

任务编号	任务名称	任务指导
（1）	风险量化	构建风险矩阵，评估风险发生的可能性和影响程度
（2）	风险分级	根据量化结果划分风险等级，确定优先处理的风险

【操作过程】

（1）确定判定标准。确定评估标准有赋分和定义等级两种形式，为方便计算，这里采用赋分形式，将风险可能性和风险影响程度按照1分、2分、3分、4分4个标准划分。结合品牌此前和近期发生的相关事件，包括出现问题的频率、解决的时间成本及对业务的影响程度，风险可能性判定标准和风险影响程度判定标准分别如表8-10、表8-11所示。

表8-10 风险可能性判定标准

风险值	标准
1分	由于存在非常有效的预防措施或控制机制，几乎不可能发生，或者在历史上从未发生过
2分	有可能发生，但在正常情况下很少发生，因为风险因素通常可以被控制
3分	很有可能发生，尤其是在特定条件下，企业需关注并采取相应措施
4分	非常有可能发生，特别是在某些已知的情况下，企业需持续监控和管理

表8-11 风险影响程度判定标准

风险值	标准
1分	影响轻微，或者任何负面影响都是短暂且易于修复的。例如，短期的成本小幅增加或小规模的商品质量问题
2分	影响中等，可能会导致一些消费者不满意或需要额外的资源来解决，通过及时应对可以得到有效缓解。例如，中度的成本上升或部分商品质量问题
3分	影响严重，可能导致重大的经济损失、法律纠纷、品牌声誉损害或市场占有率下降，恢复成本较高，并可能需要较长时间才能完全恢复
4分	影响非常严重，可能导致品牌无法继续运营、严重的法律后果或者永久的品牌形象损失，几乎不可能恢复

（2）构建风险矩阵。鉴于判定标准有4类分值，这里绘制一个4×4的矩阵图，然后按照"风险大小=风险可能性×风险影响程度"的计算公式计算每个方格中的分值大小。

（3）确定风险大小的评估标准。风险可能性和风险影响程度的判定标准有4种，相应地，风险大小的评估标准也可以划分为4种。风险矩阵中的风险大小分值范围为1～16分，可将这一范围平均划分为4个范围，每个分值范围有4个数，如1～4分表示低风险、5～8分表示中风险、9～12分表示高风险、13～16分表示极高风险，如表8-12所示。

表8-12　构建风险矩阵

评估指标		风险可能性			
		1分	2分	3分	4分
风险影响程度	4分	4分 （低风险）	8分 （中风险）	12分 （高风险）	16分 （极高风险）
	3分	3分 （低风险）	6分 （中风险）	9分 （高风险）	12分 （高风险）
	2分	2分 （低风险）	4分 （低风险）	6分 （中风险）	8分 （中风险）
	1分	1分 （低风险）	2分 （低风险）	3分 （低风险）	4分 （低风险）

（4）评估具体风险的大小。根据品牌的监控数据将各风险对应到具体的判定标准，为各风险的可能性和影响程度打分，并计算风险大小的综合得分，如表8-13所示。

表8-13　评估具体风险的大小

采购风险	风险可能性	影响程度	风险大小综合得分
价格风险	出现较为频繁：4分	影响利润率但不会影响企业生存：1分	4分
供应中断风险	时有发生：2分	生产线停滞：4分	8分
质量风险	频繁出现：4分	严重影响品牌形象和消费者满意度：4分	16分

（5）风险分级。根据各风险大小综合得分，对应到风险矩阵中，确定各风险的级别。例如，价格风险对应低风险、供应中断风险对应中风险、质量风险对应极高风险。风险的级别大小为极高风险＞中风险＞低风险，风险处理的优先级为质量风险＞供应中断风险＞价格风险。

任务演练2：制定采购风险具体应对措施

【任务目标】

针对不同的采购风险及其成因制定具体的、可操作性强且有效的应对措施，以便按照风险处理的优先级依次处理，有序开展风险防范。

【任务要求】

本次任务的具体要求如表8-14所示。

表8-14　任务要求

任务编号	任务名称	任务指导
（1）	确定质量风险的应对措施	根据质量风险的成因制定相应的措施
（2）	确定供应中断风险的应对措施	根据供应中断风险的成因制定相应的措施
（3）	确定价格风险的应对措施	根据价格风险的成因制定相应的措施

【操作过程】

（1）确定质量风险的应对措施。质量风险对企业的影响程度非常大，且已经发生无法回避，因此应当采取一定的措施降低风险。质量风险的成因主要与供应商和商品储运有关，针对供应商，可以从提升采购人员质量意识、建立供应商风险防控体系、强化验收等方面入手；针对商品储运，可以从做好商品养护、强化商品质量管理、改善商品包装、更换运输质量好的物流企业等方面入手。

（2）确定供应中断风险的应对措施。供应中断风险对企业的影响程度也非常大，但考虑到主要因素在于供应商提供的商品质量存在问题、采购合同条款模糊、供应商故意违反合同等，可以采取"风险降低+风险转移"的联合措施，一方面更换产能低的供应商；另一方面利用合同将部分风险转移到供应商身上，将合同条款清晰化，并明确违规责任。

（3）确定价格风险的应对措施。价格风险对企业的影响较小且在承受范围以内，可采取风险接受的措施，一方面加强采购人员专业知识和技能培训，强化采购绩效管理，减少盲目采购情况的出现；另一方面定期收集市场信息，根据市场价格的波动灵活调整采购计划。

综合实训

实训一　评估美妆品牌风险大小

实训目的：掌握采购风险评估的相关知识，提升风险评估能力。

实训要求：某美妆品牌以独特的天然植物提取物配方深受消费者喜爱，同时这些提取物也是其主打商品的重要成分。由于这些植物主要生长在特定地区，容易受到自然灾害、政治不稳定或农业政策变化的影响，因而原材料供应中断的风险出现较为频繁。近期，该品牌方察觉到这一潜在风险可能导致企业生产受限，于是决定评估该风险的大小，分析是否立即采取行动。

实训思路：借助风险矩阵法评估该品牌面临的风险，可先确定判定标准，然后将影响因素与风险矩阵联系起来，评估供应中断风险的大小。

实训结果：本次实训完成后的参考效果如表8-15、图8-4所示。

表8-15　风险可能性和风险影响程度判定标准

风险值	风险可能性判定标准	风险影响程度判定标准
1分	不太可能发生	几乎无影响
2分	可能发生	有一定影响
3分	很可能发生	影响严重

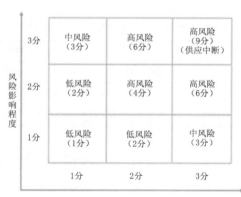

图8-4　评估供应中断风险

实训二　制定美妆品牌风险应急预案

实训目的：掌握采购风险应对的相关知识，提升风险应对能力。

实训要求：经评估后，该美妆品牌认为应当针对供应中断风险立即采取行动，为此制定了详细的风险应急预案。分析该风险应急预案的优缺点，并针对缺点提出改善建议。

美妆品牌风险应急预案

1. 建立多级供应商体系

（1）寻找备选供应商

①在全球范围内寻找并认证多个种植区和供应商，确保即使某一地区出现问题，其他地区也能提供原材料。

②严格审核新供应商并进行试用期管理，确保其提供的原材料质量符合标准。

（2）签订短期合同

与备选供应商签订灵活的短期合同，以备不时之需；合同中应包含价格调整条款，以便适应市场变化。

2. 施行动态库存管理

（1）根据历史数据和市场预测，维持一定的安全库存水平，以确保短期内不会因为供应中断而影响生产。

（2）使用先进的库存管理系统实时监控库存动态，及时调整采购策略，避免过度积压。

3. 投资替代原料研究

（1）投入资源开发替代原料或合成技术，减少对特定天然原材料的依赖，确保商品配方的灵活性。

（2）加强与科研机构的合作，探索新的原材料来源和技术应用。

4. 物流优化

（1）与多家可靠的物流公司合作，优化运输路线和方式，确保货物能够按时到达。

（2）建立应急物流网络，设立紧急情况下可以调用的备用运输渠道，如空运、铁路运输等，确保在特殊情况下仍能保持供应畅通。

5. 加强供应商关系管理

（1）与主要供应商建立更紧密的战略合作关系，通过共同研发新产品、改进生产工艺等方式实现双赢，从而获得更有利的采购条件。

（2）保持与供应商的透明沟通，及时分享市场信息和品牌需求变化，争取更多的支持和理解，确保在特殊情况下能够得到优先供货或优惠待遇。

6. 法律法规与政策跟踪

（1）设立政策监测小组，负责跟踪国内外相关政策法规的变化，提前预警可能影响原材料供应的因素。

（2）参与行业协会活动，与其他品牌共享信息，共同应对政策变动带来的挑战。

7. 内部培训与意识提升

（1）实行员工培训计划，定期组织员工参加风险管理培训课程，提升他们的市场分析能力，确保能够准确解读市场数据并制定合理的采购决策。

（2）强化跨部门协作意识，确保各部门之间的信息流通顺畅，加快整体响应速度。

实训思路：逐条分析应急预案的优缺点，明确实施的难易度、可行性和流程等。

实训结果：本次实训完成后的参考效果如图8-5所示（配套资源：\效果文件\项目八\制定美妆品牌风险应急预案.docx）。

一、优点

1. 全面性与系统化

（1）覆盖广泛。预案涵盖了从供应多样化、库存管理到技术研发等多个方面，确保对原材料供应中断风险的全方位防控。

（2）层次分明。通过构建多级供应体系和设立备选供应商，形成多层次的风险缓冲机制，增强了供应链的弹性。

2. 灵活性与适应性

（1）动态调整。引入先进的库存管理系统，实时监控库存动态，能够根据市场需求灵活调整采购策略，避免过度积压或短缺。

（2）技术支持。投资替代原料研究和技术开发，减少对特定天然原料的依赖，提升应对市场变化的能力。

3. 前瞻性

不仅关注当前的风险防控，还着眼于未来的持续改进，如技术研发、供应商关系管理等，有助于企业的长期稳定发展。

4. 跨部门协作

强调跨部门协作和信息共享，确保各部门之间的沟通顺畅，提高整体响应速度和效率。

二、缺点

1. 执行难度与时间成本

（1）资源投入大。某些措施（如寻找备选供应商、研发替代原料）需要较长的时间和较高的资金投入，短期内难以见效，可能无法立即缓解当前的风险。

（2）复杂度高。涉及多个环节和部门的合作，增加了协调和管理的复杂性，可能导致实施过程中出现沟通不畅或协调困难的问题。

2. 外部因素不可控

（1）自然环境。尽管采取了多种防控措施，但仍然存在一些不可控的外部因素，如自然灾害，可能导致预案失效。

（2）政策变动。农业政策或贸易政策的突然变化可能会超出预期，影响供应链的安全性和稳定性。

3. 物流依赖性强

（1）运输瓶颈。即使建立了多级供应链体系，但如果主要运输通道（如港口、铁路）出现问题，仍然会影响原材料的及时供应。

（2）成本增加。为保证供应的连续性，可能需要采用更昂贵的运输方式（如空运），从而增加了运营成本。

4. 质量一致性挑战

（1）新供应商风险。虽然严格审核新供应商并进行了试用期管理，但在实际操作中仍可能存在质量不稳定的情况，影响商品质量的一致性。

（2）技术转化风险。替代原料或合成技术的研发成果能否顺利转化为实际生产应用，也存在一定的不确定性。

5. 内部协调问题

（1）沟通障碍。跨部门协作虽然有助于提高效率，但在实际操作中可能存在沟通不畅或协调困难的问题，影响应急响应的速度和效果。

（2）文化差异。如果涉及跨国合作，不同国家和地区的企业文化和工作方式可能存在差异，进一步增加了协调的难度。

三、改善建议

1. 简化流程：尽量简化复杂的流程，减少不必要的审批环节，提高执行效率。

2. 加强沟通：建立更加高效的沟通渠道和机制，确保各部门之间信息流通顺畅，快速解决问题。

3. 分阶段实施：对于需要长期投入的项目（如技术研发、寻找备选供应商），可以分阶段推进，降低初期的资金压力。

4. 强化本地化策略：在条件允许的情况下，考虑增加本地供应商的比例，减少对国际供应商的依赖，降低物流成本和风险。

5. 引入保险机制：考虑购买商业保险转移部分风险，减轻因不可抗力事件造成的经济损失。

图8-5　参考效果

巩固提高

一、选择题

1.【单选】供应商无故中断合同导致企业供应中断，造成这一风险的因素是（　　　　）。

　　A. 利益因素　　　　B. 自然因素　　　　C. 经济因素　　　　D. 人为因素

2.【单选】风险回避通常发生在（　　　　）。

　　A. 风险发生前　　　B. 风险发生时　　　C. 风险即将结束时　　　D. 风险发生后

3.【单选】历史事件分析法是基于（　　　）识别潜在风险。

　　A. 其他企业过去出现过的风险事故

　　B. 企业的采购过程

　　C. 企业未来可能出现的风险事故

　　D. 企业过去出现过的风险事故

4.【多选】采购价格过高，以致企业遭遇价格风险，其原因可能是（　　　　）。

　　A. 采购人员受贿私自向供应商透露采购标底

　　B. 供应商有意抬高价格

　　C. 采购人员对市场价格水平了解不透彻

　　D. 供应商透露采购标底

5.【多选】下列关于风险矩阵法的说法正确的有（　　　　）。

　　A. 风险矩阵法利用风险可能性和风险影响程度两个指标评估风险

　　B. 风险矩阵法可以将风险量化

　　C. 风险矩阵法可以降低风险发生的概率

D. 风险矩阵法有助于识别风险的严重性和紧急性

二、填空题

1. 故障树分析法能够清晰地展示每个层次之间的_____。

2. _____是商品采购过程中给企业带来潜在损失的不确定性因素。

3. 在采购风险得到缓解后，最好将风险成因、风险类型、风险可能性、风险影响程度、应对方法等记录在_____中，以便后期查看。

三、判断题

1. 企业违反企业规定时会遭遇合规风险。　　　　　　　　　　　　（　　）

2. 风险接受是在企业无法避免风险时被动承担风险。　　　　　　　（　　）

3. 风险转移无法完全消除风险。　　　　　　　　　　　　　　　　（　　）

四、简答题

1. 什么是采购风险？其成因有哪些？

2. 采购风险的主要类型有哪些？

3. 如何识别采购风险？

4. 评估采购风险的目的是什么？评估的方法有哪些？

5. 如何应对采购风险？